이 실제 이야기는
모든 이들의 꿈이 이루어진 내용을 담고 있으며,
우리들에게 꿈을 정복할 용기를 준다.

세상 밖으로 배낭을 꾸려라

지은이 | 칸델라리아, 허먼 잽
옮긴이 | 강필운

초판 1쇄 발행 | 2012년 6월 5일

발행처 | 도서출판 작은씨앗
공급처 | 도서출판 보보스
발행인 | 김경용

등록번호 | 제 300-2004-187호   등록일자 | 2003년 6월 24일

주소 | 서울시 서초구 서초동 1355-17 서초대우디오빌 1008호
전화 | (02) 333-3773   팩스 | (02) 735-3779
이메일 | ky5275@hanmail.net

ISBN 978-89-6423-139-5 14950

값은 뒤표지에 있습니다.
잘못된 책은 구입하신 서점에서 바꾸어 드립니다.

이 도서의 국립중앙도서관 출판시도서목록(CIP)은 e-CIP홈페이지(http://www.nl.go.kr/ecip)와
국가자료공동목록시스템(http://www.nl.go.kr/kolisnet)에서 이용하실 수 있습니다.
(CIP제어번호: CIP2012002391)

세상 밖으로
배낭을 꾸려라

아 르 헨 티 나 에 서   콜 롬 비 아 까 지

칸델라리아, 허먼 잽 지음
강필운 옮김

종이에 글을 쓸 때 나는 연필 소리만 듣고 그 글에는 관심이 없다. 글을 쓸 때 내 가슴은 기쁨과 두려움과 슬픔으로 가득 찬다. 글을 쓰다가 그때 그 장소로 다시 돌아가 그 사람들을 만나서 그들의 음악을 듣고, 향기를 맡고, 음식을 맛본다. 이렇게 이 책 안에는 인간의 본성이란 무한히 착하다는 것을 보여준 그 사람들로 가득 차 있다.

8백 가족 이상이 우리를 자기들 집으로 초대해 따뜻하게 맞이해 주었고, 수백만 명의 사람들이 우리에게 손을 내밀고 응원해 주었다. 어느 톨게이트 부스에서 우리 통행료를 대신 내준 젊은이, 우리한테 말린 꽃으로 만든 장식품들을 많이 주면서 팔아서 여행 경비로 쓰라고 하신 아주머니가 떠오른다. 그리고 이 책에서 언급하지는 못했지만 우리 마음속에 있는 분들에게 수천 번도 더 미안하다는 사과의 말을 전한다.

아메리카대륙을 횡단해서 알래스카까지 가는 동안에 얼마나 많은 분들이 도와주셨는가? 그분들 덕분에 우리의 꿈을 이룰 수 있었고, 오늘 이 새로운 책을 쓸 수 있게 되었다. 그분들이 우리를 기억해 주기를 바라서가 아니라 모든 독자들이 자신들이 살아 있고, 자신들의 꿈도 실현될 수 있다는 것을 기억하고 느끼기를 바라면서 이 책을 쓴다.

차례

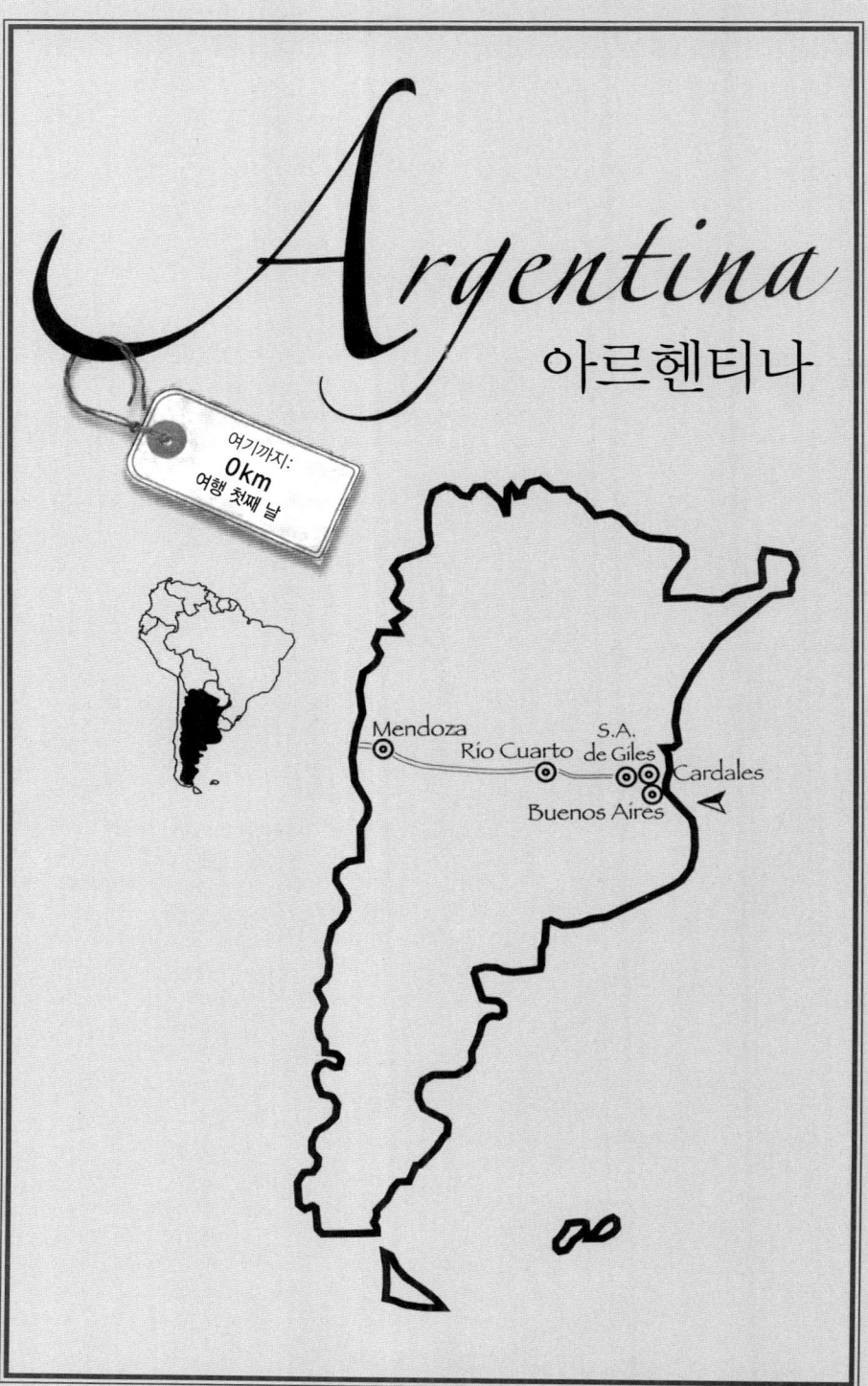

꿈의 탄생

만일 자동차로 간다면?

"만일 자동차로 간다면?"

나는 아직까지도 내가 한 말을 납득하지 못한 질문을 했다.

밤이 되자 우리는 불을 끄고 누웠다. 일찌감치 잘 자라는 키스를 나누었고 이제 잠자는 일만 남았는데, 그러나 지금 그런 질문에 누가 잠을 잘 수가 있을까? 나는 잠자코 대답을 기다렸다. 모든 것이 정지되었고, 정적만이 흐르는 방 안에서 바람은 멈추고 귀뚜라미조차도 무슨 말이 나오기를 기다리며 노래를 멈추었다.

"당신이 차로 간다면 나는 걸어서 갈 거예요!"

칸데가 조금은 심각하게, 조금은 농담조로 대답했다.

"그렇다면 나를 기다려."

내가 농담조로 한마디 던졌다. 나는 그녀가 대답을 해주기를 바랐지만 그녀는 내 질문에 대해 더 이상 아무 말도 하지 않고 입을 다물었다. 적어도 싫다고 대답한 것은 아니다.

바퀴 휠이 나무로 된 1928년에 만든 자동차로 여행을 한다는 것은 아주 색다르고 상상도 할 수 없는 일이었다. 우리 사이에는 침묵만이 흘렀지만 우리 머릿속은 그렇지 않았다. 배낭여행을 계획했을 때 벌써 수천 가지 질문과 의심이 들었다. 어떻게 될까, 어떻게 할까, 어떤 일이 벌어질까, 무엇이 필요할까, 세관, 서류, 비자, 도로, 수많은 위험, 그리고 1928년에 만들어진 자동차에서 도대체 얼마나 많은 문제들이 발생할까? 수천 가지 질문이 고개를 들었지만 거의 아무런 대답도 할 수 없었다. 꼬리를 물고 이어지는 그런 의문들 속에서 나는 잠이 들었다.

내가 자는 동안에 칸데는 생각했다.

'잠이 들려고 했을 때 그 질문을 들었다. 내 남편의 이런 발상은 사람을 십년감수하게 만든다. 침대에서 보이는 별들을 바라보고 있으니 수천 가지 의문이 생겨난다. 나는 마음속으로 한두 번 질문을 하며, 최근에 구입해서 많이 손보지도 않고 그야말로 낡아빠진 1928년형 차가 있는 집의 차고를 떠올린다. 모든 것이 너무 불확실하다. 우리 꿈을 이루기 위한 출발일이 이제 겨우 두 달밖에 안 남았는데도, 아직까지 이 자동차 여행이라는 새로운 계획에 의문이 많이 남아 있다. 나는 또다시 여행의 꿈을 연기하고 싶지 않아. 벌써 몇 년이 흘렀다. 그래, 너무 많은 시간이 지나갔다. 우리는 10년 동안 연애를 하면서 모험 여행을 꿈꿨다. 결혼을 하자마자 바로 떠날 계획을 10년 동안 세워왔다. 그러나 벌써 결혼 생활 6년차가 되었지만 두려움, 핑계, 집, 일 그리고 다른 여러 가지 걸림돌들 때문에 우리가 할 수 있는 것은 연기하는 것뿐이었다. 이제 더 이상 연기하고 싶지 않다. 최근 몇 년간은 상상할 수 없을 정도로 빨리 지나갔지만 우리는 아직 꿈을 이루지 못했고,

우리가 그토록 갖고 싶어 하는 아기도 아직 없다. 아기를 갖고 싶고 또 그럴 만한 준비가 되었다는 마음이 들면서 아기 갖자는 이야기를 하기 시작했을 때, 우리는 여행과 꿈에 대해 우리 스스로에게 물어보았다. '그러면 여행은? 우리가 아기를 갖게 된다면 설사 모험여행이 아니라 하더라도 여행이 가능할까…….' 우리는 몇 달 뒤에 결정을 내렸다. '먼저 우리의 꿈을 실현하고 그 다음에 아기를 갖자.' 자, 이제는 어떻게? 자동차로? 그렇게 낡은 차로……?'

대답 없는 질문

나는 잠이 깨서도 계속 나에게 물어봤다. 우리는 아무 말도 하지 않은 지난 밤처럼 아침을 맞이했다. 또다시 질문할 용기가 나지 않아서 부엌에서 마테차를 끓이고 있는데, 칸데가 침묵을 깼다.

"출발일은 어떻게 되는 거예요? 자동차로 가도 같은 날 떠나는 거예요?"

그 질문에 나는 마테차를 철철 넘치게 따르고 말았다. 입이 델 정도로 뜨거웠지만 어떻게 대답해야 할지 준비할 시간을 단 몇 초라도 벌려고 한 모금 마셨다.

"응, 벌써 6년 전에 떠났어야 했는데…… 날짜는 정한 그대로 2000년 1월 25일이야."

준비가 되든 안 되든 그 날짜는 바꿀 수 없는 부동의 날짜로 정해 놓았다. 날짜를 정해 놓지 않으니까 한 해 두 해 시간만 지나갔기 때문이었다. 이제 1월까지는 겨우 두 달밖에 안 남았다. 마음속에서 어떤 불안감과, 앞으로 나아가 우리의 꿈을 실현하라고 요구하는 영혼의 소리인지 아니면 마음의 소리인지가 들리는 것이 느껴졌다. 이제 더 이상은 어떠한 지연도 없다.

"차를 어떻게 해야 할까요, 준비가 다 안 되면 어떻게 될까요, 차가 잘 굴러 가리라고 당신이 어떻게 알아요?"

밤사이에 칸데는 수많은 생각을 했던 모양이었다. 진짜 자동차로 갈 거냐고 묻지는 않았지만 관심을, 아니 적어도 호기심은 나타냈다.

"차바퀴를 새것으로 달아야 해. 또 카센터에 가져가서 자동차 지붕을 고치고, 시트커버를 새로 씌우고, 차 지붕에 짐 싣는 장비도 설치하고……."

내가 이렇게 말하고 있는 동안 칸데는 정해진 날짜까지 그런 것들을 다 준비한다는 것은 불가능하다는 표정을 지었다. 그녀의 그런 표정 앞에서 차 손볼 곳에 대한 목록을 나열하는 대신에 그녀를 설득시킬 만한 말을 덧붙였다.

"당신은 더 많은 옷을 가져갈 수도 있고, 우리는 차 안에서 잘 수도 있고, 우리가 원하는 곳에서 멈출 수도 있고, 버스가 가지 않은 곳에도 갈 수 있고, 배낭을 짊어질 필요도 없고……."

그녀가 중간에 내 말을 잘랐다.

"차 정비는 어떻게 할 건데요?"

나는 그녀가 왜 그 말을 했는지 잘 알았다. 그녀는 내가 차 정비를 무지 싫어한다는 것을 알고 있었다. 나는 기계에 대해서는 전혀 모르고, 차 한 대 정비하는 데 뭐가 그리 비싼지도 이해하지 못했다. 나는 어떻게 대답해야 할지 몰랐다.

"출발하기 전에 주변 지역으로 1,000킬로미터 시험 운전을 할 거야. 차가 잘 굴러가면 차로 떠나고, 그렇지 않으면 A계획으로 세운 배

낭여행으로 하자."

이 말은 그녀의 마음에 들었다. 왜냐하면 이제는 차로 가네, 안 가네를 결정할 권한이 그녀한테 있지 않고, 차가 우리하고 같이 갈지 말지를 결정짓게 되었기 때문이었다.

시험 운전

여행 시작 이틀 전인 일요일에 차를 시험 운전하기 위해 아르헨티나의 킬로미터 제로 지점까지 갔다. 칸데의 언니인 아나와 그녀의 남편인 로베르토에게 우리하고 같이 가면서 궁금한 점이 뭔지를 알려달라고 부탁한 후에 오벨리스크와 국회 쪽으로 차를 몰았다.

차에 타자마자 수천 가지 질문이 쏟아져 나왔지만 대부분의 질문에 대답을 할 수 없었다.

로베르토가 물었다.

"자네들이 하려고 했던 1,000킬로미터 시험 운전은 어떻게 됐어?"

"주중에는 일을 해야 하니 오후에만 조금 짬이 났고, 주말마다 자동차를 손봤지만 우리가 할 수 없는 일들이 생겨서, 카센터에서 기술자가 와서 차를 가지고 가서 고치고……."

"그러면 차를 시험 운전해 보고 나서 떠나는 게 어때?"

"우린 지금 시험 운전하고 있는 거예요."

"알아. 그런데 오늘은 차가 잘 나간다 하더라도 여행 중에 깊은 산속에서 멈출 수도 있고……. 그러면 자네 꿈은 끝나잖아."

"걱정 마세요, 우리는 실패 안 해요."

바로 그때 내가 기어를 변경하고 있는데 아주 시끄러운 소리가 났다.

"안 들어가면 네 이빨을 다 부셔 놓는다."

이 웃기는 한마디 때문에 대화가 중단되었고, 시도하지 않는 것보다는 실패하는 것이 훨씬 더 성공적이라고 스스로에게 다짐했다.

아나가 물었다.

"각 나라에 입국할 때마다 지도 말고 필요한 것이 뭐가 있는지 다 알아봤어요?"

"우리가 가지고 있는 것은 아르헨티나 지도뿐이에요. 칠레 지도는 칠레에서 구할 거예요."

"그렇지만 갈 경로는 찾아놔야 할 것 아니에요, 어떤 길로 가고 거리는 몇 킬로미터나 되는지 조사해서……."

"나는 계획을 세우고 너무 많이 조사하는 것도 겁나고, 앞으로 우리를 깜짝깜짝 놀라게 할 문제점들을 전부 알아내는 것도 겁나요. 나는 벌써 지나치게 겁을 먹고 있어요."

"그래서 어떻게 자네 꿈을 이룰래? 앞으로 자네에게 필요한 것들을 다 어떻게 구할 건데? 곤경에 빠졌을 때 어떻게 도움을 청할 건데? 혹시라도 무슨 일이 생기면 어떻게 해결할 건데?"

그의 질문들을 곰곰이 생각해 보니 다 옳은 말들이라 대답할 말이 없었고, 어떻게 해야 할지에 대한 생각도 없었다. 그러나 시작하지 않는다면 절대로 그것에 대해 조사하지도 않을 것이고, 시작하지 않는다면 절대로 달성하지 못할 것이다. 솔직히 나는 앞으로 우리가 어떻게 할 건지도 모르고, 차 정비나 경로나 다른 나라 언어에 대해서도 아는 바가 하나도 없다.

"로베르토, 사실대로 말해서 나는 몰라요, 지식도 없고……. 그렇지만 나에게는 상상의 세계가 있는데 그것이 무엇보다 중요해요."

"그건 어리석은 짓이야."

"그렇다면 아인슈타인은 바보였네요, 이 말을 그가 했거든요."

떠나자!

1월 25일이 다가왔다. 두 달이 흘러간 것이 아니라 날아갔다. 이웃에 사는 카를로스와 니에베스 부부가 초인종을 눌러서 우리를 깨웠다. 출근길에 우리와 작별인사를 하러 온 것이다. 그들이 가고 나서 구스타보가 왔다. 원래 계획은 아침에 떠나는 것이었는데 아직도 준비할 게 많이 남아 있었다. 내 동생 후안블라와 그의 애인이 같이 찾아와서 동생한테 플라스틱 상자 좀 많이 사다 달라고 시켰다. 아나와 로베르토도 와서 우리 일을 거들어 주었다. 그리고 이번 꿈의 몇몇 안 되는 지지자 중 한 명인 루이스 베라스가 왔다. 그는 우리가 주위의 격려를 무척 필요로 했을 때 응원의 박수를 쳐 주었다.

　화요일이라 모두들 출근하기 때문에 더 이상 작별인사하러 오는 손님은 없었다. 사실 주말과 월요일인 어제 작별인사를 이미 다 나누었다. 모두들 우리와 아주 빨리 재회할 거란 확신을 가지고 헤어졌다. "내일 만나"라고 말하는 사람들도 있었고, 좀 더 낙천적인 이들은 일주일 뒤에 보자고 했고…….

　먼저 차에 짐을 실었다. 들어갈 것 같지 않던 짐들이 완벽하게 들어갔다. 플라스틱 상자는 짐 싣는 장비 안에서 조금의 여유 공간도 없이 딱 맞게 들어갔고, 다른 상자들도 치수를 재서 맞춘 것처럼 뒷좌석에 다 들어갔다. 우리가 미리 한두 번 치수를 재고 예행연습을 한 것 같다고 말한 사람이 있을 정도였다.

　후안블라가 촬영을 하고 있는 동안 루이스가 말했다.

　"칸데, 카메라 바라보고 말 좀 해봐요. 이제 꿈이 시작되는 순간인데, 한마디 해요."

　칸데가 말하기 시작했다.

　"이제 우리는 인생의 계획 중 하나를 시작하려고 합니다. 더 이상은 아무 말씀 안 드리겠습니다."

　목소리가 떨렸다. 우리가 어디로 가는지, 어떻게 도착할 건지, 어떻게 할 건지에 대해 잘 모르고 있기 때문에 그녀는 긴장되고 불안도 했지만 그만큼 더 행복했다.

이제 우리가 살던 동네와 최근에 건축을 다 끝낸 우리 집과 작별하려고 한다. 친구들과 가족들, 우리 들이 일을 해서 성취한 조그만 승리의 전리품들을 두고 떠난다. 우리 집 개까지도 무슨 일이 일어날 거라는 눈치를 채고는 한 달 전부터 풀이 죽어있었다. 태어나면서부터 우리의 가장 친하고 충실한 친구이자 동료인 이 개는 이제 16살이라 이빨이 다 빠지고, 앞도 잘 못 보고, 귀도 안 들려서 이번 여행이 별로 안 좋을 것 같았다. 그래서 무척 가슴 아픈 일이지만 그를 데려가지 않기로 했다.

우리는 집에 입맞춤을 하고 벽을 손바닥으로 한 번 치는 것으로 작별인사를 나누었다. 이제 여행의 첫발을 떼는 일만 남았다. 겁도 나고 떨려서 어떻게 첫발을 내디뎌야 할지 몰랐다. 짐을 다 실었고 준비도 다 끝났으니 용기만 조금 내면 된다. 내 동생하고 이야기하고 있는 칸데를 바라보니 내가 자기를 바라보고 있다는 것을 느꼈는지 나를 보며 물었다.

"떠날까요?"

떨림과 확신이 섞인 목소리로 대답했다.

"떠나자!"

차로 다가가서 문을 열었다. 차에 타서 시동을 거니 엔진이 작동하는 소리가 났다. 우리는 서로 쳐다보았다. 내가 그녀에게 다정스레 물었다.

"준비됐어?"

그녀가 결의에 찬 목소리로 대답했다.

"다 됐어요."

기어스틱을 1단에 놓고 뭔가 매우 강한 힘을 느끼면서 출발하였다. 우리를 "또라이"라고 부르는 다른 이웃들과 작별을 하러 가는 동안 동생과 루이스가 자기들 차로 뒤따라왔다.

"자, 똥차야 달려라!"

아루티 할아버지가 자기 집 마당에서 외치면서 잘 갔다 오라는 의미로 머리에 쓰고 있던 모자를 흔들었다. 이제 적어도 세 사람이 우리를 믿는구나. 루이스, 내 동생, 아루티 할아버지.

동네를 벗어나는데 기분 나쁜 소음이 뒷바퀴에서 나기 시작했다. 내려서 살펴보니 아무런 이상이 안 보여서 계속 달리는데 동생과 루이스의 웃는 소리가 난리도 아니었다. 칸데가 운전석에 앉고, 내가 발디딤판에 서서 살펴보았지만 아무런 이상이 없었다. 우리는 차를 멈추었고, 그 순간에 가장 마주치고 싶지 않았던 이웃인 세르히오를 만났다. 그는 바닥에 엎드려 바퀴를 살펴보고 있는 나를 보면서 말했다.

"그 고물차로는 어디에도 못 간다고 말했잖아! 이제 알래스카로 간다는 말도 안 되는 소리는 그만 하고, 집으로 돌아가!"

배꼽을 잡고 죽는다고 웃어대며 그런 말을 하는 그를 나는 잡아먹고 싶었다.

천천히, 아주 천천히 차를 몰았고 첫 번째 주유소에서 동생과 루이스에게 더 이상 뒤따라오지 말라고, 여기서부터는 우리끼리 가겠다고 말했다. 동생하고 뜨거운 포옹을 나누며, 그와 헤어진다고 생각하니 무척 가슴이 아팠다. 비록 6개월간의 이별이지만 영원히 헤어지는 것 같았다. 그들은 우리가 시야에서 사라질 때까지 길에 서 있었다. 그들이 보이지 않자 바퀴를 정비하기 위해 곧바로 타이어 가게나 카센터를 찾기 시작했다. 이것 때문에 우리끼리만 놔두고 그들이 가기를 바란 것이고, 또 여행 첫날부터 몇 킬로미터도 가지 못하고 카센터로 들어가는 모습을 보이고 싶지 않아서였다.

바퀴 휠이 문제라고 카센터 직원이 말하는 동안 칸데가 이런 말을 했다.

"일요일에는 아무 이상이 없었는데 왜 이런 소리가 날까, 참 이상하네."

자동차는 일요일에 시험 운전을 할 때보다도 소음이 더 심한 것 같았다. 바퀴 하나하나에 신경을 쓰다 보니 더 시끄러웠다. 우리 꿈의 첫째 날, 오래된 연식의 차를 가지고 길 위에 있다. 우리 여행의 동반자를 더 잘 알고 싶은 마음에 그것이 뿜어내는 모든 소리를 다 듣고 싶었다. 온갖 감정들이 다 뒤섞이면서 불안감과 초조함이 아드레날린과 같이 만들어낸 빌리루빈 칵테일이 우리가 웃을 때마다 몸속으로 흡수되었다.

"온도가 화씨 160도를 넘지 않아야 하고, 눈금이 140도쯤에 있어야 하니까 계기판 잘 봐. 여기 오일 눈금이 15 이하로 내려가는지 신경 써서 잘 봐. 이 차 계기판에는 빨간 등이 켜지지 않으니까 잘 체크하면서 운전해야 해."

칸데가 물었다.

"이건 뭐예요?"

"연료 계기판인데 작동이 안 되니 연료통 용량을 고려해서 몇 킬로미터를 갈 수 있는지를 체크해야 하고, 거리를 지도에서 계산해서 주유소를 지나치지 않도록 해야 돼."

이제 우리는 조종사와 부조종사가 되었고 이 차 안에서 파트너가 되었으니 모든 것이 우리 두 사람 손에 달렸다. 열심히 계기판을 보고서 길을 바라보기 시작하는 칸데를 보니 내가 10년 전부터 사랑해온 그녀와 내가 지금 하고 있는 일이 꿈만 같았다.

"칸데, 당신은 지금 우리가 무슨 일을 하고 있는지 알겠어? 우리가 지금 어디에 있는지 알아?"

"아니요, 나는 믿을 수가 없어요. 내가 무지 긴장했다고 놀리지 말아요."

그녀는 말하면서 생각에 잠겼다.

'허먼의 질문 때문에 나의 신경은 다시 길에 집중되었다. 아니, 아직 모르겠다. 나는 길을 본다. 내가 여기 앉아 있다는 것이 믿기지가 않는다. 그토록 오랫동안 이 순간을 꿈꿨는데, 항상 하고 싶었던 것을 하면서 나는 여기에 있다. 내가 남겨두고 온 것 때문에 그리고 무엇이 우리를 기다리는지 모르기 때문에 무척 초조하다. 우리는 물질적인 것을 전부 다 버렸다. 내가 그토록 좋아했고 편하게 살았던 집을 떠났다. 내 친구들, 내 인생의 시간들을 같이 나눴던 친구들, 매일 얼굴을 맞댔던 가족들 그리고 나에게 좋은 벗이 되어 주었고 내가 퇴근하면 기차역에서 나를 반갑게 맞이해 주던 애견 루시 곁을 떠났다. 오늘 나는 내 인생에서 모든 것을 바꾸었다. 이 차의 문을 열고 앉을 때부터 세상은 내 것 같았고, 그와 동시에 세상이 나에게 다가왔다. 나는 초조하지만 이것은 자유와 낙관주의에 대한 지나친 초조함으로 이것을 통해서 누구나 자유로워질 수 있다는 생각을 나는 갖게 된다. 어쩔 수 없는 일 때문에 내일 돌아가야 한다 할지라도 나는 자유로움을, 모든 것을 버릴 수 있는 자유로움을, 내 꿈을 찾아가는 자유로움을 느낀다. 나는 불안하고 초조하며 이 순간 이후로 삶은 어떻게 될까라는 두려움을 느낀다.'

"당신은 우리가 모든 것을 버렸다는 것이 실감나요?"

우리 자신에게 놀란 나는 그녀에게 대답했다.

"그럼, 무척 많이 버렸고 아주 조금만 가지고 가잖아."

칸데가 하는 말과 침묵은 나에게 많은 생각을 하게 만들었다. 아직 20킬로미터도 가지 않았는데 내가 다른 사람처럼 느껴졌다. 이제 나는 항상 되고 싶었던 그런 사람, 이 길의 끝에 뭐가 있는지 알고 싶어 하고, 길을 가고 싶어 하고, 다양한 문화가 있는 여러 마을과 장소들을 찾아가서 그들이 무엇을 하고 어떻게 살아가는지를 알고 싶어 하는 그런 사람이 되었다. 이제 나는 내가 알고 싶어 하는 세계로 데려다 주는 길에서 아직 완전히 모르는 차를 몰고 가고 있다.

나는 나의 출발을 알고, 신은 나의 귀가를 안다

7번 국도에서 서쪽으로 길을 잡았다. 파르티도 데 필라르에 있는 우리 집에서 오후 2시 반에 떠났다. 우리 옆으로 천천히 지나가는 트럭 뒷부분에 붙어 있는 메시지를 읽을 수 있었는데, 아주 시기적절한 문구였다.

"나는 나의 출발을 알고, 신은 나의 귀가를 안다."

산안드레스 데 힐레스라는 마을에 들어선 우리는 계속 시끄러운 소리가 나는 바퀴가 걱정돼서 타이어 가게에서 멈췄다.

"만일 바퀴 휠이 문제라면 크로세 가게로 가십시오. 거기 사람들이 친절하고 이런 것에 대해 잘 압니다."

어디로 가라는 건지 알 수가 없었다. 카센터인지, 선반공장인지 아니면……. 그러나 '사람들이 친절한' 가게라면 가도 좋을 것 같았다.

벽돌과 진흙으로 지어졌고, 중간에 문이 하나 있고, 측면으로 아주 작은 창문이 두 개 있는 오래된 집 앞에서 차를 멈추었다. 풀무 앞에 지펴져 있는 불은 주변에 있는 희미한 불빛의 일부분이었다. 바깥의 강한 빛 때문에 안에 들어가니 잠시 동안 아무것도 안 보였다. 내 눈에 처음으로 들어온 것은 엉망진창의 모습이었다. 도구들, 바퀴들, 휠들, 쇳조각들이 작업하던 채로 그대로 널브러져 있었고, 엄청난 재들이 흙바닥에 아무렇게나 쌓여 있었다. 내 눈이 희미한 불빛에 적응됐을 때, 바퀴 고치기에 세상에서 가장 좋은 곳에 있다는 것을 알 수 있었다. 우리 차의 나무 휠을 고치기 위해서 창세기 때의 대장간이 시간 속에 남아 있었다.

"이건 쉽게 고칠 수 있어. 이리 와서 나하고 같이 해 보면 자네도 배울 수가 있지."

돈 호세가 마치 자기 손자한테 자전거 고치는 법을 가르쳐 주는 것처럼 나한테 이야기했다.

이민 온 그의 아버지가 만들었고, 지금은 자기 두 형제와 같이 일을 하는 낡은 대장간으로 들어갔다. 비록 수집가용이긴 하지만 거기서는 아직까지도 카트와 마차 바퀴들을 고치고 있었다.

돈 호세와 그의 동생들인 풀리와 마카르티는 매우 흥분된 표정으로 작업에 들어갔다.

"이런 바퀴들은 오랫동안 사용했지만, 사용 안 한 지도 오래돼서……. 이 두 가지가 다 문제야."

돈 호세가 자신의 오랜 경험에서 우러나온 말을 했다.

"바퀴들이 뒤틀어졌고, 물만으로는 잘 나갈 수가 없어. 그렇지만 쐐기 두 개면 다 고칠 수 있으니까 놀라지는 말게."

그는 나의 놀란 표정을 알아차렸다. 나는 그가 모든 휠을 다시 만들 거라고 예상했다. 그러나 쐐기를 여기에 하나, 저기에 하나 끼우고 나니 그 시끄러웠던 바퀴가 아주 조용해졌다.

마을의 사교클럽 같은 역할을 하는 대장간의 회비는 조금의 우정과 조금의 마테차가 전부였다. 사람들은 여기서 여가 시간을 보내고, 마테차를 마시고, 일하는 것을 보고, 가십거리를 이야기했다. 이들에게 올여름 우리 이야기보다 더 흥미로운 이야기가 무엇일까?

내가 쐐기 끝을 뾰족하게 다듬고 있는데, 등 뒤에서 질문이 들렸다.

"여행 떠난 지는 오래됐나?"

"제 말을 믿으실지 모르겠지만 오늘이 여행 첫째 날입니다. 두세 시간 전에 떠났습니다."

"그런데 벌써 문제가 시작됐어? 이런 식으로는 멀리 가지 못할 걸세."

나는 쐐기 작업을 계속했다. 그런 평가는 그리 유쾌하지는 않았지만 그런 말을 듣는 데 이미 익숙해져 있었다.

돈 호세가 물었다.

"왜 여행을 하지?"

"우리 꿈이라서요."

내가 대답했지만 뭔가 진지한 게 아니라 신기하게 들렸다.

"꿈이라……. 그렇다면 꿈이라는 것을 전혀 모르는 이런 무식한 사람 이야기는 듣지 말고 자네 자신의 소리를 잘 들어봐. 자네가 자신의 꿈에 대해 다른 사람들의 의견을 물어보면 다른 사람들의 삶은 살 줄 알면서 자신들의 삶은 전혀 살 줄 모르는 사람들이 하는 이야기를 듣게 될 걸세. 그들은 자네에게 단지 '그렇지만'을 되풀이할 거고, 또 '아주 좋아, 그러나'라고 말할 걸세."

휠 사이에 끼울 쐐기들을 보여주면서 그가 계속 말했다.

"단지 자네만이, 어느 누구도 아닌 자네만이 그것을 할 수 있는 능력이 있다는 것을 아는 거야. 여행을 하지 않는 사람들이 더 많이 비판하지 않던가? 그렇게 자네를 비판하는 이유는 자네가 뭔가를 하고 있기 때문이지."

그는 말을 하면서도 단 한 번의 망치질로 쐐기를 박았다.

"이 바퀴는 이제 아무 문제 없이 잘 달릴 거야! 이 꿈은 누구 건가?"

돈 호세가 계속 물었다. 칸데가 대답했다.

"우리 두 사람 겁니다. 두 사람 사이에서 태어난 꿈입니다. 어릴 적부터 우리는 같이 있었고, 우리 앞에 거대한 미래가 펼쳐지면서 그 미래 속에서 여행을 상상하기 시작했고, 그 여행은 꿈으로 바뀌었습니다."

"우리는 마르코 폴로, 제임스 쿡, 마가야네스의 책들과, 배로, 말을 타고, 자전거로, 지프차로 여행하는 사람들의 책들을 읽었습니다. 산을 타고, 스쿠버 다이빙을 하는 사람들의 책을 읽으면서 우리는 생각했습니다. '우리는 왜 아니지? 그들은 자신들의 모험을 할 수 있는데 왜 우리는 못 하는 거지?'"

끝을 뾰족하게 만든 마지막 쐐기를 그에게 넘겨주면서 나는 말을 이어갔다.

"인생은 백지로 된 책이라고 말들을 해서, 우리는 그 페이지들을 채우기 위해 떠나 지금 여기 있는 겁니다."

"그렇지, 인생은 여행이고 자네들은 인생의 여행을 시작했군."

바퀴 휠 조정을 끝내고 또 다른 바퀴 위에 천을 씌우고 마테차를 마

시며 이야기를 나누었다. 한참 후에 풀리가 마을에서 야영할 수 있는 공원을 가르쳐 준다고 해서 그의 자전거로 따라갔다. 그는 텐트 치는 것을 도와주었고, 우리는 빌려온 텐트로 처음으로 야영을 했고, 집 바깥에서의 첫 번째 저녁 식사에 풀리를 손님으로 맞이했다. 그는 우리가 준비하는 동안 기다리면서 주전자에 물을 끓이고 칼로 캔을 따는 모습을 보고 마침내 맛있는 수프를 먹었다. 우리는 새 침대로, 그리고 인생의 새로운 스타일로 자러 갔다.

"오늘은 정말 위대한 날이야! 전에 어떤 사람한테서 샀던 망가진 배터리를 교체하러 나갔다가 더 좋은 걸로 구해왔고, 거기다 덤으로 포드 T모델 차량의 타이어 튜브도 얻었는데 아직도 쓸 만해. 아나와 로베르토는 자기들이 쓰던 텐트, 히터, 보온병하고 그 이외에도 얼마나 많이 갖다 줬는지 모를 정도야. 그리고 여기 대장간 사람들은 우리가 계속 돈을 지불하겠다고 하니까 화를 내고……."

나는 마음이 들떠서 잠도 오지 않아 대화를 시작했고, 칸데는 일기를 쓰기 시작했다.

"네, 전부 기적 같아요. 이렇게 위대한 날 우리가 얼마나 달렸는지 당신 알아요? 55킬로미터예요. 이젠 킬로미터라는 소리가 매우 친근하게 들리네요.”

"걱정 마, 도착하려면 아직 6개월이나 남았으니까.”

남아메리카의 남쪽에서 아주 먼 북쪽 끝에 있는 종착지까지 여행하는 데는 6개월이 걸릴 것으로 계산했다. 우리 여정의 끝은 지도에서 알래스카라고 표시되어 있는 매우 신비스럽게 들리는 곳이다. 우리 집과 알래스카 사이에 우리가 방문할 곳은 수백 군데이며, 2만 킬로미터가 넘는다. 우리한테 6개월은 영원한 시간처럼 보이며, 지금까지 한 번도 그만큼의 시간을 가져보지 못한 것 같았다. 결혼하고 나서 딱 한 번 한 달 동안 여행을 한 적이 있었는데 신혼여행이었다. 그 신혼여행의 한 조각을 생각하면서 나는 잠이 들었다.

1리터에 몇 킬로미터?

시동이 꺼질 조짐이 보이며 차가 거친 소음을 내뱉어서 계기판 눈금 위치를 보니 전부 정상 범위 안에 있었다. 도대체 무슨 일인지 눈짓으로 서로에게 물어봤다. 약 20초 동안 조용하더니 또다시 그런 일이 발생하고 또다시, 또다시…… 결국에는 시동이 꺼졌다. 도로 옆에 풀이 있는 곳으로 차를 밀고 갔다.

"기름이 다 떨어진 걸까요?”

끝없이 펼쳐진 팜파스 한복판에서 칸데가 물었다.

"그러면 다행이지. 엔진이 잘못된 것보다는 그게 더 낫잖아.”

후드를 열고 작동이 안 되는 이유를 알아내는 것은 아직 내 능력과 지식 밖이었다. 그래서 엔진 쪽으로 가는 대신에 뒤쪽으로 가서 연료

탱크를 열어봤다. 그 안에 집어넣을 작대기를 찾았지만 팜파스에는 나무가 없기 때문에 대신에 마른 엉겅퀴를 구해서 가시가 붙은 채로 넣어 기름이 몇 센티 남아 있는지 확인했다.

"그래, 기름이 다 떨어졌구나."

"아니, 그렇다면 1리터에 차가 몇 킬로미터를 가는 거죠? 챠냐르 라데아도에 이미 도착했어야만 했는데."

"얼마나 왔지?"

"약 20킬로미터 정도. 산타페 주에 들어오자마자 기름을 채웠잖아요. 그리고 약 23분 전에 피르마트를 지났잖아요."

"그렇다면 계산을 잘못한 것 같네. 저쪽 마을로 가서 기름이 있는지 보고 올게."

차를 울타리 입구에서 아주 가까운 곳에 세우고 나니, 쨍쨍 내리쬐는 태양 아래서 개들이 나를 맞이하러 나왔다. 유칼립투스 나무 그늘까지 계속 걸어가는 나를 가장 작은 개가 뚫어지게 쳐다보고 있었다. 나를 걱정하는 것은 뜨거운 오후의 열기 속에서 별 의미 없이 짖기만 하는 큰 개들이 아니라 내 뒤꿈치에 관심을 보이는 그 작은 강아지였다. 한 남자가 크게 소리를 지르니 개들이 전부 꼬리를 내렸다. 그가 나에게 인사를 해서 나도 같이 인사를 하고 가까이 다가갔다. 그는 내 어깨 너머로, 내 등 뒤쪽으로 길 위에 있는 차를 바라보더니 물었다.

"오래된 차라 지친 모양이죠?"

나는 내 뒤꿈치에 계속 관심을 보이며 따라오는 강아지를 곁눈질하면서 그에게 대답했다.

"지친 것 이상으로 배고프다고 하면서 귀중한 액체를 주지 않으면 더 가지 않겠다고 하네요."

"저는 지금 마을 쪽으로 가는 중인데, 제가 가지고 있는 것은 전부 디젤이라 가솔린을 드릴 수가 없네요. 물건 몇 가지 사서 돌아올 건데 시간이 되신다면 같이 갑시다."

"시간은 있습니다. 데려다 주신다니 감사합니다."

그의 지프차에 오르면서 서로 소개를 했고, 마을로 가는 길에 그는 마음씨 좋은 시골 사람처럼 날씨로 대화를 시작했다.

"더위가 고개를 숙일 줄 모르네요."

"다행히 우리는 운전하면서 더위를 못 느낍니다. 앞유리가 열려 있어서 시원합니다."

"앞유리가 열렸다고요? 그게 어떻게 열려요?"

"우리 차는 앞유리가 앞으로 열립니다. 그게 우리 선풍기죠."

그 남자가 짧은 웃음을 지었다.

"앞으로 열린다고요? 차 속도는요?"

"계속해서 시속 40킬로미터로 왔습니다. 오랫동안 사용 안 했던 차라 조심스레 살살 달래가면서 몰고 왔습니다. 그러나 관절염과 산화가 완화되는 즉시 훨씬 더 빨리 달릴 겁니다. 지금은 제 차를 파악해가고 있는 중입니다."

"시속 40킬로미터라……. 수도에서 여기까지 얼마나 걸렸어요?"

그가 나의 대답 내용을 전부 녹음하고 싶어 하는 사람처럼 반복한다는 것을 깨달았다. 확실히 오늘 밤에 그는 우리를 테마로 삼아 자기 가족과 이야기할 것이다.

"오늘이 3일째입니다만 아무 문제 없었습니다."

"3일? 그러면 멀리 갑니까?"

"신이 원하신다면 알래스카까지 갈 겁니다."

"아……."

이번에는 내 대답을 따라 하지 않았다. 내 말을 믿지 않을 수도 있고, 알래스카가 어디에 있는지 모를 수도 있고, 내가 자기를 놀리고 있다고 생각할 수도 있다. 그래서 차에 대한 대화는 중단하고, 풍작과 흉작에 대한 이야기로 넘어갔다.

우리 차가 있는 곳으로 와서 연료통에 기름을 채우면서 그에게 칸데를 소개시켰고, 그 남자는 차를 대충 훑어보았다.

"내가 계산을 잘한 덕분에 리터당 5킬로미터 정도로 왔어요."

칸데가 킬로미터의 합계와 분배가 기록되어 있는 수첩을 보여주면서 말했다. 리터당 5킬로미터는 아무것도 아니고 앞으로 기름 값으로 엄청 많이 지출될 거라는 생각이 들었다. 내 말을 반복하는 그 남자를 봤다. 그 사람은 큰 소리로 생각했다.

"시속 40킬로미터에, 5킬로미터 갈 때마다 가솔린이 1리터 든다면, 그것도 알래스카까지……."

잠자리를 부탁하면서

몇 킬로미터 더 갔지만 마을에 도착하기 전에 밤이 우리를 붙잡기 시작했다. 길에서 자든지 아니면 마을에 가서 잠자리 부탁을 해야 했다. 길에는 나무나 물이 없기 때문에 밤을 보내기가 힘들 것 같아 마을에 가서 야영을 부탁하기로 했는데 선뜻 용기가 나지 않았다. 먼저 숲을 봤다. 그것은 그 부근에 집이 있다는 표시이기 때문이다. 집을 찾아서 입구로 들어가니 반갑게 맞이해 줄 것 같은 기분이 들었다. 그러나 창피함이 발길을 돌리게 해서 어둠 속에서 계속 길을 갔다.

더 어두워지면 그 어느 집에도 들어갈 수 없기 때문에 더 늦기 전에 결정해야만 했다. 울타리 문이 열려 있는 집에 도착했지만 들어가자마자 나왔다. 그 집에 있던 사람이 자기는 새로 온 일꾼인데 주인이 좋아할지 어떨지 알 수가 없어서 허락을 할 수 없다며 미안하다고 했다. 다른 집으로 가 봤지만 이전보다 더 빨리 나왔다. 한 군데만 더 가 보고, 거기도 안 되면 길에서 자기로 했다. 이 세 번째 집이 마지막이었다.

소나무와 포플러 숲 사이에 놓여 있고 석회로 칠한 하얀 집으로 들어갔다. 가족들은 길을 가는 우리를 기다리고 있었던 것처럼 집 밖으로 나와 울타리에 기대고 있었다.

"안녕하세요?"

"안녕하세요? 환영합니다."

그 가족은 집을 에워싸고 있는 담장의 작은 문을 열면서 말했다. 그들은 작업복을 입고 있었는데, 모두들 일을 하고 있었는지 누구 하나 옷이 깨끗한 사람이 없었다. 주인이 모자를 벗어 인사를 하면서 자기 소개를 했다.

"이쪽부터 집사람 에스텔라, 우리 애들 타토, 디에고, 그리고 나는 엑토르 멘나요. 당신들을 길에서 보았는데 언덕에 있는 집으로 들어가더군요."

우리를 거의 발로 차서 내쫓은 집이라고 정정해 주고 싶었다.

"차가 어쩜 그렇게 예뻐요!"

에스텔라가 차를 언급하면서 우리가 자기들에게 이야기하고 질문할 구실을 만들어 주었다.

"저희는 이 차로 알래스카까지 여행하는 중입니다만 아직 차의 성

능을 완전히 몰라서 밤에는 여행을 하고 싶지가 않습니다. 다음 마을
까지 가기에는 너무 늦었고 해서 혹시 오늘 밤 여기서 야영을 좀 할 수
있을까 여쭤보러 왔습니다.”

“물어볼 게 뭐가 있어요. 여기 푹신한 풀밭에서 오늘 밤 보내세요.
그런데 집안에 야영할 공간이 있는데, 거기서 묵으셔도 되는데…….”

집 주인 내외는 정원의 풀밭뿐만 아니라 자기 집안까지 보러 들어
가자고 했다. 칸데가 대답했다.

“아니 그러실 필요 없습니다. 여기 풀밭이면 충분합니다.”

그들은 우리를 데려가서 토끼, 닭, 과실나무, 채소와 그밖에 자기들
이 가꾸고 키우는 것을 다 보여줬다. 토끼들을 위해서 큰 우물을 파 판
자로 씌우고 그 위에 흙을 덮고, 우물 입구에 움막을 지어놓았다.

“토끼들은 자연스럽게 땅 아래에서 살게 되니, 여름에는 시원하고
겨울에는 따뜻하게 지낼 수 있어요. 내 장담하건데 새끼들을 더 많이
낳을 거예요. 오늘 밤에 토끼 요리를 맛보여 드릴게요.”

농장에서 자라는 각종 채소들로 만든 샐러드를 먹고 나니 그 다음으로 토끼 요리, 비스카차 요리, 피클이 나왔다. 그리고 복숭아 설탕 절임과 과수원에서 자라는 과일들을 후식으로 먹었다.

다음 날 아침, 헤어질 때 그들은 우리가 가져가지 못할 정도의 많은 과일과 채소를 차에 실어주려고 했지만 우리는 통조림 한 병이면 충분하다고 말했다. 다시 길을 달리면서 만일 길에서 잠을 잤다면 우리를 따뜻하게 맞아준 이 가족을 만날 수 있는 기회를 놓쳤을 거라고 생각했다.

돈 에두아르도

리오 쿠아르토 시로 들어가서 피치아니 집까지 갔다. 그와는 부에노스아이레스에서 알고 지냈는데 그도 그레이엄 페이지 자동차를 가지고 있었다. 그는 집에 없었는데 그의 아들이 우리를 맞이하고 올드카클럽 회원들에게 연락을 취하자 모두들 빠른 시간 내에 나타나기 시작했다. 그들에게 뒷바퀴에서 쇠끼리 부딪치는 소리가 나서 정비를 해야 될 것 같다고 이야기했다. 토요일이라 월요일까지 정비할 수 있는 사람을 아는 사람이 아무도 없었다.

한 회원이 말했다.

"에두아르도 에스티빌이 최고일 건데, 그 정도 되는 사람은 없어요. 나이는 76세인데, 이런 차들을 몰고 다녔어요. 그 후에는 자동차 제작에 몰두했고 지금은 올드카 복원 전문가가 됐어요."

나는 굉장히 흥분해서 말했다.

"그를 만나러 갑시다."

"지금 휴가 중이라 가능하지 않을 거예요. 그의 사생활을 존중하는 의미에서 아무도 그가 쉬는 시간에 귀찮게 할 수 없어요."

또 다른 회원이 말했다.

"설사 그렇다 하더라도 그에게 연락하는 게 나을 것 같네요. 나중에 그가 이 여행에 대해 이야기를 듣고, 자기 도움이 필요했는데도 자기한테 아무 말 하지 않은 것을 알던 화를 낼 것 같은데요."

대부분의 회원들이 이와 같은 생각을 가지고 있어서 그에게 연락하기로 했고, 그들이 연락을 취하는 동안에 나는 그가 참 엄격하면서도 훌륭한 사람이라면 수리비가 무척 비쌀 거란 생각을 했다.

"연락했더니 자기 집에 들러보라고 하네. 뭐가 잘못됐는지, 자기가 고칠 수 있는지 살펴보겠대요."

차 4대가 줄을 지어서 그의 집으로 갔다. 에두아르도는 시원한 그늘이 쳐진 자신의 갤러리에서 나오더니, 얼굴에 조금의 기쁜 표정도 짓지 않고서 발 디딤판에 올라 자기가 바퀴 도는 것을 볼 테니 나보고 운전을 해보라고 했다. 몇 미터 안 가서 멈추라는 신호를 하고 내려오자 클럽 회원들이 그에게 다가갔다. 그는 나한테서 등을 돌리고 그들에게 머리를 흔들면서 이야기했다.

"이 상태로는 못 가겠는데."

나는 그의 이야기를 들었다. 회원들은 마치 자신들이 처음부터 이 꿈의 이해 당사자였던 것처럼 고통스러운 표정을 지었다.

"무슨 방법이 없을까요?"

한 회원이 이렇게 묻자 모두들 입을 다물고 그 전문가의 얼굴을 쳐다보았다.

에두아르도는 차와 문제가 된 바퀴를 물끄러미 바라보고, 그 다음 우리를 한참 쳐다보고 나서 그들에게 말했다.

"조수를 찾아와야 하는데."

그 한마디에 모두들 자기들이 찾아오겠다고 말했다.

작업장 커튼을 여니 훌륭하게 복원된 차 3대, 완벽한 시설을 갖춘 작업장, 앞치마를 두르고 안경을 끼고 작업복을 입은 조수가 모습을 나타냈다. 휴가 중인 작업장 문을 열고, 더군다나 이렇게 훌륭한 작업장의 모습을 보니 무척 비쌀 거란 생각이 들었다. 차를 고칠 수 있으리란 확신은 들었지만 빈 지갑을 가지고 여행을 계속할 수 있을지 걱정이 앞섰다. 조수가 바퀴를 빼내는 동안 에두아르도가 함석판을 잘라서 바퀴에 덧대니 소음이 사라졌다. 그리고서는 엔진을 살피면서 기름이 새는지, 베어링 나사가 풀렸는지 보고 여기저기 자세히 살펴봐서 나는 작업을 중단시키고 싶었다. 수리비가 너무 많이 나오면 차를 수리비로 주고 가야 할 상황이 될 것 같았기 때문이었다.

클럽 회원들은 방해가 되지 않기 위해 밖으로 나갔다. 한 사람이 칸데를 데리고 사진기 필름을 사러 가서 나만 혼자 있게 되자, 쭈그리고 앉아서 브레이크를 조정하던 에두아르도가 말했다.

"이런 여행은 이렇게 하는 게 아닐세. 엔진은 새로 갈고, 보조부품들도 갖추고, 베어링도 새로 갈고 해서……."

그는 이 분야의 전문가답게 아주 진지하게 말했다.

"준비를 철저히 해야지 이런 상태의 차로 출발해서는 안 되네. 특히나 이런 차는 예비부품을 가지고 다녀야 하는데, 자네는 그것을 구할 수 없을 거고……."

그는 차에 대한 정확한 진단을 내리지 않았다.

내가 그에게 무슨 말을 할 수 있었겠는가? 그의 말은 다 옳았지만 여행에 대한 나의 동기는 무엇보다도 더 컸다. 내가 생각하고 느끼는 것은 차의 예비부품이 아니라 인생에 대해서 걱정해야 된다는 것이다. 왜냐하면 인생은 예비부품이 없기 때문이다.

"돈 에두아르도, 충고 고맙습니다. 무슨 말씀을 드려야 할지 모르 겠지만 제가 말씀드릴 수 있는 것은 만일 저의 능력에 맞는 일을 해야 만 했다면 절대로 이 일은 하지 못했을 거란 겁니다. 제가 아는 것도 없는데 어떻게 이것을 하겠습니까? 그러나 적어도 시도는 해봐야 했 습니다. 알래스카는 멀리 떨어져 있어서 이 차는 적당하지 않을 수도 있습니다. 그러나 차가 아니라 때가 적당하지 않을 수도 있고, 아니면 돈이 없어서, 아니면 또 다른……. 저희 할아버지는 파타고니아에서 목축을 하시면서 강, 산, 사막, 눈 덮인 산을 넘으며 수천 킬로미터나 되는 거리를 다니셨는데 시작할 때마다 남은 킬로미터를 보지 않고 오 로지 다음 1킬로미터만 보셨다고 저에게 말씀하신 적이 있습니다. 저 도 겁이 나서 알래스카를 보지 않고 다음 마을만 봅니다."

에두아르도는 아무런 대답도 하지 않고 자기 일만 계속했다. 그는 자신이 옳다는 것을 알고 있겠지만 내가 말한 것을 듣고 어떤 생각을 할까 신경이 쓰였다. 그는 조수를 불러서 바퀴에 쓸 나사를 사오라고 했다. 그의 명령을 받고 조수가 재빨리 나갔다. 에두아르도는 작업 테이블 쪽으로 걸어가 천으로 탁상촛대 두 개를 번쩍번쩍 빛나게 닦 아 다시 테이블 위에 두었다. 그리고 깊은 숨을 한번 내쉬고 나서 나 에게 말했다.

"내게 좋은 추억으로 남아 있는 자동차 시합은 내가 우승한 시합이 아니라 내 능력껏 준비하고 조립해서 만든 차로 참가한 시합들일세. 그런 시합 때는 다른 조종사들이 다 자고 있는 한밤중에도 내 차 밑에서 차를 손보곤 했었지. 다른 조종사들은 차 정비에 필요한 팀을 이끌고 참가했지만 나는 마을에 있는 정비사의 호의에 의지할 수밖에 없었네. 많은 시합에서 패배했지만 아직도 그 시합들에서 승리했다는 기분이 들어. 단지 도착했다는 것만으로도 느끼는 승리감을 자네는 모를 걸세."

감정과 추억이 뒤섞인 그의 말이 떨렸다. 눈에 눈물이 맺힌 그는 숨을 한번 들이쉬고서 굳은 어조로 말을 이었다.

"비록 결승선에서 나를 기다리는 사람은 아무도 없었지만."

"똑같은 나사를 구해 왔습니다."

조수가 침묵과 감정을 깨트려서 모두들 일을 끝내러 제자리로 돌아갔다.

조수와 함께 다른 회원들도 들어왔다. 그들은 우리를 위한 계획을 갖고 있었다. 라디오 인터뷰를 하고, 클럽에서 만찬을 열고, 피치아니 집에서 밤을 보내고, 아침에 도시를 떠날 때 모든 회원들이 다 자기 차를 가지고 주유소에 모여서 차로 작별 행진을 하겠다는 거였다.

알래스카가 결승점이지만 모든 마을이 다 승리다.

나는 걱정스레 물었다.

"돈 에두아르도, 얼마나 드려야 합니까?"

"알래스카에서 엽서 한 통 보내게."

산맥에서

감동적이었던 작별 행진을 뒤로하고, 또 다시 여행을 시작했다. 계곡과 산들 사이에서 펼쳐지는 아름다운 경치를 감상하면서 첫 번째 여울을 건넜다. 바퀴들이 시냇물에 젖으면서 이상한 소리가 들렸다. 여울을 건넌 다음 멈춰 손에 물을 담아서 앞바퀴에 던지니 물이 금세 증발해버렸고, 차 표면이 뜨거운 것을 보니 분명 무슨 문제가 있었다. 베어링이 여행을 포기하고 싶은 건가? 삐걱거리는 바퀴 소리를 들으며 다음에 나타나는 집까지 계속 갔다. 길 위에서 바퀴를 빼내려는 작업을 시작하려고 할 때, 울타리 뒤에서 집 주인이 다가오더니 자기 집 정원에서 일을 하라고 청했다. 놀랍게도 그는 포드A를 소유하고 있었다. 에우헤니오 솔레르는 그 마을에서 유일한 올드카 주인이었고, 또한 기계에 대한 지식이 대단하였다.

그의 설명을 들으며 바퀴를 빼냈고, 그는 베어링을 보더니 교체해야 한다고 말했다. 또 다른 바퀴를 빼라고 시키고 살펴보더니 똑같은 충고를 했다. 소고기 튀김이 들어 있는 큼직한 샌드위치를 강변에서 저녁으로 대접받고, 월요일까지 그의 집에서 지냈다.

그의 차로 산 루이스까지 갔다. 베어링을 파는 가장 큰 상점에 들어가서 계산대 위에다 우리가 가지고 온 것을 놓자마자 한 점원이 그것을 보기만 하고도 코를 찡그리며 말했다.

"그것은 없는데요. 그 제품은 이제 생산 안 합니다."

그가 치수를 재보고 카탈로그에서 찾아봤지만 없었다.

"어디서 구할 수 있을지 전혀 모르겠습니다."

그의 이야기를 들은 동료직원이 그의 어깨 너머로 베어링들을 보고서 그에게 물었다.

"몇 년 전에 베어링 가게 문을 닫았던 그 늙은이가 넘겨줬던 오래된 상자들 안에서 찾아봤어?"

몇 분 뒤에 우리는 그 상자에서 찾은 오래된 새 베어링 두 개를 가지고 가게에서 나왔다. 더군다나 자기들도 선물로 받은 것이라며 돈도 받지 않았다.

그렇게 해서 새 베어링으로 교체하고, 다른 곳도 몇 군데 손보고, 처음으로 국경을 넘는다는 기대감으로 안데스산맥 쪽으로 출발하였다.

"걱정이에요. 이 차는 항상 이럴까요? 5일 전에 떠났는데, 그중의 3일을 차 수리하느라 보냈어요."

"나도 알고 있어. 그렇지만 당신도 봤잖아? 전부 다 완벽하게 해결됐잖아."

"나는 겁나요. 이런 일이 너무 자주 일어나면 사람들도 모르고 지리도 잘 모르는 다른 나라에서는 어떻게 해야 하죠? 며칠 내로 건너야 할 산맥이나 사막에서 이런 일이 벌어진다면 어떻게 할 거예요?"

"두고 보자고. 나도 산뜻한 출발이 아니라는 것은 알고 있지만 이것이 마지막일 수도 있잖아."

아콘카과에게 정중한 인사를

여행 중 가장 큰 시험이 다가오고 있어서 그만큼 신경이 예민해 있었다. 앞에 산들이 나타났는데, 산기슭에 도착해 보니 도저히 넘지 못할 것 같았다. 안데스산맥이 앞에 펼쳐졌고, 우리는 이것을 넘어야만 했다. 산에게 허락을 구하고 높은 산봉우리 사이를 오르기 시작했다. 길은 구불구불 나있었고, 차는 천천히 올라가면서 수많은 터널을 지났다. 나는 차가 어느 순간에 멈출까봐 두려웠다. 우리 둘은 차가 마치 사람인 양 "힘내, 힘내"라고 소리 지르며 응원했고, 칸데는 차를 도와주고 싶어서인지 계기판을 꽉 붙잡았다. 혹시 그렇게 하면 자기 몸무게가 덜 느껴질 거라 생각하는 모양이었다. 우리는 긴장했고 이쪽으로는 마을이 많이 없어서 다시 올라가기 위해서는 내려갈 때의 가속을 이용하는 수밖에 없었다.

경치가 매우 아름다워서 커브길이 나올 때마다 칸데는 멈춰서 사진을 찍고 싶어 했지만 나는 차가 출발할 때마다 더 힘들게 되니까 그러지 말자고 했다. 그러나 아무 문제가 없었다. 차가 너무 늦게 올라갔기 때문에 그녀는 내려서 뛰어 앞으로 가서 사진을 찍고 다시 차에 올라타면 되었다.

거대한 산들 사이에서 원추형의 조그만 산이 눈에 띄었는데 그 산에 대한 경외심으로 우리는 입을 다물었다. 조그맣지만 많은 내용을 담고 있었다. 광물이나 금은이 아니라 뭔가 훨씬 더 귀중한 것이었다. 꼭대기에 십자가가 있고, 그 주변으로 아콘카과(안데스산맥 최고봉으로 약 7천 미터의 높이) 정상을 정복하려다 목숨을 잃은 안데스산 등반가들의 무덤들이 있었다.

그들은 목숨을 내놓았지만 군인들이 아니었고, 명령도 받지 않았다. 그들은 원할 때 돌아갈 수 있었고, 배신자라고 불리지도 않았을 것이다. 그렇다고 그들이 목적을 달성했을 때 영웅이라고 불리지도 않았을 것이지만 나한테 그들은 영웅이었다. 그들은 삶 그 자체를 위해서 삶을 내놓고 꿈을 찾았다. 어느 누구도 그들에게 가라고 하지 않았으며, 그들이 가지 않았더라도 그들에게 뭐라고 말할 사람은 아무도 없었다. 그러나 그들은 위험을 무릅쓰고 그 일을 해야 된다고 말하는 소리를 마음속에 품고 있었다. 사람은 위험을 감수할수록 더욱더 자신이 살아 있음을 느낀다. 아콘카과에 오르려 하지 않았더라면 오늘 그들은 살아 있을지도 모른다. 그러나 그렇게 산다는 것이 무슨 의미가 있는가? 그들은 산을 정복하려고 한 것이 아니라 자기 자신을 정복하려고 하였다. 많은 사람들이 출항했지만 그들은 다시는 나타나지 못했고, 많은 사람들이 목적지를 향해 먼 곳으로 떠났지만 달성하지 못했고, 어떤 사람들은 돌아오지 못했다. 나는 두려움을 조금 느꼈지만 살기 위해서 시도조차 하지 않고 가만히 있는 것이 더 두렵다. 나는 살아보지도 못하고 죽는 것보다는 살려고 시도하면서 죽는 것을 더 원한다.

대사들

"안 됩니다. 허가증 없이는 차를 반출할 수가 없습니다."

"무슨 허가요?"

"무슨 허가증에 대해 이야기하는지 잘 아시잖아요. 국가문화유산이라서 국가 컬렉션에서 차를 반출할 수 있는 허가증이죠. 의심스러우면 국장님하고 이야기해 보세요."

직원이 사무실 방향을 가리키면서 말했다.

그가 무슨 허가증에 대해 이야기하는지 우리는 잘 알고 있었다. 세관에서 발급되는 허가증인데, 1940년 이전에 제작된 차량을 가지고 출국할 수 있는 허가증이었다. 올드카들을 국외로 가지고 나가서 판매할 것에 대비해 허가증을 발급하고 있지만 이것은 진짜 관료주의적 절차이며 귀찮은 일이었다. 차량 평가액을 기재하고, 자동차의 부분 사진들을 붙이고, 문화부에서 발급한 차량 이력서를 첨부하고, 그 외에도 많은 서류들……. 나는 그 서류들을 다 작성하지 않았다.

칸데는 내가 성공하기를 바라며 사랑스러운 키스를 해주었고, 나는 사무실로 향했다. 안 된다고 말할까봐 겁이 났다. 칠레로 넘어가려고 했는데, 첫 번째 국경에서 문제가 생긴 것이다. 어제는 멘도사에서 티니와 그의 동생 알프레도가 자기들이 가진 기술로 우리 차를 성심성의껏 정비해 주면서 몇몇 사람들이 출국하려고 했는데 허가증을 발급받지 못해서 떠나지 못했다고 말해 주었다.

나는 된다는 대답을 듣기 전까지는 절대로 사무실에서 나가지 않으리라는 굳은 마음을 먹고 문을 두드렸고, 필요한 말을 할 수 있게 해달라고 신께 부탁하면서 편안하고 차분한 마음으로 들어갔다. 여행한 지 벌써 9일이 되었고, 1,262킬로미터를 운전했으며, 수많은 일들을 겪었는데 이제 와서 우리한테 안 된다고 말할 수는 없었다.

내가 들어가자마자 국장이 물었다.

"당신이 올드카 주인이요? 차 트랜드는 뭡니까?"

"그레이엄 페이지 모델 28······."

"나도 올드카를 2대 가지고 있는데 하나는 포드A고, 또 하나는 쉐보레입니다. 어디까지 간다고 하셨지요?"

"신이 원하시고 당신이 허락해 주신다면 알래스카까지 갈 겁니다."

국장은 뭘 생각하는 사람처럼 시선을 내렸는데 단지 5초 정도였다.

"그럼 가십시오."

나는 그 앞에 멈춰 서서 어안이 벙벙했다. 그렇게 간단하게 허락을 받아낼 줄은 상상도 못했다.

"진심으로 감사드립니다. 지금 하고 있는 일이 우리에게 얼마나 중요한 것인지 당신은 모르실 겁니다. 거기다가 벌써 많은 사람들이 이 꿈을 좇고 있는데, 당신도 그들 중 한 명입니다."

그 사람은 고개를 끄덕이다가 멈추더니 내 손을 세게 잡았다. 내가 문으로 다가갈 때 아주 중요한 말을 했는데 마치 두 마리의 코끼리를 내 어깨에 올려놓는 것 같은 충격을 주었다.

"잘 가시오. 그리고 당신들은 우리의 대사들이 될 것이라는 사실을 절대 잊지 마십시오."

나는 무슨 말을 해야 할지 몰랐다. 나갈 때 문을 닫으면서 내 머릿속에서는 이 새로운 임명이 크게 울려 퍼졌다. 한편으로는 매우 좋으면서도, 다른 한편으로는 내가 과연 잘 수행할 수 있을까 하는 막중한 책임감이 엄습했다. 이 순간 이후부터 우리가 하는 모든 행동, 동작, 행위, 말 한마디가 우리가 떠나온 지역의 모든 사람들을 대표하게 될지도 모른다.

기쁨을 감추지 못하는 행복한 내 얼굴을 본 칸데는 여행을 계속할 수 있는 허가증을 받았다는 것을 즉시 알아챘다.

"이제 칠레로 가요!"

나를 포옹하며 소리 지르기 시작했다.

"우리가 허가증을 받을 것을 나는 확실히 알고 있었어요!"

그녀는 계속 소리를 질렀고 노래까지 부르기 시작했다.

"산맥을 넘어 칠레로 갈 때……."

"왜 그렇게 확신했어?"

내가 그녀의 노래를 중단시켰다.

"항상 우리에게 다 주어졌잖아요. 사람들이 도와주고, 길에서 인사하고, 트럭 운전사들은 경적을 울려줬잖아요. 나는 이제 계속 인사하는 카니발의 여왕이 된 것 같아요."

"나는 교황이 된 기분이야."

우리는 너무 웃어서 죽을 지경이었다.

미지의 세계로 들어가는 자가 보물을 발견한다

"이제 우리를 따라오세요."

두 남자가 우리의 행복한 대화를 끊었다. 그들은 초록색 옷을 입고 있었는데 그 옷에 달린 패찰 중 하나에는 '헌병대'라고 쓰여 있었다.

"네, 따라가는데 시속 120킬로미터 이상은 넘지 마세요. 산에서 우리가 얼마나 천천히 가는지 잘 보세요."

칸데가 웃으며 대답했고, 차에 오르면서 다시 노래를 부르기 시작했다.

"산맥을 넘어 칠레로 갈 때……."

루이스 가이탄과 마르셀로 부스타만테는 잉카 다리에서 만났는데 부대 내에 잠자리를 마련해 주었다. 그들은 세관에서 기다렸다가 우리를 안내했다. 비록 방은 작았지만 우리를 국왕부처처럼 대접했다. 대장의 방을 내줘서 시원하게 샤워할 수 있었고, 우리에게 꼼짝 말고 편히 있으라고 하면서 맛있는 수프를 요리해 줬다. 촬영하기 위해 작동시킨 캠코더 앞에서 무척 수줍어하며 작별인사를 했다.

마르셀로가 말을 시작했다.

"자, 에에에, 우리는 지금 해발 3,800미터에 위치한 라스 쿠에바스에 있습니다. 그리고 두 명의 친구와 함께 매우 즐거운 저녁 식사를 하고 있습니다."

루이스가 우리 눈을 보면서 말했다.

"당신들을 여기서 맞이하는 것이 저에게는 더할 나위 없는 영광이라는 것을 말씀드리고 싶습니다. 왜냐하면 당신들은 세계 여러 곳에서 우리를 대표할 것이기 때문입니다. 다시 말씀드려서 국가를 대신해서 당신들께 작별인사를 하는 것은 영광 이상이라는 뜻입니다. 당신들 집이라 생각하고 편하게 지내면서 이 나라에서의 마지막 시간을 즐기십시오."

멋있는 작별인사와, 우리를 전혀 몰랐으면서도 이 꿈의 시작을 위해 도와주었던 사람들에 대한 기억을 안고 아르헨티나를 떠났다.

9일 전에 집을 떠났고, 이제는 우리나라를 떠나 미지의 세계로 들어간다. 그러나 미지의 세계로 들어가는 자가 보물을 발견하나니 우리의 보물을 위해서 나아가자.

칠레와 볼리비아

Chile y Bolivia

여기까지:
1,409km
11일째

대양과 안데스산맥 사이에서

미지의 세계로 들어가는 문

칠레에 들어왔다! 우리나라를 떠나 첫 번째 국가에 도착했다는 것과 안데스산맥에서 가장 높은 곳에 도달했다는 것은 모든 것을 다 성취한 것 같은 느낌을 주었다. '달팽이 길'이라는 내리막길을 가고 있는데, 계속해서 매우 험한 커브길이 나타났다. 길가에 엔진이 식기를 기다리는 차들이 몇 대 보였다. 밑에서 바라보는 산의 경치가 무척이나 인상적이라서 칸데는 우리 차와 거대한 산맥을 찍을 장소를 물색하다가 촬영하려고 차에서 내렸다. 나는 계속 내려갔고, 칸데는 꼬불꼬불한 커브길에서 나를 촬영하였다. 끝에 다 와서 고개를 들어 보니 그녀는 작은 점이었다. 그녀를 데려오기 위해 다시 이 길을 올라간다면 이 차는 완전히 녹초가 될 것이다. 그녀에게 내려오라고 손짓을 했다.

칠레 번호판을 단 차에서 한 남자가 나한테 뭐라고 물어보는데 무슨 말인지 이해가 안됐다. 나는 칠레도 같은 언어를 사용한다고 생각했는데, 아르헨티나를 겨우 30킬로미터 벗어났는데도 벌써 말이 안

통한다.

"죄송한데요, 무슨 말씀을 하시는 건지 모르겠는데요."

"당신 당나귀가 망가졌으면……. 카차이 포?"

무슨 뜻인지 도통 이해가 안 되는 말을 다시 했다. 나는 당나귀가 없으니 그가 말하는 당나귀는 차를 의미한다고 생각했다.

"아니요, 제 아내가 기다리고 있습니다. 고맙습니다."

"아, 저기 걸어오고 있는 여자가 당신 '폴롤라'예요?"

"네, 그렇습니다."

나는 '폴롤라'가 좋은 뜻인지 아닌지도 모르면서 대충 대답했다.

"타이 포."

그는 이렇게 말하고 가버렸다.

국외로 나가서 처음으로 누군가를 만나 보니, 같은 언어를 사용하지만 낱말은 서로 다르다는 것을 알게 되었다. 다른 언어를 사용하는 곳에 가면 어떻게 될까?

생각에 잠긴 사이 의문들은 사라졌다. 칸데가 차에 올랐다.

"저 남자는 에스테반이고 여자는 그의 애인이야. 두 사람은 비냐 델 마르로 휴가 가."

로스안데스 마을에 도착해 첫날밤을 보냈다. 그 다음에 산티아고 데칠레를 방문해 박물관, 광장, 공원을 돌아다녔고 그러면서도 차에 무슨 일이 일어날지 몰라 안전하게 주차할 곳을 항상 찾았다. 기어박스인지 그 부근에서 소리가 나서 올드카 수집가 한 사람을 찾았는데, 그의 이름은 멘도사에서 전해 들었다. 그는 즉시 도와줄 수 있다고 말했고, 직원들이 휴가 중이었지만 전화해서 곧바로 세 명의 기술자가 허브베어링을 제작하기 시작했다. 그들이 우리를 미워할 거라고 생각했는데 내가 틀렸다.

어느 날 콘콘에서 밤을 보내고 키냐 델 마르로 가서 해변에서 먹을 저녁거리로 파이를 샀다. 해변에 도착하니 반달이 떠 있어서 조금 어두웠다. 조그만 가방을 허리에 차고 거기에 증명서, 차 서류 그리고 2천 달러가 조금 넘는 전 재산을 넣고 다녔다. 도난당할까봐 겁이 나서 닫힌 포장마차 밑에다 숨겨두었다. 아름다운 밤 파도가 부서지는 소리를 들으며 파이를 먹었다. 개들도 몇 마리 나타나서 파이 부스러기를 찾았고, 다 먹고 나서 개들하고 부드러운 모래 위에서 같이 놀았다.

다음 날 보통 때보다 조금 늦게 9시쯤 일어났다. 아침 식사용으로 뭘 살까 생각하고 있었는데, 칸데가 남은 돈을 주면서 허리 가방에 있는 돈하고 같이 보관하라고 했다.

"허리 가방! 허리 가방을 잃어버렸어!"

나는 칸데에게 소리 지르며 해변으로 달려갔다. 미친놈처럼 달리면서 내가 얼마나 바보 같은 짓을 저질렀는지, 우리의 모든 것을 넣어둔 그 허리 가방을 어떻게 잃어버릴 수가 있는지 생각했다. 어떻게 그런 엄청난 실수를 할 수가 있단 말인가?

바람 한 점 없는 해변에 도착하니, 어젯밤의 그 쓸쓸한 바닷가는 사라지고 사람들로 붐볐다. 라마리나에서는 관광용 헬리콥터, 멋진 보트, 정박해 있는 선박과 그 외 신기한 것들이 많이 있었다. 화가 난 나는 허리 가방을 찾으러 포장마차로 갔지만 아무것도 없었다. 하늘이 무너져 내리는 것 같았고, 모든 것이 끝난 기분이었다. 풀이 완전히 죽은 나는 화가 나면서 그토록 어리석은 내 자신이 너무 원망스러웠다.

칸데가 와서 축 처진 나를 보더니 신경이 날카로워졌지만 해결책이

랍시고 말했다.

"찾을 거예요. 누군가가 돈만 빼가고 나머지는 놔둘지도 모르잖아요."

우리는 서로 다른 방향으로 찾으러 나섰다. 칸데는 하나밖에 없는 레스토랑에 놔두었는지도 모르겠다면서 거기로 갔다. 사람들 사이를 걸어가면서 우리가 가방 하나에다가 그 모든 것을 다 보관했다는 것을 믿을 수가 없었다. 왜 차에다 좀 놔두지 않았을까? 이제 어떻게 하지? 여행한 지 이제 겨우 보름 됐는데 시작부터 왜 이렇게 나쁜 일만 생길까? 이렇게 빨리 여행은 끝나는 것인가? 신이 우리의 여행을 원치 않는 건가? 가만히 생각해 보니까 신은 우리의 어리석은 행동하고는 아무런 상관이 없었다. 내가 욕을 하고 있었지만 사람들은 아무도 나를 쳐다보지 않고, 헬리콥터와 거기를 오르고 내리는 사람들에게만 관심을 보였다. 그들에게 물어보았지만 가방을 본 사람은 아무도 없었다.

몇 걸음 더 앞으로 나아가다가 황금빛 모래 위의 파란 뭔가를 보았다. 헬리콥터 구경꾼들 등 뒤로 겨우 3미터 정도 떨어진 곳이었다. 뭔가 싶어서 달려갔다. 그래, 거기에 있었다! 우리 허리 가방이었다. 절망적인 기분으로 가방을 들어보니 깨문 자국이 보였는데 분명 어젯밤 그 개들 짓이었다. 불안한 마음에 굼뜬 손으로 가방을 열어보니 모든 것이 온전히 다 있었다, 전부 다!

신에게 감사하는 마음밖에 없었다. 어떻게 아무도 그것을 보지 못할 수 있을까, 그것을 놔두고 시간이 한참 흘렀는데 어떻게 그대로 다 들어 있을 수 있을까? 가방을 치켜들면서 칸데한테 달려갔다. 나를 보더니 폴짝 뛰며 기쁨의 소리를 지르는 칸데를 헬리콥터 구경꾼들이 다 쳐다봤다. 다시 찾은 것을 축하하기 위해서 바닷가 앞에서 해물요리를 먹으러 제일 좋은 레스토랑으로 갔다. 그 덕분에 하루 만에 예산을 많이 축냈지만 그래도 괜찮았다.

북쪽으로 나아감에 따라 경치가 조금씩 조금씩 황량해져 갔다. 손볼 데가 많아 보이는 낡은 밴 한 대가 옆을 지나갔다. 우리와 속도를 맞춰가면서 신호를 보내서 우리도 인사로 응답했다. 그 사람이 다시 우리 옆을 지나가면서 창문으로 밀론 하나를 보여주길래 그것을 팔고 싶어서 그러는 모양이라 생각하고 안 살 거란 신호를 보냈다. 그 사람은 속도를 내서 갔는데, 가버린 것이 아니라 훨씬 앞 길가에서 멜론을 손에 들고 기다리고 있었다. 우리는 말하려고 차를 세웠다.

"아닙니다, 멜론을 사고 싶지 않네요."

"환영합니다! 우리나라에 오신 것을 환영하며 이 멜론을 대접해 드리고 싶습니다."

우리가 고마움을 표하는 동안에 그가 덧붙였다.

"이런 차로 어디를 가세요?"

"길 끝까지요."

"어딘데요?"

"알래스카까지 갑니다."

칸데가 대답했다.

"어디서 멈출 거예요?"

"지평선, 하늘, 바다, 땅이 만나는 곳에서요."

그와 헤어지고 다시 길을 가면서 그나 우리나 서로 이름도 소개하지 않았지만 그한테는 우리가 자기 나라 사람이 아니라는 것을, 그리고 우리한테는 그가 그의 나라의 대표라는 것을 아는 것만으로도 충분한 것 같다는 것을 깨닫게 되었다.

태평양 해안도로를 따라가면서 해변과 어선이 있는 마을에 들러 시장에 가서 다양한 색깔과 풍미를 내는 해산물 요리를 사먹었다. 바다에 가까워질수록 길은 오르막 내리막이 더 심해졌다. 그리 가파르지 않은 어느 길에서 차가 올라갈수록 힘이 떨어지더니 더 이상 올라가려고 하지 않았다. 시동을 다시 걸어봤지만 꼼짝도 안 해서 카센터로 내려갔는데, 기적적으로 카센터가 오르막이 시작되는 곳에 있었다. 조그만 오두막 주변에 많은 차량이 있는 것이 내 관심을 끌었다.

묶여 있던 개들이 우리를 보고 짖어대니 카센터 주인이 잽싸게 트럭 밑에서 나왔다.

"차에 문제 생겼어요?"

그가 인사를 하고 나서 물었다. 기름 묻은 자기 손 때문에 내 손이 더러워질까봐 자신의 팔뚝을 내밀었다.

"이런, 지쳤구나. 산을 오르고 싶지 않구나."

그는 기화기에 문제가 생겼다는 것을 금방 알아내고는 분해하더니 내가 놀랄 정도로 엄청난 기름때를 끄집어냈다.

"기화기를 청소하지도 않았는데 어떻게 이만큼 나올 수 있는지 모르겠네요. 이 기름때는 오랜 세월 묵은 거라……."

나는 그에게 무슨 말을 해야 될지 몰랐다. 그런 것이 나오리라고는 생각도 못했다.

여행 출발 전에 하늘이 우리에게 보내준 천사 같은 존재인 카를로스 힐과 함께 차에 정성을 많이 기울였다. 그 친구는 정비사이면서 그레이엄 페이지를 몇 대 갖고 있었고, 그의 할아버지도 그 브랜드의 공

식 정비사였다. 그는 우리가 이 차로 알래스카에 갈 거라고 말하고 나서부터 주말마다 집에 와서 차 정비를 도와주었다. 그러나 시간이 부족해서 해야 할 일이 많이 남아 있었는데, 그중 하나가 지금 보는 것처럼 기화기 청소였다.

카센터 주인은 연료탱크에서 기름을 조금 끄집어내어 그걸로 기화기를 청소하고 다시 조립하였다. 돈을 내려고 하자 받으려 하지 않았다. 차에 탈 때 우리에게 말했다.

"알래스카라……. 이 차로 빨리 도달할지는 모르겠지만 분명 도착할 겁니다."

그의 신뢰감이 우리에게 전해졌다. 다른 사람들이 우리에게 갖는 신뢰감이 우리가 우리 자신에게 갖는 자신감보다 더 컸다. 훨씬 더 쉽게 산을 오르고 다시 길을 갈 수 있었다.

해변 앞에 있는 그림 같은 어촌인 잉글리시 베이에서는 차 안에서 잘 준비를 했다. 수첩에다 계산을 하고 메모를 하면서 무척 걱정이 되었다. 그래서 칸데에게 말했다.

"여기까지 오는 데 벌써 23일이 지체됐다면 6개월 안에 여행을 끝내지 못할 것 같은데……. 각 나라마다에서 걸릴 킬로수를 하루 아니면 며칠 단위로 계획 잡아야 되겠어."

나는 무척 초조했는데, 칸데는 도리어 아주 느긋하게 대답했다.

"그래도 여행하면서 즐겨야죠. 즐깁시다, 그리고 나면 시간도 단축될 거예요."

"좀 더 마음을 다잡아야 할 것 같아. 칠레에서 13일 더 지내다가 3월 2일에 떠나 볼리비아에서 15일, 페루에서 25일, 나머지 20일은 에콰도르에서……. 그리고 경비도 부족해질 것 같으니 이제부터는 옆길로 빠지지 말고 더 많이 달려야 되겠어."

칸데가 누워서 눈을 감았다. 나는 계속 말을 이어갔다.

"하루에 그렇게 많은 킬로수를 달리거나 킬로미터 당 그렇게 많은 돈이 들어갔으니……."

여행을 떠나기 전에 의자를 뒤로 완전히 젖힐 수 있게 경첩을 달았기 때문에 차에서도 아주 편안하게 잘 수 있었다. 칸데가 창문에다 커튼과 모기장을 달아놔서 창문을 열어놔도 밖에서 사람들이 안을 볼 수가 없었다. 며칠 전부터는 사람들의 이목을 끌지 않기 위해 밤마다 비가 안 와도 차에다 덮개를 씌웠다. 덮개가 없으면 우리가 자려고 하는 줄도 모르고 밤늦게까지, 그리고 이른 아침부터 사람들이 가까이 다가와 차에 대해서 이야기하려고 하였다.

새벽 4시에 사람들이 가까이 다가오는 소리가 들렸다.

"이게 뭐지?"

한 사람이 질문하는 소리가 들리면서 몇 명이 호기심을 보이며 덮개를 들어 올렸다.

"카트 같아 보이는데 나무 바퀴가 달렸네."

다른 사람이 바퀴들을 툭툭 차면서 대답했다. 덮개를 더 이상 올리지 못하게, 사전 경고도 하지 않고 경적을 두 번 눌렀다.

"와, 경보기도 있네!"

그들은 놀라서 도망쳤고, 우리는 웃으며 다시 잠을 청했다.

침묵의 소리

세상에서 가장 건조한 사막으로 들어갔다. 거기에는 몇 년간 비가 오지 않은 지역들도 있었고, 어떠한 생물체도 보이지 않았다. 단지 킬로수를 알려주는 이정표하고 사고도 인한 죽음을 알리는 십자가들만 있었다. 그래도 나는 길 위에서 매우 기분이 좋았다. 나를 위해서, 우리를 위해서 자유롭게 뭔가를 하고 있다는 놀라운 느낌이 몸 깊숙이 파고들었다.

칸데와 나는 좋은 일자리를 갖고 있었고, 우리들의 집을 지었다. 나는 어머니와 살면서 원했던 집을 한 번도 가져보지 못했기 때문에 집은 나에게 있어서 매우 큰 의미를 차지하고 있었다. 집을 가졌을 때 그 집으로는 채울 수 없는 큰 구멍이 계속 남아 있었지만 나는 불평하고 싶지 않았고, 불만족스러운 표정을 드러내고 싶지 않았고, 사랑하는 사람이 있었다. 그러나 삶에서 더 사랑하는 뭔가가 있었는데…… 그것은 바로 모험을 향해서, 알래스카를 향해서 길을 가는 것이라 생각했다.

칸데와 나는 서로 통하는 점이 참 많았고, 그렇지 않은 것은 서로 보완해 주었다. 우리 두 사람은 시골에서 자랐다. 칸데는 부에노스아이레스에서 가까운 시골에서 자랐는데, 그곳은 아르헨티나 팜파스 지역에서도 땅이 매우 평평하기로 소문난 지역이다. 막내인 그녀는 부모님과 오빠와 두 명의 언니에게 큰 선물이었고, 가족 중에서 사랑을 가장 많이 받고 자랐다. 어렸을 적에 그녀의 가족들은 휴가를 자주 가지는 않았지만, 여름 3개월 동안은 항상 초대를 받아서 바다나 산이나 시골로 가서 지냈다. 그녀의 부모님은 한 번도 이런 초대를 거절한 적이 없었다. 그런 곳에 가면 그녀가 즐겁게 지낸다는 것을 알았기 때문에 이 세상을 조금밖에 알지 못하는 그녀에게 세상을 알고 배우면서 잘 자랄 수 있는 기회를 준 것이다. 그 덕분에 지금 그녀는 완전한 자유를 느낀다.

칸데는 시골에서 오빠와 언니들과 함께 물웅덩이에서 올챙이를 잡고, 무릎까지 진흙 속에 빠지고, 말을 타고, 개들하고 놀거나 아니면 집짓기 놀이 하던 것을 항상 기억했다. 그들은 몇 시간 동안 부모님이 알지 못하는 곳으로 사라지는 자유를 누렸고, 부모님은 자식들을 과잉보호하는 대신에 어릴 적부터 자기 자신을 책임지고 보호하는 법을 가르친 것이다.

칸데가 8살이 됐을 때 안타깝게도 오빠가 죽었고, 더 좋은 교육을 받기 위해 가족이 모두 도시로 이사를 갔다. 그녀의 삶의 방식은 많이 바뀌었지만 그들의 휴가는 이전과 마찬가지로 계속되었다.

나도 역시 시골에서 자랐다. 내가 한 살이 조금 넘었을 때 어머니는 아버지와 헤어지고서 수도로 돈을 벌러 가기 위해 나를 할아버지와 이모들이 있는 시골 외가에 맡겼다. 할아버지는 손자인 나를 산, 개천, 팜파스, 호수에서 조랑말, 말, 소, 개들 사이에서 키웠다. 내가 학교에 들어갈 때가 되었을 때 엄마를 따라 도시로 가서 차카리타라는 동네에서 어느 집의 차고를 빌려 침대 두 개를 놓고 살았다. 매우 가난했지만 나는 불행하다고 생각하지 않았다. 비록 학교에 가려고 일어났을 때 엄마는 벌써 일하러 나갔고, 내가 잠자리에 들 때까지도 돌아오지 않았지만 나는 엄마하고 같이 산다는 것만으로도 행복했다. 아침에 눈을 뜨면 나는 엄마가 집에 있었다는 것을 알았다. 왜냐하면 항상 연필이나 사탕 같은 것들을 두고 나갔기 때문이었다. 아마 내가 일어났을 때 엄마를 보지는 못하지만 엄마가 있다는 것을 나에게 말하고 싶어서가 아니었을까…….

엄마는 직장에서 일이 잘 풀려서 시내에 있는 아파트를 임대했다. 나는 처음으로 엄마와 같이 바다로 휴가를 갔던 무척 즐거웠던 기억을 가지고 있다. 바다, 자유로운 시간, 그리고 엄마가 온종일 나와 함께 있었다.

내가 10살이 되던 해에 엄마가 재혼을 해서 항상 엄마한테 요구했던 것을 가지게 되었는데 그건 ß-로 동생들이었다. 그러나 무엇보다도 가장 좋은 점은 학교에 갔다 왔을 때 엄마가 집에 있다는 거였다.

새 아빠와 동생들이 생긴 것과 함께 모든 것이 바뀌어서 나는 사립학교에 다니게 되었고, 식구들이 다 같이 정기적으로 휴가를 가게 되었다. 이전에는 옷도 사촌 형들이 입던 헌 옷을 물려받았는데 새 옷을 입고, 비록 새 아빠하고 사이가 좋은 적은 한 번도 없었지만 동생들을 만들어 준 것과 무엇보다도 엄마하고 더 많은 시간을 보낼 수 있게 된 것에 대해서는 항상 고마운 마음을 가지려고 노력했다.

"저기 뭔가 있는 것 같아요."

칸데가 가리켰다.

거의 3백 킬로미터를 달려오면서 아무것도 보지 못한 우리는 조그만 주유소에서 멈췄다. 5백 킬로미터 이내에서 유일한 그 주유소는 차들에게 오아시스였다. 벌써 저녁이 찾아와서 길에서 벗어나 야영을 하려고 광활한 사막 안으로 들어갔다. 시동을 끄고 내렸을 때 고요함에 놀랐다. 그 침묵을 깨는 바람도, 새도, 어떠한 것도 없었다. 땅거미가 내려앉고 있어서 고요함을 즐기려고 의자를 꺼내 앉았다. 자동으로 우리를 찍는 카메라 셔터 소리가 완벽하게 들렸고, 그 소리 뒤에 고요함이 돌아왔다. 우리의 숨소리, 공기가 폐로 들어가는 소리를 듣고 더 많은 소리를 찾다가 심장 뛰는 소리를 들었다.

해가 지자마자 별들이 나타나기 시작했는데 지금까지 살아오면서 그렇게 별이 총총한 하늘 밑에 있어본 적은 한 번도 없었다. 수십만 개의 별들이 우리와 같이 저녁 준비를 했다. 아무것도 없는 고요함 속에서 음악을 틀고 좋아하는 노래를 크게 부르고, 무한한 자유를 만끽하며 춤을 췄다. 우리 목이 더 이상 노래를 할 수 없을 때까지 노래를 부르고 소리를 질러서 몸이 완전 녹초가 됐다.

이 광활함 속에 아무것도 없이 우리만 있고, 우리는 서로를 느끼고 싶었다. 우리를 볼 사람은 아무도 없었다. 우리만이 우리를 봤다.

아타카마 사막에 있는 조그만 마을인 산 페드로까지 올라갔다. 안데스산맥 자락에 있는 그 마을은 볼리비아 국경에서 매우 가까웠다.

마을 집들은 진흙으로 지어졌고, 길은 흙으로 되어 있었다. 경치가 빼어난 그 마을에는 관광객이 많이 찾아왔다. 한쪽에 수예품들을 파

는 사람들이 모여 있어서 칸데가 그 작품들을 바라보고 있었다. 칸데에게 물건을 가까이 보여주기 위해 천 위에 쪼그리고 앉아 있던 사람이 말했다.

"당신들이 그 낡은 차를 타고 아르헨티나에서 온 사람들인가요?"

"네, 어떻게 아세요?"

"당신들이 길에서 태워 정류장까지 데려다 준 여자애들 중 한 명이 제 여동생이에요."

"참, 우연이네요. 우리도 차 한 대 지나가는 것만 본 그 길에서 히치하이킹하고 있는 그 아이들을 만났어요."

"그 아이들은 수천 년 전부터 원주민들이 모임이나 의식장소로 사용한 동굴에 자러 갔었어요."

우리는 그 이야기가 흥미로워서 아무 말도 안 하고 계속 들었다. 그가 물었다.

"달이 뜨는 모습을 기다리며 일몰을 보러 간 적이 한 번도 없었나요?"

마을에서 햇빛이 완전히 사라지는 시각인 밤 11시에 만나기로 했다. 그와 그의 친구는 발 디딤판에 올라섰고 그의 여동생은 우리와 함께 앞좌석에 탔다. '오래된 길'을 통해서 경이로운 경치들을 바라보며 달의 계곡에 도착했다.

태양 안녕, 달 안녕

언덕 가장자리에 도착하려고 거대한 모래 언덕을 걸어서 올라갔다. 주변은 온통 달빛으로 수놓은 경치뿐이었다. 우리뿐만 아니라 이곳의 일몰에 대한 명성을 들었던 사람들이 더 있었고, 우리는 그들과 함께 어떤 날의 끝을 보고 싶어 했다.

많은 사람들이 다시는 돌아오지 않는 황혼의 모습을 사진기에 담았다. 우리가 거기서 보고 즐기는 모든 것을 포착할 수 있는 카메라는 없다는 것을 잘 알고 있었지만 시간이 지나면 그 사진들은 우리에게 추억을 가져다 줄 것이다.

사막에 해가 지자 찾아온 추위를 피하기 위해 차가 있는 계곡 사이로 내려갔다. 다른 젊은이들과 함께 모닥불을 피웠다. 그 지역에는 돌하고 모래만 있어서 그들은 나뭇가지들을 가지고 왔다. 추위를 쫓기 위해 피스코(와인을 증류해서 만든, 칠레인들이 즐겨 마시는 술)를 마시며 음악을 들었다. 우리 음악을 듣고 잠시 그들의 음악도 들으며 춤도 같이 췄다.

제일 먼저 나와서 제일 마지막까지 노래를 따라 부르며 춤췄던 수예품 팔던 사람이 잠시 숨을 고르며 말했다.

"오늘 길에서 내 여동생을 태워줬다는 이야기를 했을 때 나한테 '우연'이라고 했는데, 나는 그것을 '신호'라고 부릅니다. 어떤 일이 일어나도록 모든 것을 시간과 공간 속에서 일치시키는 신호입니다. 그 신호들에 깊은 관심을 기울이면 상상도 할 수 없는 삶을 살거나 아니면 그런 삶을 피할 수 있을 겁니다."

나는 그 말이 혹시 지금 내가 '신비스러운' 삶을 살고 있다는 것을 말하고 있는 건지 도통 이해가 안됐다. 나는 그의 말을 한마디씩 곰곰이 되씹어봤다. 그는 피스코를 한 모금 마시고서 계속 말했다.

"21세기 인류는 지구의 핵심이 무엇으로 이루어졌는지 아직도 모르고, 그들 중 거의 대부분은 개개인의 핵심이 무엇으로 이루어져 있는지도 모릅니다. 당신은 당신의 핵심을 찾으려고 여행을 시작했을 수도 있겠죠. 두꺼비들은 각각 자기가 좋아하는 우물에서 삽니다. 당신은 아마 당신한테 제일 잘 맞는 신발을 찾으러 당신의 우물에서 나왔을 겁니다. 당신이 이 세상을 걷고 돌아다니는 동안에 어디에 도착하든지 인사하는 것을 잊지 마십시오. '바다 안녕' '강 안녕' 우리를 둘러싸고 있는 것들하고 말하십시오. 이 사막의 침묵까지도 우리한테 할 이야기를 가지고 있습니다."

나는 어릴 적에는 개하고 조랑말하고 이야기했다. 그러나 어떤 장소에게 인사한 적은 없었다. 내가 그의 말을 이해할 수 있는 높은 수준에 오르지 않았든지, 아니면 그가 술에 취한 건지, 어쨌든 그의 말을 이해하지 못했다.

"나는 당신의 삶이 어땠는지, 무엇 때문에 당신이 이런 여행을 결심했는지 모르지만 차분히 보십시오. 당신이 삶을 손에 쥐고 그 삶에 가능성을 주면 당신은 모든 것이 가능한 삶을 살게 됩니다."

태양이 다시 우리에게 올 수 있도록 시간이 지나가게 놔두고, 나는 그 젊은 수예품 상인이 했던 말이 무슨 뜻인지 생각하면서 칸데와 함께 앉았다. 왜 그런 말을 했을까? 우리는 서로 모르는 사이인데, 그가 자기 형제한테 하는 것처럼 충고를 했다는 느낌이 들었다. 내 관심을 끈 것은 그에게 고맙다고 했을 때 한 말이었다.

"당신한테 그 말을 한 것은 내가 아니고, 삶의 길에서 나한테 그런 말을 가르쳐 준 이들의 말을 반복한 내 영혼의 메아리입니다."

믿음은 산을 움직일 수 있지만, 여기서 산을 움직이는 것은 구리였다. 우리는 3백 톤이나 되는 돌을 실은 트럭들이 지나다니는 추키카마타 광산에 있었는데, 그것은 3백 대의 차를 한꺼번에 옮기는 것이나 마찬가지였다. 그 거대한 괴물 같은 트럭들도 광산을 내려가니 작은 개미들처럼 보였다.

차 뒷바퀴에서 소리가 나서 한 카센터에 들어갔더니 무척 반갑게 맞이해 주었다. 바퀴에서 나는 삐걱거리는 소리를 주인이 들을 수 있도록 바퀴를 조금 회전시키니 주인은 단번에 베어링 문제라는 것을 알아냈다. 부품가게에서 베어링 한쪽만 찾을 수 있어서 그것만 교체하였다. 조수는 정비사가 시킨 일들을 재빨리 처리했다.

"구아톤(배불뚝이라는 뜻), 바퀴 빼내고…… 구아톤, 윤활유 찾아와."

그러면 구아톤이 여기저기 찾으러 다녀서 나도 도와주고 싶었다.

"구아톤, 내가 도울 수 있는 것 있으면 말해요."

"헤이, 당신까지 그렇게 심하게 놀리지 마요."

내가 순진하게, 그렇지만 진지하게 물었다.

"구아톤이 당신 이름 아니에요?"

"아니에요. 내 배가 나왔다고 나보고 구아톤이라고 하는 거예요."

그러면서 그는 두 손으로 거대한 배를 잡았다.

칠레를 떠나면서 우리가 무슨 실수를 했는지 깨달았다. 우리가 아르헨티나 사람이라고 냉대할 거라 생각했는데 칠레에 들어온 첫날부터 정반대였다. 우리의 정부들은 우리가 전쟁터에서 죽이고 싶을 정도로 서로 증오하게 만들었다. 그러나 적이라고 생각했던 자들의 땅에 와서 보니 그런 적은 안 보였고, 어떤 적의를 느낄 수도 없었다.

볼리비아

하늘에서 아주 가까운 나라

행복한 어린아이들처럼

탐보 케마도를 통해서 볼리비아로 들어갔다. '탐보'는 케추아어(안데스 산맥 중부에 사는 인디언 부족의 원주민어)로 '여행객들이 쉬어가는 곳'이라는 뜻이다. 그러나 우리한테는 그런 곳이 아니었다. 해발 4,800미터 높이의 이 국경지대에서 거의 뜬눈으로 밤을 새우고 나니 완전히 멍한 상태가 되었다. 고도의 효과라는 것은 머리를 폭발시키는 것이다. 다행히 국경을 넘는 데 필요한 수속이 빨리 진행됐고 또 일처리도 쉬웠다. 사무실에서 나오니 마치 우리 차가 광장의 벤치가 된 것처럼 네 사람이 차 발 디딤판에 앉아 있었고, 반대편에 네 사람이 앉아 있었고, 더 많은 사람들이 차를 에워싸고 있었다.

우리는 볼리비아 지도가 있는지 물어봤지만 지도가 없어서 볼리비아 영토가 조금 나오는 칠레 지도에 의존했다. 거기에는 30킬로미터 떨어진 곳에 마을이 하나 표시되어 있었고, 50킬로미터 지점에 주유소가 확실히 있는 도시가 표시되어 있었다. 고도에서 내려가고 싶은 마음이 너무나 간절했기 때문에 가능한 빨리 출발하였다. 지나가다가 주유소를 발견했지만 그냥 무시하고 갔다. 내려가는 것만이 유일한 관심거리였다.

길은 무척 아름다웠다. 야마들과 과나코들이 우리가 지나가는 모습을 호기심 어린 눈으로 쳐다보고, 눈으로 덮인 산들이 우리를 둘러싸고, 황량한 경치가 우리 앞에 펼쳐졌다. 그러나 내려가는 것은……. 우리는 아주 조금 내려갔다. 벌써 볼리비아 고원에 도착했다. 안데스 산맥에 있는 광활한 평원인 이 고원에는 모든 것이 높고, 너무 높아서 우리 몸이 적응하는 것 이외에는 다른 선택이 없었다.

집들이 보이기 시작했다. 전부 진흙으로 지어졌고, 지붕에는 짚을 얹어서 외양간처럼 보였다. 나무는 안 보이고 단지 추위와 높이만 느껴졌다. 우리 지도에 표시되어 있는 마을은 거리가 없는 작은 촌락이었다. 집들은 비뚤비뚤 자리 잡고 있었고, 아무도 없고 트럭만 한 대 있었다. 차 소음이 사람들의 관심을 끌었는지 우리가 지나가는 동안 집 문을 살짝 여는 사람들이 보였다. 집에 창문이 없었고, 있어도 아주 작았다. 가솔린은 없었다.

계속 가면서 칸데는 염소와 야마와 같이 섞여 있는 양떼를 바라봤다. 그녀는 검은 양을 찾았다. 검은 양이 있으면 검은 양털을 구할 수 있고 그 털로 나를 위해 짜고 있는 스웨터를 다 만들 수 있기 때문이었다.

"저기, 멈춰요."

그녀가 산 밑에 있는 양떼를 가리켰는데, 진짜 먼 곳에 있었다. 그 양떼를 돌보는 원주민 여자애들은 더 먼 곳에 있었다.

"저기까지 갈 거야?"

같이 가고 싶지 않아 내가 물었다. 고도 때문에 아무런 의욕이 안 생겼고, 가장 싫은 것이 움직이는 것이었다. 그 순간에 나는 그 정도 고도는 우습게 생각하는 그레이엄처럼 강해지고 싶은 마음뿐이었다.

칸데는 같이 가자고 조르지 않고 혼자 갔다. 20분이 지났는데도 원주민 여자애를 만나러 계속 걸어가고 있었다. 나는 그 여자애들이 칸데한테 서둘러 가주기를 바랐다. 마침내 거기 도착해서 또다시 지루한 20분이 흘렀다. 아직 움직이는 사람이 없는 걸 보니 분명 무슨 일이 일어난 것 같았다. 스페인어를 모르나? 조금 있다가 양떼를 데리고 내 쪽으로 걸어오기 시작했다. 어디서 왔는지 남자 한 명, 여자 한 명, 아이 둘이 서로 떨어져서 양떼를 데리고 풀숲 사이에서 나타났다. 나는 칸데가 저 멀리 혼자 있는 것을 보고 겁이 났다. 만일 그들의 수가 더 많다면 저쪽으로 가는 게 낫겠다.

조금 뒤에 양떼 모는 목동이 나를 만나러 왔다. 키가 매우 작고 손에 새총을 가지고 있었다. 그들이 직접 양털실로 짜서 만든 그것은 1미터 반쯤 되는 두 개의 밧줄을 중간에 평평하고 굵은 받침대로 연결하고 돌을 얹어서 한 손으로 양쪽 줄 끝을 잡고 머리 위에서 돌리다가 돌을 날리는 순간에 한쪽 줄을 놓아 만든 것이다.

"그거 나한테 좀 가르쳐 줄 수 있어요?"

그는 아주 즐거워하며 돌 하나를 날리더니, 또 하나를…… 새총 소리가 바람을 가로 지르며 돌아갔고, 돌이 쌩하며 공기 속으로 날아가 선택한 나무를 맞히며 가지를 부러뜨렸다. 그는 자기 능력을 보여준 것을 기뻐하며 나한테 해보라고 했다. 나는 돌 하나를 골라 그 목동이 맞춘 나무보다 더 멀리에 세워놓고 돌을 날려 쓰러뜨렸다. 칸데가 나한테 와서 산에 있는 조그만 점 하나를 가리키며 말했다.

"저 사람 집에 양털이 있는데 집이 저기에 있대요."

"돌아오는 데 왜 이렇게 시간이 많이 걸렸어? 무슨 일 있었어?"

"저 부인이 나를 믿지 못하고, 나하고 말도 안 하려고 하고, 또 케추아어로 말하고, 나보고 돌아가라는 손짓을 했지만 내가 양털이 필요해서 사고 싶다고 끈덕지게 조르니까 스페인어로 거래를 하기 시작했어요. 금방 말을 배우던데요."

목동이 혼자 딴 길을 가는 양 한 마리 근처에 돌을 하나 던지니 그 양이 달려서 무리 속으로 돌아갔다. 그 양은 다음번에는 목동이 자기 갈비뼈를 맞춘다는 것을 알고 있을 것이다.

목동은 계속해서 말을 했지만 그 부인은 조금 무뚝뚝한 표정에 입을 다물고 있었다. 그는 그녀가 자기 부인이고, 자기한테 잘 대해 주지 않는다고 말했다. 나는 그에게 양털을 사고 싶으니 부인에게 케추아어로 이야기 좀 해달라고 했다.

"지금은 없으니 내일 다시 오세요. 아내가 믿지를 못해서⋯⋯."

그러나 우리가 차에 도착하자마자 그 부인이 그늘쪽 차 발 디딤판에 앉았다. 목동이 물었다.

"지금 뭐하세요?"

"여행 중입니다."

"당신들이 찾는 게 뭐예요?"

우리가 찾는 게 뭐지? 한 번도 우리가 찾는 게 뭔지 생각해 보지 않았다. 오로지 여행하는 것뿐이었는데, 그러나……. 뭐를 찾지? 나는 모르겠다…….

그에게 대답했다.

"알고 싶은 것을 찾아서요."

"알고 싶은 것을 찾아서…….."

그가 시선을 아래로 내리며 말했다.

"뭐를 알고 싶으신데요? 모든 지식 추구의 목적은 '왜?'라는 거죠."

우리가 지식을 찾는 목적은 무엇일까? 우리 자신을 알고 싶거나 우리가 누구인가를 알고 싶어서일 수도 있고, 우리가 얼마나 할 수 있는지, 우리가 두려움을 떨쳐내고 앞으로 얼마나 나아갈 수 있는지를 알고 싶어서일 수도 있다. 목동은 공범자의 시선으로 나를 바라봤고, 나는 내가 생각하고 있는 것을 그가 알고 있다는 생각이 들었다.

한 시간 정도 뒤에 그의 부인이 손으로 잦은 양털실을 가지고 나타났다. 실에서 양 냄새가 물씬 풍겼고, 그 지역에서 자라는 풀과 나무 부스러기들이 묻어 있었다. 그래도 칸데는 시골에서 자란 여자답게 상관하지 않고 잠시 가격을 흥정하였다.

출발하기 전에 어디서 가솔린을 구할 수 있는지 물었는데 그들은 대답하지 않았다. 칸데가 지도를 보면서 도시의 이름을 읽어주자 그때서야 그들은 손으로 길을 가리키며 '조금만 더'라고 대답했다.

한참 후에야 '조금만 더'에 도착했다. 가솔린이 거의 조금밖에 남지 않아서 '조금만 더'에 도착할 때까지 걱정을 많이 했다. 이제 우리는 길에서 양털 실타래나 갖고 황량한 경치 속에서 음식도 없는 거지 신세였다.

그 도시는 조그마했다. 식료품 가게에서 멈췄는데, 거기에는 없는 게 없이 조금씩 다 있었고 음식도 해주었다. 주유소가 어디 있는지 물어보니 점원이 부정적인 제스처를 취하며 고개를 흔들었다. 이제 정말 최악의 상황에 빠졌다.

길에서는 트럭만 보였고, 소도시에서 자동차나 심지어 아스팔트 거리도 못 봤고, 단지 밴 두 대만 있었는데 디젤 차량이었다.

"부인, 어디서 가솔린을 구할 수 있을까요?"

"내가 가지고 있는 또 다른 가게에서요."

그 부인이 연료 서비스를 하는 가게를 또 가지고 있으리라고는 상상도 하지 못했다. 가솔린을 구할 수 있다는 것을 알았으니까 먼저 밥을 먹었다.

그 부인은 아기 바구니들하고 모자를 가지고 우리와 같이 차로 갔다. 비록 머리가 천장에 닿고 아주 불편했지만 아무 불평도 하지 않았다. 갓난아기는 등에 업고, 여섯 살쯤 된 아이는 무릎에 앉혔다. 칸데는 가능한 한 뒤로 의자를 빼서 편하게 앉았다. 우리는 다른 선택의 여지가 없으니 요구하는 대로 다 줘야겠다고 생각했는데, 그러나 아주 조금 더 비싸게 받았다.

몇 킬로미터를 계속 내리막길로 달리다가 칸데가 벽돌집 하나를 가리켰다. 길옆에 붙어 있는 그 집은 뒤가 울타리로 둘러 쳐져 있었는데, 야마 두 마리하고 당나귀 한 마리가 호기심 어린 눈으로 우리가 멈춘 것을 보면서 다가왔다. 밤이 도착하고 있었다. 겨우 가로 4미터, 세로 3미터 되는 그 집에서는 식료품 가게, 바, 식당, 복권 판매점, 일반적인 업종들이 운명을 같이 했는데 얼마나 더 많은 업종들이 그 집을 거쳐 갔을까?

한참 뒤에 승객들을 가득 태운, 금방이라도 부서질 것 같은 소형 버스 한 대가 멈춰 섰다. 제일 먼저 바에 들어가서 생맥주 한 잔을 주문한 사람은 벌써 반 병은 마시고 온 운전사였다. 밖은 벌써 어두웠고 추웠다. 버스에서 내린 승객들은 판초(남아메리카 전통 복장으로 머리에서 뒤집어쓰는 외투)를 입고 양털로 짠 그 지역의 전통 모자를 썼는데 귀까지 덮어주고 두 개의 줄이 달려서 턱 밑으로 묶는 것이다. 또 어떤 사람들은 추위를 더 잘 막아주는 솜으로 차운 모자를 쓰고 있었다. 그러나 폐타이어로 만든 샌들을 신고 있어서 거의 맨발이나 다름없는 그들의 발을 보니 더 추워졌다.

우리는 잠 잘 준비를 하고 있었는데, 바에 들어가지 않은 많은 승객들이 우리 차 주위를 에워쌌다. 우리는 대화할 수 있는 기회를 놓치지 않기 위해 잠 잘 준비하던 것을 즉시 멈추었다. 그중에서도 빨간 판초를 입어서 눈에 확 띄는 사람이 제일 먼저 우리의 인사를 받아주면서 물었다.

"안녕하세요? 바퀴 틀이 나무인가요?"

"네, 그렇습니다. 그런데 당신은 왜 빨간 판초를 입으셨어요?"

"지금 지역사회모임에 가는데, 우리 지역에서 제가 선출돼서 이 판초를 입은 겁니다."

"그러니까 추장 같은 건가요?"

그가 나를 무식한 사람이라 생각하는 듯한 얼굴로 바라봤다.

"추장은 다른 거고, 우리 지역사회에는 그런 것이 없습니다. 우리들은 선거로 뽑습니다."

버스 지붕 위에서 양 소리가 들려서 위를 보니까 몇 마리가 있었고, 그 외에도 닭장 속에 갇힌 닭들, 많은 짐 보따리들이 있어서 버스는 마치 움직이는 탑 같았다.

"지역사회모임에서는 특별한 주제를 다룹니까?"

운전사는 계속 마시고 있어서 우리는 더 이야기할 시간을 벌었다.

"네, 백인들이 들어오기 전에 이 땅의 원주민들은 먹을 것과 재산이 넘쳐흘렀는데, 이제는 땅하고 풍습만 조금 남아 있을 뿐입니다. 그런데 얼마 남지 않은 코카잎 농장마저도 빼앗으려고 하면서 여기서 멀리 떨어져 있는 곳에서는 이 잎을 우리와는 다른 방식으로, 다른 의미로 사용하고 있다고 핑계를 댑니다. 이런 이유로 우리는 코카잎 경작을 포기해야만 합니다. 우리는 수천 년 동안 이 잎을 사용했고, 일할 때나 배고플 때나 추울 때 그 잎으로 힘을 얻는 것이 전통의 일부분이 되었습니다. 그래서 우리는 계속 경작하려고 하는 겁니다. 필요하다면 바리게이트 시위라도 시작할 생각으로 모임에 가는 겁니다."

그가 바리게이트라는 말을 꺼내기 전까지는 모든 것이 순조롭게 이어졌는데…… 바리게이트라는 말을 꺼내기 전까지는 정신적으로 전통에 바탕을 두고 살아왔는데……. 드디어 볼리비아에 들어온 것이다. 그러나 어떻게 하더라도 우리는 이기주의자가 될 수는 없어서 불평하지 않았다,

빨리 떠나자고 아우성을 쳐도 운전사는 전혀 개의치 않고 계속 술을 마셔서 억지로 그의 팔을 잡고 버스로 끌어올려서 핸들 앞에 앉히

니 그제야 출발했다. 버스가 시동을 걸고서 거의 뒤집힐 정도로 거칠게 아스팔트로 올라서니 닭들이 닭장 이쪽저쪽으로 부딪히면서 소리를 질러댔다. 이런 밤에 운전을 하지 않는 것이 감사했다. 물론 그랬다면 더 재미는 있었을 것이다. 왜냐하면 칸데가 내 팔을 올리더니 양털실 꾸러미를 내 목에다 걸어 놓고서 실을 고르기 시작했기 때문이었다. 마르코 폴로나 다윈이나 훔콜트 같은 탐험가들은 이런 꼴을 안 당했을 거라는 생각을 했다.

그녀가 양털에서 가시와 잔가지와 그 외 묻어 있는 것을 떼어내고 있는 동안에 나는 목동의 질문에 대해 생각했다. 목동의 입에서 그런 질문이 나오리라고는 꿈에도 생각 못했고, 내 자신도 그런 질문을 해본 적이 없었다. 우리는 무엇을 찾고 있는 걸까? 능력을 측정하고 있는 건가? 일상생활에서의 탈출인가? 여행의 목적은 꿈을 실현하는 것인데, 목동은 나로 하여금 우리도 뭘가를 찾고 있다는 것을 알도록 했다. 그 뭘가가 뭘까?

카니발

카니발을 보러 오루로 시에 도착했다! 카니발 시작 전날이라 호텔이나 모텔에서 방을 잡을 수가 없었다. 빈방이 하나도 없었다. 4일 동안 목욕도 못 하고, 침대에서 못 잤으며, 고지대의 추위에 몸은 지칠 대로 지쳐서 샤워하고 침대에서 자고 싶었다. 어디 민박할 곳이 없는지 시청으로 문의하러 갔다. 들어가자마자 거기에 있던 한 아주머니가 자기 집에 빈방이 있다면서 데리고 갔다.

16살쯤 된 딸하고 12살 된 아들이 우리를 안내도 할 겸 해서 같이 다

넜다. 도시는 시원했고, 수천 명의 행상인들이 자리를 잡고 있었고, 계단에서는 트럼펫, 북, 기타, 차랑고(남아메리카 안데스 지방의 원주민들이 사용하는 5현의 작은 기타)를 연주하는 악단들이 있었는데, 각각의 그룹들은 같은 색상의 판초를 입고 있었다. 축제 장소는 기쁨이 넘쳐흘렀고, 참가자 모두가 얼굴에 미소를 띠면서 노래하고 춤췄다.

맛있는 음식 냄새가 유혹했다. 큰 냄비 앞에 놓여 있는 벤치에 다른 사람들과 같이 앉아서 음식 2인분과 음료수 2잔을 주문했다. 음식이 먼저 나왔는데 봉지에 들어 있어서 손가락으로 떠먹어야 했다. 그것보다 더 신기했던 것은 음료수를 다 마시고 나서 보니까 그것도 셔벗 통이었던 것을 재활용한 것이었다.

카니발 첫째 날, 일찍 관람석에 자리 잡았다. 가장행렬이 줄을 지어 끊임없이 지나갔다. 악마로 분장한 무희, 토바인들, 모레나다 무희들과 다른 사람들도 각각 특별한 뭔가를 의미하는 신기한 복장으로 변장을 했다. 모두들 다양한 색상의 그림 같았다. 카니발 초기 때부터 사용했던 것과 똑같은 것들이었다. 그것은 토착 원주민 축제였다. 가장 행렬의 피날레는 상을 받는 것이 아니라 광부들의 성모인 소카본의 성모 마리아에게 영광을 드리기 위해 가장행렬단 전부가 교회로 가는 것이었다.

가장행렬 사이사이에 시간 틈이 있었는데, 그때 수백 개의 물풍선이 날아다니고 비누거품총과 물총을 쏘면서 그야말로 야외 전쟁이 벌어졌다. 그것은 구경꾼들끼리 벌이는 전투였다. 아무리 조심을 해도 젖지 않는 것은 불가능했다. 다른 가장행렬단이 지나갈 때라야 물 전쟁은 휴전을 했다.

칸데는 영웅들의 가장행렬 아니면 광기의 가장행렬 때 비누거품총

을 사서 앞에 있는 관람석으로 가서는 측면으로 지나가면서 거품총을
쏘기 시작했다. 그러나 복수가 바로 이어져 그녀는 사방팔방에서 동
시에 날아든 물풍선을 맞고 흠뻑 다 젖었고, 거기다가 비누거품까지
뒤집어썼다. 또 달리는 그녀 뒤를 아이들이 따라가면서 물총을 쏘기
시작했다. 2분도 채 지나지 않아서 그녀는 못 알아볼 정도였다. 거품
으로 얼굴은 보이지 않았고 단지 활짝 웃는 웃음소리에 그녀라는 것
을 알 수 있었다.

관람석 밑에서 원주민 여자애들이 물풍선을 만들어 봉지에 담아 팔
고 있었다. 나는 두 봉지를 사서 가장행렬이 지나갈 때 거리 중간으로
가서 우리 관람석 쪽으로 물풍선을 계속 던지는 한 무리의 관광객들
을 공격하기 시작했다. 나는 던지면서 나에게 날아오는 물풍선들을
피했고, 그들이 한곳에 떼를 지어 있어서 나도 몇 명은 물에 젖게 할
수 있었지만 그들은 숫자가 더 많고 필요한 탄약도 충분히 가지고 있
었다. 그래서 모든 전쟁에서처럼 모두가 패배했고, 모두가 물에 젖었
다. 나는 다시 공격을 개시했지만 이번에는 우리 쪽 관광객들에게 등

을 돌려 공격하기 시작하니 그들은 내 적들이 나를 풍선으로 맞출 때마다 웃느라 정신이 없었다. 결국 나는 양쪽에서 물세례를 받은 통에 물에 빠진 생쥐 꼴이 되고 말았다. 진짜 재미있었고, 모두들 웃으며 물풍선을 맞히고 피하면서 축제를 즐겼다.

풍선이 다 떨어져서 후퇴하기 시작하니 모두들 나의 바보스러운 짓에 박수를 보냈다. 나는 개선장군처럼 두 팔을 들고 관중들에게 인사를 했는데, 바로 그때 풍선 하나가 내 머리에서 터져서 사람들은 웃느라 숨이 넘어갈 지경이었다.

어느새 고도와 추위는 잊어버렸고, 정말로 행복했고 즐거웠다! 마음속에 있던 동심의 어린아이가 다시 태어났고 그것을 가두고 있던 쇠창살을 무너뜨렸다. 사실 우리는 자신을 잘 모른다. 우리는 그런 어린 동심의 친구들이고, 물에 젖었다고 죽을 정도로 웃어대고, 사람들이 우리를 보고 웃는 소리를 듣고, 우리는 다른 사람들을 보고 웃는다. 우리가 어린아이였다는 사실을 잊고 살았는데, 오늘 아주 재미있게 즐기면서 또 다시 어린아이가 되었다. 가장행렬을 따라가면서 축제의 모든 모습을 다 보았다. 사람들은 우리를 멈추게 하고 피스코 한 잔, 맥주 한 잔을 주기도 했고, 교회에 도착할 때까지 물풍선을 던지기도 했다. 교회 밖에서는 그야말로 춤추면서 난리법석을 피웠는데 교회 안에서는 모두들 완전히 다른 모습이었다. 모두들 성모 마리아에게 감사드리고, 개인의 소망을 기도드렸다. 가장행렬단이 교회에 도착하는 것을 보니 눈에서 눈물이 떨어졌다. 그들은 들어갈 때 무릎을 꿇고서 제단까지 나아갔고 그들의 복장과 음악은 모든 이들을 감동시키며 눈에서 눈물이 흐르게 했고 얼굴에 기쁨이 넘치게 만들었다. 가장행렬단은 소카본의 성모 마리아에게 입맞춤을 하고 나와서 교회 앞 광장에서 해산을 하고 다른 사람들과 섞였다. 축제는 계속 이어졌고 여러 밴드의 음악들이 뒤섞였다. 모두 춤을 췄고, 축제는 3일간 계속되었다.

거리에 술 취한 사람이 넘쳐흐르는 그 도시를 남겨두고 차는 차고에 보관하고 버스로 포토시를 갔다. 긴 시간의 여행이었다. 카니발과, 우리 속에 있던 동심이 자유롭게 표출되면서 느꼈던 행복감에 대해 몇 번씩 이야기했다.

어릴 적에는 모든 것을 할 수 있었으나 힘이 없었고, 지금은 힘은 있으나 할 수가 없다. 우리는 동심이 이끄는 삶을 포기하고, 주변 환경에 의해 변하는 어른이 이끄는 삶을 살아간다. 어른이 된다는 것은 천진난만한 짓을 하지 않고 책임을 진다는 뜻이다. 현실에서 가장 큰 책임은 행복해지는 것이다. 우리는 행복해질 책임이 있고, 만일 그 책임을 위해서 어린아이처럼 행동한다면 어디서라도 환영받을 것이다.

버스 뒤편에 앉아 있던 한 남자가 케추아어로 노래를 부르기 시작했다. 만일 누군가가 노래를 부르고 싶다면 아무도 듣지 않는다 하더라도 노래를 불러야 하고, 아무도 쳐다보지 않는다 하더라도 원한다면 춤을 춰야 한다는 생각이 들었다. 우리가 다른 사람만을 위해서 행동하는 것이 정상이라면 우리 모두는 다 똑같은 일을 하면서, 침묵을 지키고, 옷도 똑같이 입고, 웃음도 노래도 없는 삶을 살다가 갈 것이다. 모두가 언젠가 한 번은 배워야 하기 때문에 만일 아는 사람들만 일을 할 수 있다면 아무도 일을 하려그 하지 않을 것이다. 때를 놓치지 말고 많이 웃어라. 어린아이가 되어서 웃음을 참지 말고, 웃고 싶다면 아무 때나 마음껏 웃어라. 주변 환경에 얽매이지 말고, 편견을 버리고, 웃고, 춤추고, 노래하고, 행동해라. 그러면 다시 한 번 어린아이가 되는 아름다움을 느낄 것이다.

파차마마에게 감사를

도로 사정도 형편없는 길을 만원버스를 타고 장거리 여행을 하면서 우리는 자신의 한계를, 특히 화장실을 가지 않고 얼마나 견딜 수 있는가를 시험하게 되었다. 버스가 중간에 멈추지 않더라도 6, 7시간 어쩌면 8시간까지는 소변을 참을 수 있을 것이지만 한 사람이 참지 못하면 다른 사람들도 소변을 보고 싶은 마음이 생긴다. 승객들이 더 이상 참지 못하게 되면 운전사가 차를 멈추는데 꼭 화장실이 없거나 나무들이 없는 곳에 세운다.

한밤중에 운전사가 체제를 편성한다.

"남성들은 저쪽에서, 여성들은 이쪽에서……."

그 지역의 원주민 여자들은 일곱 겹으로 된 치마를 입고 있었는데, 한 겹 한 겹씩 이어져서 길이가 땅바닥까지 내려왔기 때문에 아무 문제가 없었다. 쪼그리고 앉기만 하면 다 해결됐다. 그러나 바지를 입은 칸데나 다른 여자 관광객들은 문제가 심각했다. 그 장면을 보고 싶어 하는 사람들 앞에서 난감한 표정들이었다. 그녀들은 아직 서로 잘 몰랐지만 자기들끼리 에워싸는 협동심을 발휘했다.

칸데 옆에는 나이가 많은 부인이 여행 중이었는데 쉬지 않고 말을 했다. 그녀가 말하는 것은 한마디도 이해할 수 없었는데도 열심히 말을 해서 칸데는 고개만 끄덕이기도 하고 가로젓기도 했다.

아침 6시에 포토시 시장으로 내려갔다. 40마리의 양과 염소가 배가 갈린 채 팔려나가기를 기다리고 있었다. 스페인 식민지 시절 이 도시는 유럽 어떤 도시도 이곳만큼 크고 부유하지 못했을 정도로 발전했다. 스페인 부호들이 교회들을 짓는 데 돈을 써서 한 동네에 적어도 교회가 한 개씩은 있었다. 산이라고는 원추형 산이 하나 있는데, 식민지 시절에 거기에 있는 넓은 은 광맥은 끝이 없는 것처럼 보였다.

아직도 채굴을 하고 있는 광산으로 갔다. 그러나 광맥은 이제 거의 발견되지 않고 있다. 그것을 채굴한 광부들 중 생존자는 거의 없다. 스페인 정복 당시에 사용했던 도구들을 아직도 사용하고 있고, 램프 까지도 횃불을 사용하고, 채굴한 것을 어깨에 메고 광산 밖으로 운반 했다. 우리는 그들에게 코카잎과 다이너마이트, 그리고 그 밖의 다른 선물들을 갖다 주었다. 광부들은 선물에 대한 보답으로 우리가 광산 터널을 구경할 수 있게 해주었다. 입구는 좁고 산 안쪽으로 들어가자 서서 가다가 웅크리고 가다가 배를 바닥에 대고 가기도 해야 했다. 낡 은 나무 계단이나 줄을 잡고 올라갔다. 바닥에 구멍도 뚫려 있고, 케 케묵은 나무로 벽들을 지지하거나 붕괴를 막고 있었다. 다이너마이 트 폭파 소리가 울려 퍼졌다. 거기에 있다는 사실에 묘하고 으스스한 기분이 들었다. 나는 무너지기 직전의 개미집에 있는 개미가 된 것 같 았다.

광부들이 있는 곳에 도착하니 모두들 코카잎을 씹느라 볼이 불룩했 다. 한 광부가 담배 한 갑을 쥐더니 자기를 따라오라는 신호를 했다. 우리를 티오 옆으로 데리고 가더니 담배 한 대를 그의 입에 물리고 불 을 붙였다.

티오는 악마를 상징하는 조상이었다. 그들에게 신은 땅 위의 하늘 에 있고, 악마는 하늘 아래 우리가 사는 곳을 다스렸다. 그들은 신이 악이라고 여기는 모든 것들, 예를 들어 담배, 술, 코카잎 같은 것들을 가지고 악마를 숭배하고, 여자들이 광산에 들어온 것 때문에 악마가 화를 낼까봐 그걸 방지하기 위해서 여자들은 악마에게 입맞춤을 해야 만 했다.

포토시도 축제 중이었다. 파차마마를 찬양하는 그 축제에서는 1년 동안의 풍년과 사업 번창에 대해 땅에게 감사를 드렸다. 형형색색의 옷을 입고 행상을 하는 여인들은 길가에서 다양한 꽃잎들을 팔았고, 또 다른 여인들은 숭숭 구멍을 뚫고 색을 먹인 종이, 또 어떤 여인들은 태울 풀을 팔았는데 역시 색깔이 다양했다.

눈을 위한 축제였다. 모든 일터는, 과수원이든 사무실이든 트럭이든 간에 전부 다양한 색상의 꽃잎과 화환과 색종이로 장식되어 있었고, 술을 바치고 향을 태워서 자기들한테 베풀어 준 것에 대한 감사를 드리고 다음 해의 풍년을 기원했다.

우리는 독일 남자 한 명과 스위스 여자 한 명과 같이 길을 나섰고, 지나가는 곳마다 초대를 받고 들어가서 춤을 추고 사탕수수로 빚은, 알코올 도수가 90도나 되는 술을 마셨다. 마시기 전에 땅에게, 파차마마께 조금 바쳐야만 했는데 우리는 그 기회를 이용해서 컵에 든 술의 거의 대부분을 쏟아버리고 잔에 술이 몇 방울 남지 않게 했다.

그런 축하파티와 술로 취객들은 거리에서 아침을 맞았다. 지그재그로 기어오는 뱀처럼 좁다란 길을 걸어오고 있는 한 사람이 갑자기 넘어지면서 그의 머리가 화강암으로 포장된 거리가 아니라 내 신발에 부딪혔다. 발가락이 무지 아팠지만 그 사람이 부딪힌 충격으로 조금 어지러워해서 그가 앉을 수 있게 도와줬다. 내 신발이 생명의 은인이라 생각했다.

"내 고향은 특별해서……."

우리 차를 다시 찾아서 세상에서 가장 높은 도시 중 하나인 라파스까지 몰고 갔다. 볼리비아 전역에서 재배되는 농산물이 전부 모이고, 또 이 나라의 전통적인 음식을 먹어볼 수 있는 농산물 시장으로 갔다. 닭튀김 몇 쪽하고 바나나튀김하고 과일을 사서 구두닦이 소년하고 나누어 먹었다.

좀 전에 볼리비아 지도를 구했다. 조금 늦었지만 모든 여행객들이 우리 지도를 부러워해서 기분이 좋았다. 지도에 우리가 돌아다녔던 길들을 표시하고, 다니면서 봤던 것을 생각하다 보니 조금씩 조금씩 지도는 동반자로 바뀌어 갔다. 항상 지도를 손에 쥐다 보니 펴고 접을 때마다 찢어졌지만 스카치테이프 덕분에 한 장의 지도에 통일 국가를 유지할 수 있었다. 우리는 다른 나라로 넘어갈 때 이것을 학위증처럼 간직하였다.

호수 위에 있는 도시, 코파카바나로 가고 싶었지만 페리보트를 타고 가야 했다. 나는 보트는 그리 믿음이 안 갔다. 그러나 페리보트로 버스까지 수송하니 어쩔 수 없었다. 아무 탈 없이 건너서 호수를 에워싸고 있는 예쁜 길을 감상할 수 있었다. 비 때문에 침식이 일어났고, 길에 거대한 바위들이 있어서 버스에 탄 관광객들은 버스가 계속 갈 수 있도록 그 바위들을 옮기는 데 힘을 보탰다.

여기서는 시간이 멈추어 있다. 잉카인들이 만든 돌길이 아직도 있고, 많은 사람들이 잉카시대의 계단식 경작지와 관개시스템을 사용하고, 야마를 이동수단으로 이용하고 있다.

조그마한 호텔 방을 구하고 안마당에 차를 주차시켰다. 무척 추웠는데 난방이 없고 대신에 침대 위에 판초가 많이 쌓여 있었다. 볼리비아의 다른 지역에서처럼 샤워기는 전기로 작동되는데 실제로는 온수가 안 나왔다. 방을 세 번이나 바꾸고 나서야 온수가 나오는 샤워기를 만날 수 있었다. 나는 행복하게 목욕을 했고, 그 다음 칸데가 목욕하는 동안 글을 쓰고 있는데 타는 냄새가 났다. 뭐지? 칸데가 욕실 문을 여는데 거의 질식 상태였다. 온수기가 타고 있었다.

볼거리가 많은 코파카바나를 걸으려고 나갔다. 조그마한 계단식 경작지들을 보려고 좁은 돌길을 따라 산으로 올라가니 많은 사람들이 일하고 있었다. 그들은 우리를 보더니 기뻐하며 자기들이 어떻게 농사 짓는지 보여주겠다고 했다. 그들은 잉카인들이 사용했던 것과 같은 도구들을 가지고 일을 했다. 바뀐 것이 있다면 돌이 아니라 쇠로 만들었다는 것이었다. 땅을 갈려면 두 명이 필요한데 한 사람은 쟁기를 사용해서 흙에서 돌멩이를 골라내고, 그 앞에 있는 다른 사람은 다른 쟁기로 땅을 뒤집어 풀이 밑으로 들어가게 했다.

산기슭에 나이가 꽤 든 남자가 젊은 부인하고 6살 난 딸과 살고 있었다. 그 세 사람은 땅을 가는 일을 하고 있었다. 그 남자는 나한테 도와달라고 하고서 내가 그리 일이 서툴지 않은 것을 보고는 나 혼자 일하게 놔두고 가버렸다. 나는 호기심이 발동해서 물었다.

"저 분은?"

"우리 삼촌요? 돌아오실 건데……. 내가 과부라서 도와주고 있어요."

"이 땅을 전부 갈아야 하는 거예요?"

얼마만큼 일을 해야 하는지 알고 싶어서 땅 한 부분을 가리켰다.

"내 땅은 겨우 12미터, 8미터밖에 안돼요. 이게 내가 경작할 수 있는 유일한 땅이에요. 아무것도 못 가진 사람도 있는데 비록 얼마 안되는 땅이라도 가지고 있고, 거기다 돼지 두 마리도 키우고 있으니 나는 그리 나쁜 처지는 아니에요."

그녀가 말할 때 딸이 그녀의 다리를 잡았다.

"밥하러 가시게요?"

"아니, 우리가 먹을 게 아니라 팔려구요."

칸데는 그 딸아이하고 어린 야마하고 놀고 있었다. 나는 한 시간 이상을 쉬지 않고 일했다. 수백 가지의 씨가 뿌려진 땅은 기름졌다. 내 눈앞에 있는 그 부인은 가진 것이 별로 없는데도 자기가 가진 것에 대해 감사한 마음을 갖고 있었다. 우리가 그렇게 할 수 없는 것은 내가 더 많이 갖고 싶어 하는 것을 가르쳐 주는 사회에서 자라면서 내가 가지고 있는 것을 보지 않고, 다른 사람들이 가지고 있지 않은 것을 보지 않았기 때문일 것이다.

점심시간이 다 되어서 나는 걸어온데다가 일까지 하니까 시장기가 무척 돌았다.

그녀가 보자기를 풀면서 말했다.

"원하신다면 내게 먹을 것이 좀 있는데…….."

보자기에는 작은 감자 몇 알, 볶은 씨앗, 삶은 옥수수가 들어 있었는데 시장이 반찬이라 무척 먹음직스럽게 보였다. 그녀는 자기 고향 땅에 대해 무척 자랑스럽게 이야기했다.

"만일 많은 사람들이 우리 고향을 방문한다면 모두들 행복해질 거예요. 왜냐하면 특별한…… 가장 예쁜 장소 중 하나일 거니까요. 나한테는 그런데 당신들은 안 좋으세요?"

"아니요. 마음에 들어요. 정말 예쁜 곳입니다."

우리는 호수를, 코파카바나를, 산 위에 있는 수천 가지 색깔의 계단식 경작지들을 바라보고 있다가 동시에 대답했다.

하늘이 어두컴컴할 때 호텔로 돌아와서 잉카 박물관 갈 시간을 놓쳤다. 그러나 우리는 잉카를 하루 만에 보고 또 봤다. 밭에서 본 그 부인은 우리를 생각하게 만들었고, 새로운 생각으로 우리는 밤늦게까지 글을 썼다. 잠자리에 들 때 더 많은 것을 바라는 기도가 아니라 가지고 있는 것에 대한 감사의 기도를 했다.

잉카제국은 망코 카팍이 티티카카 호수에 위치한 태양의 섬에 강림하면서 시작되었다. 그가 살았던 집에 지금 와 있다. 집 앞에 보이는 달의 섬은 아침에 해가 떠오를 때 무척 예뻤다.

조그만 숙소에서 머물렀는데 콜롬비아 여자관광객이 캐나다인 두 명과 이탈리아인 한 명, 그리고 우리들에게 맛있는 커피를 대접했다. 우리는 서로 가본 지역과 한 일들에 대한 정보를 주고받았는데 콜롬비아 여인은 너무나 가슴이 아파서 자기 나라를 방문하라는 말을 하지 못했다.

"우리나라에는 폭력이 난무하고, 법이 없고, 믿을 사람도 없고, 서로 의심하며 죽입니다. 약 10만 명 정도 되는 게릴라들, 준군사들, 부패한 정부 관료들이 4천만 국민들을 파괴시킵니다."

"4천만이 100%라면 10%는 4백만, 그렇다면 1%는 40만이고, 10만 명이라면 전 국민의 0.25%라는 건데……."

내가 큰 소리로 계산했다.

"왜 항상 소수가 다수보다 문제를 더 일으키는 걸까요?"

어느 누구도 콜롬비아로 가라는 추천을 하지 않았다. 그러나 지금까지 조심하라고 주의를 준 콜롬비아인은 아무도 없었다. 우리는 떠나기 전에 콜롬비아를 방문하리라는 생각을 버렸다.

자기 조국을 아름답다고 생각하면서 이렇게 이야기하는 것은 어려운 일일 것이다. 어제 우리가 만난 그 볼리비아 여인은 자기 고향 땅을 무척 사랑하고, 그곳을 구경하기 위해 다른 지역에서 오는 사람들을 보면 행복하다고 말했다.

칸델라리아의 성모 마리아

교회 앞에서 축제가 벌어지는지 많은 사람들이 차를 광장 주변에 주차시키고 있었다.

"뭐가 더 좋을까요? 성모 마리아 아니면 보험?"

한 남자가 화환과 꽃과 알록달록한 것들로 자기 트럭을 장식하면서 나한테 말했다.

세상의 모든 신앙심을 가지고 자기들이 가지고 있는 것과 자기들 차량의 안전을 기원하러 오는 모습에 나는 할 말을 잊었다. 볼리비아에서 보험은 의무사항이 아니라서 사고가 일어나지 않기를 바라며 사람들은 자기들 차를 이 나라의 수호신인 칸델라리아의 성모 마리아께 가까이 가져가서 교구사제의 축복을 받는다.

그 남자와 다른 사람들의 신앙심에 감염되어 우리도 차를 가지고 왔다. 우리 차도 꽃과 풍선과 색종이로 치장을 해 놓으니 무척 예뻤다. 사람들이 장식할 것들을 더 갖다 주었고, 심지어 사탕수수 술을 한 잔 붓기까지 했다.

프란시스코회 신부복을 입고 북유럽인 악센트와 외모를 가지고 있는 사제는 거침없이 이쪽저쪽 차들에게 성수에 적신 장미 한 송이로 세례를 주다가 그레이엄 앞에서 멈췄다.

"저도 이런 차로 운전을 배웠습니다!"

그가 말하며 먼저 차 주위를 두세 번 걷고 나서 차의 앞뒤와 측면에서 세례를 주기 시작했다. 장미를 성수에 두세 번 적시더니 문을 열라고 하고서는 자신의 젊은 날을 회상하면서 장미로 차 내부 구석구석을 빠짐없이 적시면서 보고 또 보았다.

"엔진을 축복합니다. 열어 보세요."

그는 자신의 호기심을 충족시키면서 말했다.

큰 행복감에 빠진 우리가 후드를 여니 사제는 그 안에 들어 있는 모든 부품에 축복을 내렸고, 심지어 촬영하고 있는 칸데와 캠코더까지 장미로 적시면서 축복을 내렸다.

"이름이 뭐지요?"

"칸델라리아입니다."

"성모 마리아 이름과 같군요."

"네, 그러나 이 사람은 처녀는 아닙니다."

그녀는 내 말을 피하면서 단지 환한 미소만 지었고, 주위 사람들은 모두 웃었다.

국경 넘는 길

티티카카 호수를 둘러싸고 있는 페루로 향했다. 국경을 넘으려면 증명서 복사본이 몇 장 필요해서 칸데를 놔두고 스쿠터 택시를 타고 페루 국경 마을로 갔다. 스쿠터 택시는 뒷바퀴가 두 개 달려 있고 승객 두 명을 태울 좌석이 있는 오토바이다.

나는 지금까지 서류를 작성하지도 않고 국경을 넘었다는 사실을 깨닫게 되었다. 그래서 물건을 가지고 오가는 사람들은 항상 나처럼 국경을 넘었던 것이다. 복사는 했는데 세관 직원이 증명서 복사본 말고 원본을 제출하라고 했다.

"어떻게 아르헨티나 출국증명서하고 다른 증명서 원본을 요구할 수 있습니까?"

그에게 말했지만 그는 막무가내로 시간을 끌었다. 우리는 뭔가를 찾으러 가는 척하면서 사무실을 빠져 나와 폭발하기 직전의 마음 상태를 진정시키기 위해 시원한 공기를 마시러 밖으로 나갔다.

"도대체 그 작자는 머리에 뭐가 들어 있는 거야? 아무 쓸데도 없는 원본을 뭐하려고 갖겠다는 거야?"

우리는 기분을 풀기 위해 서로에게 말을 하였다. 차 주변에 있던 사람들이 질문을 하였지만 대답하고 싶은 기분이 아니었다.

"혹시 질문에 대답 좀 하다 보면 기분이 풀릴지도 모르지."

칸데에게 말하고 차 가까이 갔다. 나는 금방 걱정거리에서 어느 정도 벗어날 수 있었다. 짧은 백발의 신사가 페루로 넘어가기 위해서 무엇을 기다리고 있느냐고 물었다.

"저기 안에 있는 직원이 우리가 줄 수 없는 것을 막무가내로 요구해서요."

"상사하고 이야기해 봤어요?"

문제가 생기고 또 그 직원 때문에 화가 나서 그건 생각도 못했다.

"당신들한테 서류를 요구한 직원이 잘 몰랐거나 아니면 신참이라 서류절차를 몰라서 그랬을 수도 있습니다. 상사하고 이야기해 보세요. 가서 당신들의 여행에 대해 이야기하고, 페루에 들어가고 싶은 심정을 밝히면 그는 분명히 이런 사소한 문제에 대한 해결책을 내줄 겁니다."

이성적으로 판단하려고 하지 않았던 사람들이 바로 우리 같았다. 세계의 모든 평화를 갖추고 있는 신사는 우리가 해결책을 찾으려 한 것이 아니라 문제를 일으키려 했다는 것을 보여주었다.

"장해물, 방해물 그리고 예상치 못한 일들을 문제로 보지 말고 시험이라 생각하세요. 힘, 믿음, 사랑, 희망의 시험. 문제는 존재하지 않는데 우리 스스로가 만드는 겁니다. 모든 문제에는 해결책이 있습니다. 그리고 해결책이 있는데 왜 문제입니까?"

다시 세관 사무실로 들어갔다.

"죄송합니다만 선생님께서 이 국경 세관 담당자이신가요?"

나는 그의 일과 그의 직위를 치켜세우면서 물었다.

"네, 그렇습니다. 무슨 일로 오셨습니까?"

"아내 칸델라리아하고 저는 1928년 자동차로 알래스카를 향해 상상도 할 수 없는 여행을 하고 있습니다."

나는 여행을 하고 있다는 것을 강조했다.

"아르헨티나에서부터 오면서 페루에 무척 가보고 싶었습니다. 지금 아주 사소한 문제에 직면해 있는데 당신은 분명 해결책을 알고 있을 것입니다."

나는 말 끝에 이름도 물어보지 않았던 그 신사의 말을 인용했다.

"할 수 있는지 검토해 보겠습니다."

5분 뒤에 우리는 페루로 입국할 준비를 마쳤다.

페루

Perú

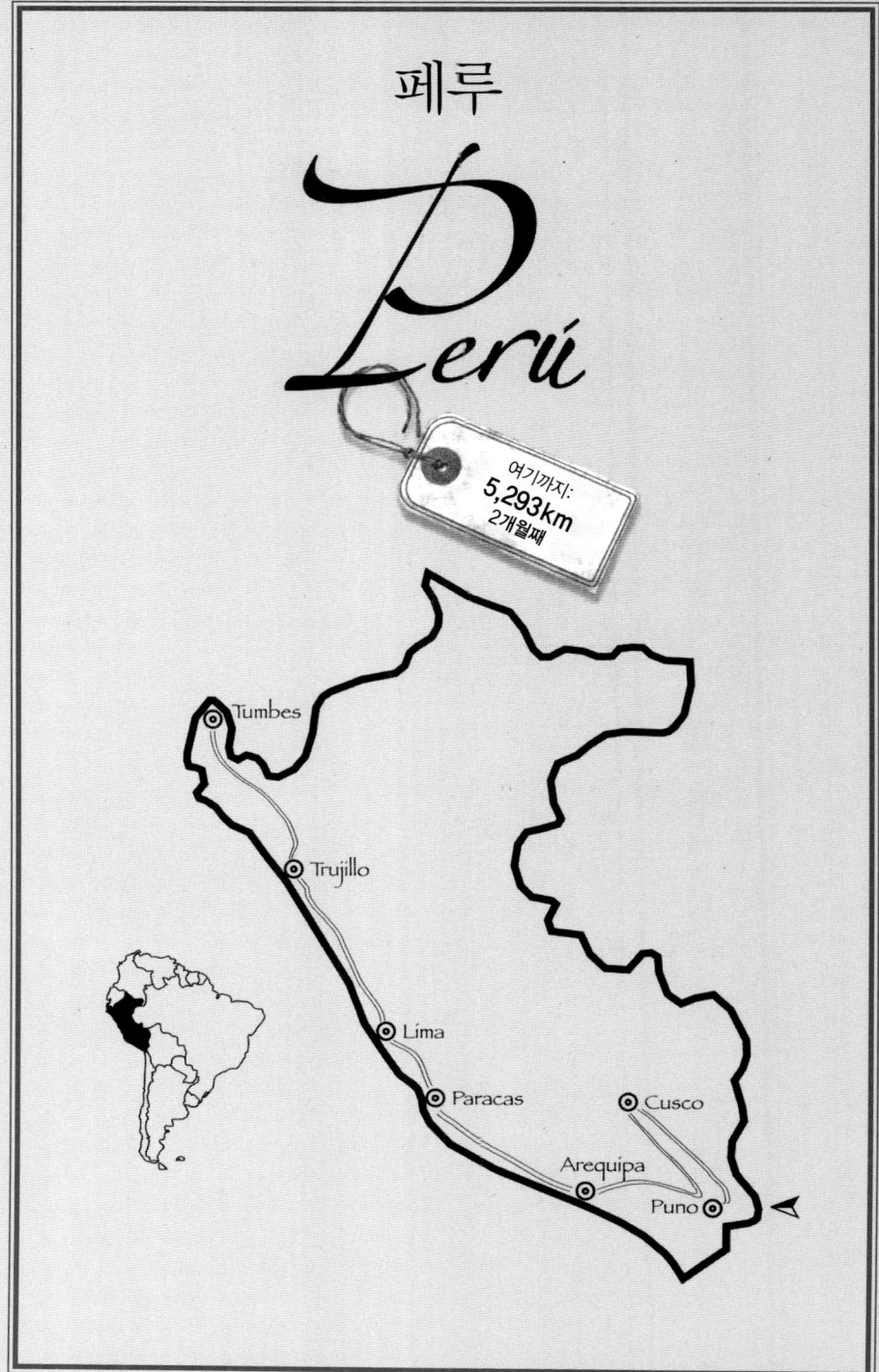

여기까지:
5,293km
2개월째

Tumbes

Trujillo

Lima

Paracas

Cusco

Arequipa

Puno

페루

태양의 제국

가라앉지 마라

티티카카 호수 위에 있는 도시 두노로 향했다. 가는 길이 볼리비아에서 본 길과 매우 비슷했다. 사람들을 태우고 가는 노새들, 나귀들을 몰고 가는 사람들, 나뭇가지를 싣고 가는 동물들, 사람들 위의 나뭇가지들과 목초……. 이것들을 등어 잔뜩 짊어지고 가는 사람을 뒤에서 보면 누구라도 목초가 걸어간다고 생각할 것이다. 등에 아기를 업은 채 양털실을 잦으며 목축들을 돌보는 여인들도 보였다. 어디를 바라보더라도 움직임과 삶이 있었다.

푸노에 들어가자마자 관광객들을 찾고 있던 어떤 여자애가 도움을 주겠다고 나섰다. 우리 차가 멈출 때까지 기다리지도 않고 우리가 자기한테 관심이 있다는 것을 알아차리고는 차 발 디딤판에 올라서서 이 도시에서 봐야 하고 해야 하는 것들에 대한 설명을 늘어놓기 시작했다.

"우리가 잘 만한……."

내 질문이 끝나기도 전에 그녀의 입에서 수많은 호텔이 제공되었다.

"인티 호텔은 싸고 서비스가 좋고, 망코 카팍 호텔은……."

"아가씨, 미안하지만 우리는 차 안에서 자. 우리가 원하는 것은 차를 주차시키고 잘 수 있는 곳이야."

"예?"

여자애는 차 안을 들여다보면서 놀란 표정을 지으며 외쳤다. 차 안에는 온통 짐들뿐이니 틀림없이 우리가 지금 있는 것처럼 잠을 잘 거라고 생각한 모양이었다. 그래서 칸데가 의자를 뒤로 젖히고 몸을 편하게 할 수 있다고 설명해 줬다.

마침내 그 여자애는 우리를 주차장에 데려다 줬다. 돈을 지불하면 차 안에서 머물 수 있는데, 일단 현관문을 닫고 나면 어디로 나갈 데가 없었다. 여기서는 관리인들도 자기들의 개나 닭과 같이 잤다. 그것들이 짖는 소리 속에서 꿈속에 빠져든다는 것은 불가능했다. 거기다가 마침내 고요함이 찾아왔다 싶었을 때 수탉들이 울어댔다. 아직 동도 안 텄는데.

아침이 되자, 우리는 닭 수프를 만들어 먹겠다는 희망사항은 한쪽으로 접어두고 다른 관광객들과 함께 보트로 우로스 섬에 가기로 했다.

그곳은 참 믿기 어려운 신비의 섬이다. 물 위에 떠 있는 그 섬은 원주민들이 보트와 집을 만들 때 사용하는 재료인 갈대를 가지고 만들었고 또 계속 보수를 한다. 호수에서 자라는 갈대는 줄기에 공기방울이 많이 들어 있는데, 그걸 잘라서 하나하나 쌓아 올려서 섬이 만들어졌다.

이런 섬을 본다는 것은 참 매력적인 일이라 우로스 사람들은 관광객들 덕택으로 살아간다. 그래서 섬에 도착하면 수예품이 쌓여 있는 것이 보인다.

나는 우로스 사람들이 실제로 살고 있는 집안으로 들어가고 싶었다. 집은 몇 채 없고, 낮고 작아서 단지 분위기 연출에만 도움이 되는 정도였다. 한 집에서 연기가 나와서 그리로 갔다. 진흙으로 만든 부엌에서 백로 몇 마리를 두 개의 항아리에 요리하고 있었다. 놀랍게도 불은 갈대 덕분에 타고 있었다.

한 남자가 문 역할을 하는 커튼을 열 때 집안에 뭐가 있는지 자세히 관찰했다. 그는 내가 관심이 많다는 것을 알아차리고는 들어와 보라는 손짓을 했다. 침대는 갈대를 엮어서 만든 멍석이었다. 나는 벽에 걸려 있는 옷들, 감자와 양파가 담겨 있는 바구니 그리고 몇 가지 도구들을 봤고, 그 밖에는 아무것도 없었다.

"다른 것들은 어디에다 보관해요?"

내가 성급하게 질문했다.

"다른 것은 없어요. 이게 다예요. 만일 당신이 많은 것을 가지고 있으면 당신은 그것들과 같이 가라앉아요."

그가 대답했다. 떠 있는 섬에 대한 이야기가 아닌 다른 뭔가에 대해 말한다는 느낌이 들었다.

"당신은 많이 가지면 가질수록 더 많은 문제를 안게 됩니다. 가벼운 차림으로 걷는다면 당신은 자유롭게 걷는 겁니다."

그는 음식을 저으며 이야기했다.

"당신이 살아가면서 필요한 모든 것은 세상이 그때그때 제공해 줄 겁니다. 삶은 영원하지 않아서 당신이 영원히 소유하는 것은 하나도 없습니다."

내가 무슨 말을 해야 할까? 믿을 수 없을 정도로 확실하고, 우리 사

회에서 하는 교육과는 너무나도 반대되는 그런 말을 들으리라고는 전혀 기대하지 않았다.

"여행 중이세요?"

"네."

"인생은 여행이고, 우리 모두는 다 지나갑니다. 짐을 짊어지지 말고 가라앉지 말고 다 버리세요."

"그렇지만 지금 차로 여행 중이어서 몇 가지는 가지고 가야 됩니다."

"신은 당신이 살아가면서 필요로 하게 되는 모든 것들로 세상을 만드셨으니 당신이 뭔가가 필요한 일이 생길 때, 그때 신은 당신을 위해 계실 것이니 그분을 믿으십시오. 이제 가셔야 될 것 같습니다. 안 그러면 보트 놓칩니다."

돌아오는 동안 그 우로스인이 했던 말들이 내 속에서 울려 퍼져서 칸데에게 말했다.

"우리 몇 가지는 버리고 가야 될 거야. 짐이 너무 많아. 차가 가볍게 가기 위해서 그리고 우리를 위해서도 그게 제일 좋은 방법일 거라 생각해."

푸노에서 돌아와서 마침내 냄비 접시 몇 개와 책, 차 부품 몇 개를 버리기로 결심했다. 그렇게 조금 버리니까 거대한 짐 보따리를 내려놓게 되었다.

4솔*

도시로 돌아와 필요한 것은 따뜻한 물로 목욕하는 것이었다. 좀 멀리 떨어진 곳에 샤워만 할 수 있는 곳이 있다는 것을 알게 되었다.

자전거택시를 발견하고 가격을 물었다.

"거기까지는 2솔인데……."

운전사가 대답했다.

우리는 올라탔다. 자전거택시들은 색깔이 매우 다양했고 도시 전체에 많이 돌아다니고 있었다. 자전거인데 뒷바퀴가 두 개고, 두 사람이 앉을 수 있는 좌석이 있고, 눈에 띄는 천막으로 지붕을 씌운 것이다. 거기다 여러 가지 색으로 칠하고 장식물을 매달고 다녀서 모바일 광고 같은 기능도 수행한다.

운전사는 페달을 밟고, 또 밟아 생각보다 훨씬 빨리 목욕탕에 도착했다. 따뜻한 물이 펑펑 나왔다. 이보다 더 행복할 수는 없었다. 몇 날 며칠 목욕을 못했다가 뜨거운 물에 목욕하는 것보다 좋은 것이 있을까! 그러나 그 행복은 금방 끝났다. 갑자기 목욕탕이 사람들로 가득 찼고, 뜨거운 물은 사라지고 찬물만 나왔다. 피부가 닭살처럼 올라와

---

* 페루의 화폐 단위로 보통 미화 1달러에 3솔 정도가 된다.

서 나는 머리를 말리지도 않은 채 아주 불쾌한 기분으로 목욕탕에서 나왔다. 아직 머리에 거품이 남아 있는 칸데는 화가 나서 따지러 갔다가 조금 있다가 돌아왔다.

"목욕탕 관리하는 여자가 창살 뒤에 있는 이유가 있었어요. 사람들이 그 여자를 붙잡으면 목 졸라 죽일 거예요."

칸데는 분이 덜 풀린 채로 말했다.

결국 불쾌감만 더 가지고 돌아갔다. 다른 자전거택시를 세우고, 의심이 가서 운전사한테 다시 가격을 물어보았다.

"4솔입니다."

"4솔이라고요? 어떻게?"

그에게 소리 질렀다.

"여기 올 때는 그 반만 받던데!"

운전사는 시선을 밑으로 내리면서 거의 속삭이듯이 말했다.

"그게 지금부터는 계속 오르막이라서요."

그가 진실을 말했기 때문에 기분이 너무 나빴다. 오르고, 오르고, 계속해서 오르막길을 올라갔다. 그는 열심히 페달을 밟아 오르다가 결국 내려 뒤에서 우리를 밀었다. 갈수록 기분이 불쾌해졌다. 도착해서 그에게 5솔을 주었다.

태양의 제국을 향해서

길에서 잘 생각으로 도시를 떠났다. 그럴 수만 있다면 짖어대는 개들과 불면증에 시달리는 닭들 사이에서 자는 것보다는 훨씬 좋을 것이다. 해가 자취를 감출 때까지 차를 몰고 가다가 어느 주유소에서 멈췄다. 눈에 띄게 예뻤다. 페루에서는 다국적 브랜드 주유소를 만나기가 어렵지만 대부분 가족들이 운영해서 참 예쁘다. 주유소마다 주인의 취향에 따라 짓기 때문이다. 반면에 생산량과 수입을 최대로 늘리기 위해 첨가제를 섞어서 만들기 때문에 가솔린은 전혀 '예쁘지' 않다.

잉카 세계의 수도인 태양의 제국으로 차를 몰고 가면서 여명을 맞이하였다. 물길이 갈라지는 라라아 산을 통과했다. 한쪽 물길은 조금 흘러가면 태평양에 다다르고, 다른 쪽에서 흐르는 물은 긴 여행을 하면서 대서양으로 흘러들어간다. 우리는 해발 4,700미터 위에 있다. 그리 어렵지 않게 개천을 건넜다. 개천은 흘러가면서 조금씩 커져서 세상에서 가장 큰 강이 되는데 바로 아마존 강이다. 언젠가 다시 너를 건너게 된다면 네가 아주 어렸을 때부터 너를 알았다고 말해줄 수 있을 것이다.

꼭대기에 만년설을 이고 있는 산들로 둘러싸여 있고, 꾸불꾸불 흘러가는 강을 통과하는 다리들과 계곡이 만들어내는 장관은 황홀해서 정신을 잃을 정도였다. 그러나 한 번씩은 경치를 보지도 못하고 그냥 지나쳤다. 칸데는 머리를 내 어깨에 기대고, 우리는 조용히 우리 마음을 들여다보면서 볼 것이 참 많다는 것을 발견하였다.

오후에 도착해서 조명 속의 쿠스크를 만난 우리는 중앙광장까지 바로 가서 그 아름다움에 취했다. 그러나 부서진 잉카의 사원들과 궁전들과 건물들 위에 그 도시가 세워졌다는 것을 알고서는 가슴이 아파 왔다. 차를 주차시켜 놓고 이 혼합된 제국을 걸어 다니며 즐거움을 만끽했다.

"이 도시를 안내해 드릴까요?"

밑에서 조그마한 목소리가 물었다. 여덟이나 아홉 살쯤 된 남자애가 계속 졸랐다.

"원하신다면 제가 안내해 드릴 수 있어요. 봉사료는 마음대로 하시고요."

"마음대로라고?"

"네, 마음대로입니다."

좋다는 대답을 하기도 전에 그의 설명과 가이드투어가 시작됐다.

"피사로의 명령 아래 스페인인들이 도착했을 때, 그들은 꿈에서도 보지 못했던 도시를 만났습니다. 그러나 금은보화를 찾으려고 했던 그들이 제일 먼저 약탈한 것이 뭘까요?"

소년이 물었다. 우리는 그게 뭘까 조용히 생각했는데 소년이 바로 대답했다.

"태양의 신전이었어요. 그 벽이 전부 황금으로 씌어져 있었거든요."

우리는 그 애를 따라 신전에 남아 있는 벽으로 다가갔다.

"여기서 12각형 돌을 감상할 수 있습니다. 왜 그렇게 부르냐고요?"

그 애가 수사학적 질문을 해서 몇 초가 흘렀다.

"세어보시면 압니다. 하나, 둘, 셋……."

손가락으로 모서리들을 따라 지나가면서 숫자를 셌다.

그 애는 놀랍게도 이야기를 전부 외워서 했다. 질문을 하면 대답해 주고서는 바로 자기 이야기로 돌아갔다. 우리를 교회들과 뱀 코너, 도마뱀 코너로 데리고 가면서도 설명과 전설 이야기는 끊어지지가 않았다. 그러다 갑자기 끝냈다.

"자, 이제 관광은 끝났습니다. 즐거운 시간이 되셨기를, 그리고 우리 도시에서 행복한 여행을 하시길 바라며 이제 저는 헤어져야겠습니다.”

그는 '우리의 감사의 표시'를 기대하며 아주 자연스럽게 손을 내밀며 말했다.

두꺼비에서 왕자로

잘 만한 주차장을 찾았다. 처음 들어간 곳에서는 차 안에서 자는 것이 허용되지 않았다. 두 번째에서는 가격도 비쌌고 불친절했다. 마지막으로 거리를 지나가는 한 부인에게 알고 있는 곳이 있는지 물었다. 그녀는 중앙광장 가까이에 있는 초록색 큰 문을 가리키며 주차할 수 있는지에 대해서는 한마디도 하지 않았다. 한참 동안 문을 두드렸더니 나이 든 부인이 문을 열어주었다.

“미안하지만 이 지역 사람들만 사용하는 곳입니다. 우리는 한 달씩 세를 놓기 때문에 관광객은 받지 않아요.”

우리한테 설명했다. 그러나 조금 있다가 젊은 여자가 우리의 발길 돌리는 소리를 듣고서는 조심스레 물었다.

“아르헨티나 사람들이세요?”

“네, 거기서 운전해서 왔습니다.”

“정말로요? 내 애인도 아르헨티나 사람인데!”

그녀가 아주 흥분하며 말했다. 그녀의 얼굴이 그녀가 사랑에 빠져 있다는 것을 말해주고 있었다.

“좋겠다! 여기서 살아요?”

칸데가 물었다.

“아니요, 아르헨티나에서요. 우리는 일 년에 겨우 며칠만 만나요.”

그 말만 하고서도 그녀는 슬픈 표정을 지었다.

"다음에 애인이 와서 결혼을 하게 되면 더 이상 돌아가지 않을 거예요."

우리의 대답을 들은 그녀의 얼굴이 활짝 펴지면서 우리에게 물었다.

"그런데 뭘 찾으세요?"

"주차장을 찾아요. 가능하다면 차 안에서 잠을 자려고요."

"그럼 제가 엄마한테 말해볼게요."

"엄마라고요?"

"네, 당신들이 이야기하고 있었던 아줌마가 제 엄마예요. 잠시만 기다리세요. 제가 할 수 있는지 보고 올게요."

그녀는 금방 돌아와서 미소를 지으며 말했다.

"다 해결됐어요. 여기서 계실 수 있어요."

그것이 다가 아니었다.

"원하신다면 우리 집 화장실하고 부엌도 사용하세요."

그렇게 말하고서 옆에 붙어 있는 자기 집으로 안내했다.

다음 날 그 집 부엌에서 아침을 준비하고 있는 동안에 젊은 처녀는 매우 만족스런 표정을 지으며 우리에게로 왔다. 아르헨티나에서부터 전화를 받은 것이다.

"아침마다 애인하고 안부전화해요. 번호를 누르고 신호가 두 번 가면 끊어요. 그런 식으로 우리는 서로를 생각하고 있다는 것을 보여주죠."

그녀는 마테차 마시는 데 끼어서* 이야기했다.

"당신들은 언제 만났어요?"

"매우 어려서부터요. 아내가 8살이고, 내가 10살 때였지요."

칸데와 결혼까지 할 거라고는 생각하지 않았지만 그녀는 내 인생에서 항상 내가 사랑하는 사람이었다. 우리 친구들 중에는 시골에서 온 애들도 있고, 소도시 그리고 대도시 출신들도 있었는데 어디 출신이건 간에 나름대로 다 장점이 있다고 생각했다. 그들은 가족이 있고, 자전거도 있고……. 나는 항상 이 이모, 저 이모 집에서 빌린 자전거로 다녔다. 칸데는 항상 행복했고, 항상 웃음을 옮겼고, 모든 이들의 사랑을 독차지했고, 물론 남자애들하고 ᄀ 친 장난도 많이 쳤고……. 그녀와 함께 있는 사람은 그녀에게 뭔가 특별함을 느꼈다. 남자 친구들끼리 여자들에 대해 이야기할 때, 모두가 제일 좋아하는 애가 칸데였다. 그녀는 우리 모두를 사랑에 빠트렸다. 한 번씩 나는 내가 두꺼비라는 상상을 했다. '만일 칸데가 어느 날 나에게 키스해 준다면…….' 나는 항상 그녀를 좋아했고 그녀가 어떤 사람인지 알고 싶었을 뿐만 아니라 내가 누군지도 알고 싶어서 항상 그녀 가까이에 가고 싶었다.

"그래서 어떻게 됐어요?"

사랑에 빠진 젊은 처녀는 내 대답을 기다렸다.

"방학 때 한 번씩 우리 사촌들끼리 할아버지가 계시는 시골로 갔어요. 각자 친구 한 명씩 데리고 오기로 했는데, 사촌 여동생이 칸데와 같이 왔어요. 그때 이 사람이 14살 될 때였어요. 그 순간을 한번 상상해 봐요. 나는 그녀에게 이미 반했다는 사실을 털어놓고 싶었지만 용기가 나지 않았어요. 나를 거절할까봐, 우정을 잃을까봐 두려웠던 거죠. 온갖 두려움 때문에 사랑고백을 하지 못했던 거예요. 하루는 모두

---

* 남아메리카에서는 빙 둘러앉아 하나의 마테잔고‐ 빨대를 돌려가며 마테차를 마시는 풍습이 있는데, 이를 거부하면 친구로 받아들이지 않는다.

들 말을 타고 울타리까지 가기로 했는데, 다른 사촌들이 이웃사람들한테 인사를 하면서 신경을 딴 데로 돌리는 그 순간에 칸데가 나를 바라보고 있다는 것을 알아챘어요. 그때 '너를 사랑해'라는 말이 내 속에서 움트면서 소리 없이 나왔는데 내 입술이 그 낱말들을 표현하고 있다는 것은 의심의 여지가 없었어요. 그런데도 칸데는 이해 못한다는 표정을 짓고는 역시 아무 소리도 나지 않는 질문을 했어요. '뭐라고?' 아무도 우리 말을 못 듣게 비밀 대화를 하고 있는 것 같았어요. 다시 용기를 내서 그녀에게 조용히 '사랑해'라고 말했는데, 그러나 그때는 이미 모두들 움직이고 있어서 우리는 전속력으로 말을 몰았어요, 마치 내 심장이 뛰는 것처럼. 이미 그녀에게 사랑을 고백했고, 내 말 뜻을 이해한다고 확신했는데……. 다시 큰 소리로 고백해야 했지만 그녀의 진짜 속마음을 알 수가 없어서 두려움은 계속 따라다녔어요. 마침내 돌아오는 길에 이웃 사람의 말들을 몰아주기 위해 멈추었을 때 내 말이 칸데 말 옆에 있을 수 있게 머리를 썼어요. 우리가 동물들에 대해 이야기를 시작하니 칸데가 이웃사람이 못 듣게 내 옆에 바짝 다가와서 말했어요. '말들이 너무 말랐다.' 우리는 매우 가까이 있어서 나는 그 순간을 이용해 말했어요. '칸데, 사랑해.' 어떻게 된 줄 알아요? 칸데는 말안장에서 겨우 똑바로 앉아 있을 수 있었어요. 그것뿐이었어요. 칸데는 돌처럼 굳어있었어요."

"왜 그때 아무 말도 안 했어요?"

페루 처녀는 믿을 수 없다는 표정을 지으며 칸데에게 물었다.

"나는 완전히 얼었어요. 처음에는 나한테 조용히 '사랑해'라고 말했다는 것을 믿을 수가 없었고, 꿈을 꾸고 있다고 생각했어요. 그리고서 그 말을 분명하게 했을 때 나는 준비가 안 된 상태였고, 그런 상황을 전혀 생각지도 못해서 무슨 말을 해야 하는 건지 몰랐어요.”

“당신은 안 좋아했어요?”

“좋아했지요, 내 삶의 사랑인 걸요. 나도 저 사람을 본 이후로 사랑에 빠졌어요.”

“그리고 어떻게 끝났어요?”

“밤이 되어서 모두 다 할아버지 집 부근에서 놀고 있었어요. 말을 타고서 무척 피곤해진 칸데는 거실 창에 앉아 있었고, 그녀를 본 나는 가까이 다가갔어요. 우리는 그렇게 놀고 또 무척 긴장을 해서 숨도 제대로 쉴 수가 없었어요. 긴장했다는 것은 추억으로 떠올리면 재미있는 일이지만 그때는 사람 잡는 거였어요. 겨우 숨을 고르고 매우 작은 소리로 물었어요. ‘응?’ 그녀는 내가 무슨 말을 하는 건지 알고는 단도직입적으로 말했어요. ‘아니.’ 부서진 내 영혼이 물었어요. ‘왜 안 돼?’ 그녀는 우리가 싸우게 되면 다시는 친구가 될 수 없을 거라서 안 된다고 했어요. 나는 그녀와 싸우지 않을 거라고 말했어요.”

“아하, 그랬어요, 그때……. 네, 그랬어요.”

칸데가 그날 밤 창가에 앉아서 했던 말을 되풀이했다.

“아, 정말 아름답다!”

우리의 새로운 여자 친구는 TV드라마를 보고 있는 것처럼 감동했다.

“우리는 뭘 해야 할지, 무슨 말을 해야 할지 모른 채 앉아 있었어요. 나는 처음으로 애인이 생긴 거라서 어떻게 행동해야 할지 몰랐어요.”

나는 젊은 친구에게 행복한 결말을 들려주기 위해 계속 이야기했다.

“마치 아무 일도 없었던 것처럼 시치미 뚝 떼고 다시 사촌들이 놀고 있는 곳으로 돌아갔어요. 물론 놀면서 내 기쁜 표정을 감추었지만 내 걸음은 빨라지고 목소리는 커졌어요."

"키스나 포옹 같은 것은 하지 않았어요?"

젊은 친구가 실망하면서 나한테 말했다.

"헤어질 때, 자러 가기 전에 그녀 가까이 갔어요. 칸데가 뺨을 내밀어서 내가 말했어요. '아니, 거기 말고.' 그리고서 한 손으로 다른 뺨을 밀어서 그녀의 얼굴을 내 얼굴과 마주 보게 한 다음 나의 첫 번째 키스를 했지요."

"브라보!"

행복한 결말에 만족한 젊은 친구는 소리를 지르며 마테차를 마시고 우리를 위해 건배하였다.

"그런데 왜 알래스카로 갈 생각을 했어요?"

"인생은 딱 한 번뿐이고 그렇게 살다가 그렇게 가잖아요. 인생은 너무 짧아서 가슴에 와 닿고 좋아하는 것을 하지 않는다면 인생을 잃어버리는 거예요."

"우리는 살려고 떠난 거예요."

칸데가 나를 쓰다듬으면서 덧붙여 말했다. 그러는 사이 젊은 친구는 내가 한 말에 대해 깊이 생각하는 것처럼 조용히 마테차를 마셨다.

영혼 속의 동전들

잉카 트레일을 걸어서 마추픽추까지 가는 일정을 조정해 주는 여행사를 찾았다. 같이 갈 사람을 추천받기 위해 페루의 자동차 클럽에 들어갔다. 우리 이야기에 호감을 보인 부인이 어느 VIP 회사를 소개했다.

"매 식사 때마다 육류가 나오고 텐트 아래서 식사가 제공되며 걸어가는 도중에 과일하고 스낵은 마음대로 드실 수 있습니다. 텐트로 만든 간이 샤워부스도 있고, 배낭이나 침낭이나 등산점퍼도 가지고 갈 필요가 없습니다. 트래킹 마지막 밤에는 유적지에서 아주 가까운 호텔에서 주무실 거고 돌아오실 때는 침대칸 기차를 이용합니다. 다시 말씀드려서 모든 서비스가 5성급 호텔 수준이지만 가격은 일반 관광회사들과 같습니다. 일반적으로 가격 차이가 크지만 우리 자동차 클럽이 당신들을 위해서 그 차이를 부담하고 있습니다."

여직원은 자기가 우리를 위해서 하고 있는 일에 매우 만족해하며 설명해 주었다. 그 서비스가 마음에 들긴 했지만 그렇게 썩 내키지는 않았다. 우리에게 제공하는 서비스는 마치 멋진 드레스를 입고 햇볕에 그을리지 않게 모자를 쓰고 양산을 받쳐 들고 텐트 아래서 자기 잔에다 차를 마시며 아프리카를 횡단하는, 영화에 나오는 영국인들과 같은 모습으로 비쳐졌다.

"몇 명이 같이 가는 거죠?"

칸데가 물었다.

"아, 그건 당신들한테 매우 유리할 겁니다. 현재로서는 부부 한 팀밖에 없기 때문에 더욱 정성을 기울인 개인 맞춤식 서비스가 제공될 겁니다."

"그런데 우리는 같이 가는 인원이 더 많았으면 좋겠어요."

우리는 동시에 대답했다.

"많은 사람들과 같이 아주 특별한 장소를 여행하고 싶어요. 그러면 그들도 확실히 특별한 사람들이 되겠죠."

놀라서 입을 다물지 못하는 여직원을 놔두고 거기서 나왔다.

크로스 키즈 바 안에 그 지역 사람은 없었다. 모두들 런던 스타일로 최고로 멋을 내고, 실내 공기는 연기로 탁했다. 희미한 불빛, 맥주, 시끄러운 웃음소리. 한 영국인이 우리를 초대했는데 쿠스코 가는 길에서 알게 된 그는 우리를 다시 만나자 자기 삶에 대해 이야기했다.

"나는 15년 전에 마드레 데 디오스 밀림에서 작품 사진을 찍기 위해 페루에 와서 내 '고향 땅'이 여기였다는 것을 느꼈어요. 나는 결혼해서 집도 있고 일도 있어요. 여기서는 절대로 영국에서 벌었던 만큼의 돈을 벌 수 없을 겁니다만 거기서는 내가 지금 누리고 있는 이런 '삶'을 절대 못 가질 겁니다."

그는 주위를 둘러보며 말을 이어갔다.

"차이가 참 많습니다. 나는 벌써 친구 세 명을 잃었어요. 한 명은 게릴라 때문에, 한 명은 공수병에 걸려서 끔찍하게 죽었고, 또 한 친구는 밀림에서 잃었습니다. 그러나 아직까지도 나는 내가 좋아하는 삶이 여기에 있다고 느끼고 있어요."

그는 잠시 멈추더니 계속했다.

"나는 사진 작가입니다. 왜냐하면 내가 그렇게 느끼고 내가 그 일을 사랑하고 또 그 대가로 돈을 받기 때문입니다. 대부분 경우에는 거의 못 받지만, 그러나 내가 사랑하는 일을 하면 항상 동전 몇 닢이 주머니에 들어오고, 많은 동전이 영혼 속에 쌓입니다."

나는 핑계를 대고, 내 일을 정당화하기 위해 그에게 말했다.

"나는 전기기사입니다만 그 일이 행복하지 않았습니다. 물론 그 일을 해서 번 돈으로 집을 지었지만……."

"아무리 안 좋아한다 하더라도 일을 하세요, 집이 필요하잖아요. 그 다음에는 차도 필요하잖아요. 그리고 남은 인생 동안 가족들을 먹여

살려야 되고, 그전까지 이루어 놓은 것을 유지해야 되고……. 당신이 그토록 하고 싶어 했던 일은 어떻게 됐어요? 어떤 사람들은 음악인, 화가, 배우, 요리사, 삼림감시인, 목수, 소방대원, 경찰관 등이 되고 싶었으나 돈의 압박으로 다른 길을 택했습니다. 이제는 일과가 끝나기만을 기다리며 일을 합니다."

그 영국인은 웃으며 떠들고 있는 한 무리의 사람들 쪽으로 눈길을 돌렸다가 다시 우리를 보면서 말했다.

"제로 킬로의 차를 갖기 위해 일을 하지 말고 당신의 영혼을 킬로, 삶, 모험, 극복 등으로 채우세요."

그는 남은 맥주를 한 모금 마시고서 계속 이야기했다.

"이러한 의미에서 진심으로 당신들한테 충고하는 겁니다. 하고 싶은 일을 하세요. 돈은 아무리 필요하다 하더라도 부차적인 문제입니다."

그는 우리의 건승을 빌며 갔다. 내일 앵무새를 찍기 위해 밀림으로 날아갈 것이다.

모든 것에 에너지가

두 시간 훨씬 이전에 눈을 떴다. 마추픽추 트래킹 참가자들이 모이는 시간인 6시 정각에 광장에 도착해서, 거기서 버스를 타고 출발지로 갔다. 자기 짝들 외에는 다들 서로 모르는 사이였다.

버스 출발 소리와 함께 각 나라의 말들이 들리면서 자발적으로 자기소개를 하고 인사를 나누면서 더욱더 가까워졌다. 일본인, 폴란드인, 볼리비아인, 벨기에인, 루마니아인이 각각 1명씩이고, 프랑스인

2명, 독일인 2명, 미국인 3명, 아르헨티나인 5명, 가이드와 운전사 포함해서 페루인이 6명, 전부 23명의 그룹이었다.

우리는 바예 사그라도 끝에 세워진 몇 채의 벽돌집들을 지나 내렸다. 거기서는 스낵과 음료수를 팔았다. 우리는 구워서 소금 뿌린 옥수수, 견과류 쿠키, 초콜릿, 물 정제약을 충분할 만큼 가지고 왔고 마음의 준비도 다 됐다.

태양은 빛났고 희망과 행복감으로 가득 찬 우리는 등반을 시작했다. 3일 동안의 트래킹 여정은 대부분 오르막길이고, 4일째 마추픽추로 들어갈 것이다. 우리가 지나갈 길은 잉카 제국 시대에 사제들과 귀족들만 다닐 수 있었다. 이 길에는 터널과 다리, 계단이 있고 이제는 폐허가 된 도시 세 곳을 통과할 것이라고 했다.

3시간 걷고 나서 점심을 먹기 위해 멈췄다. 이 기회를 이용해 가이드가 자기소개와 이번 여행 소개를 했다.

"모든 분들이 다 도착하셨습니다. 우리는 마추픽추로 가고 있으며, 우리 그룹의 한 분도 포기하지 않으셨습니다. 아주 멀리서 오셨기에 지금은 포기할 때가 아닙니다. 첫째 날은 길이 험해서 힘드실 겁니다. 그렇지만 걱정 마십시오. 내일은 오늘보다 길이 더 험할 테니까요. 우리는 숲을 지나 나무 덤불 지역으로, 그 다음에는 낮은 풀만 자라는 곳으로 들어갈 겁니다. 거기는 고도가 높아서 바람이 불고 이슬비가 내릴 겁니다. 거기 가면 많은 분들이 왜 거기에 있는지, 왜 그 산에 있는지, 왜 기차를 타지 않았는지 생각하기 시작할 겁니다. 저는 여러분께 그 이유를 말씀드리지 않겠습니다. 마추픽추에 도착하시면 그 이유를 아시게 될 겁니다."

가이드가 우리를 한 명씩 보는 동안 침묵이 흘렀다.

"만일 한 발짝도 더 나아가지 못할 것 같으시면, 몸에 있는 에너지가 다 고갈돼 더 이상 걸을 수 없다고 느끼시면 산과 바람과 하늘에 부탁하십시오. 이 지역은 전부 에너지로 가득 차 있어서 그 에너지로 전진하실 수 있습니다. 우리 모두 도착합시다. 각자 자신의 리듬에 맞춰 도착합시다."

"마추픽추여, 우리가 거기로 갑니다!"

모두가 자기 나라 말로 고함을 지르는 동안 나도 소리쳤다.

첫 번째 유적지가 저 멀리서 보였다. 둥그런 형태의 도시는 완벽하고, 모방할 수 없고 침입할 수 없게 보였다. 다시 걷기 시작할 때 젊은 미국 여자가 물었다.

"화장실은 어디예요?"

모두들 재미있어 했다. 화장실이라니! 분명 그 여자는 자기가 어떤 등급의 패키지에 속해 있는지 모르고 있었다. 그러나 그녀가 무안해할까봐, 그리고 그녀의 남편이 우락부락한 근육의 소유자였기 때문에 다른 질문이 나올 때까지 웃음을 참았다.

"과자는 어디서 살 수 있어요?"

이제는 웃음이 터져 나왔다. 우리는 다시 걸었다.

첫날은 진짜로 힘들었다. 우리는 첫날밤을 지낼 곳까지 간신히 도착했다. 등에 60킬로그램의 짐을 진 짐꾼들이 우리를 앞질러 간 것이 참 신기했다. 도착해서 보니 모든 것이 다 준비되어 있었다. 텐트가 쳐져 있고, 음식은 준비가 다 됐고, 모닥불은 피워져 있었다. 우리는 조그만 가방만 가지고 올라갔는데도 음식을 씹을 힘도 없었다.

모두 모닥불 주위에 둘러앉아 이야기를 하면서 더 친해졌다. 우리는 몸과 마음이 더 편해졌고, 가이드한테 잉카에 대해 더 많은 질문을 하면서 마치 그의 영토 안에서 모든 것을 알고 싶어 하는 것 같았다. 몇몇 사람들은 몇 년 동안 이곳 원주민 문화를 공부해서 많이 알고 있었고, 학교에서 배운 내용 정도만 알고 있는 사람들도 있었다. 우리는 쿠스코에서 만났던 조그만 가이드한테 배운 것을 이야기했다.

프랑스인이 물었다.

"이 지역이 정말로 에너지로 가득 차 있나요?"

"모든 곳에 에너지가 있습니다. 몇 마디 말에까지도 에너지가 있습니다. 한 번의 눈길에도, 한 번의 미소에도, 우리를 둘러싸고 있는 모든 것에 에너지가 있습니다. 우리는 에너지의 중심에 있고, 에너지는 항상 우리에게 들어왔다 나갔다 합니다."

가이드는 팔을 벌렸다.

"당신이 있는 곳과 순간에도 에너지는 뿜어져 나옵니다. 강, 묘지, 유적지, 해변과 산에서 우리는 에너지가 충전되고 방출되는 기분을 느낍니다. 어느 특정 장소에서 심호흡을 해보면 긍정적인 에너지일 경우에는 기를 불어넣어 주고, 부정적인 에너지일 경우에는 불쾌감이 들어 거기를 벗어나고 싶은 기분이 들게 합니다. 에너지는 느껴지고 존재하고 오갑니다. 우리 주위의 모든 것과 우리가 먹는 모든 음식과 우리를 사랑하고 미워하는 사람들에게서, 장소와 그리고 날씨에서 에너지는 항상 흘러나옵니다. 에너지는 느껴지지만 사랑이나 고통과 마찬가지로 잴 수는 없습니다."

가이드는 잠시 말을 중단하고 뭔가를 생각하더니 결론을 지었다.

"비록 모든 것에 에너지가 있다 하더라도, 우리가 그것을 받거나 거부할 준비를 할 줄 알아야 합니다. 그리고 언제 에너지를 받을 수 있는지도 알아야 합니다."

그는 말을 끝마쳤다. 에너지 넘치게 말을 해서인지 그의 말을 듣고 나니 뭔지 모르게 힘이 불끈 솟았다.

누가 너를 지배하지?

저녁을 먹고 나서 모닥불 옆에 몇 사람이 둘러앉았다. 옛날 모든 인류 중에서 첫 번째로 불을 피웠던 사람은 지금 우리들처럼 틀림없이 그 불을 보고 있었을 것이다. 우리 얼굴에 불빛이 비쳤고, 최면에 걸린 눈은 그걸 따라 움직였다. 고요함이 한참이나 흘렀다. 밤, 피로, 그리고 알 수 없는 뭔가가 고요함을 요구했다. 산에서 들려오는 소리와 함께 이 세상에서 가장 작은 이곳에서 아름다운 때에 각 대륙에서 온 사람들은 대화를 시작했고 돌아가면서 어디서 왔고 무슨 일을 하고 왜 여기에 있는지 이야기했다.

하루 중 가장 큰 모험이 제시간에 도착하는 것인 회사에서 3일 전까지 책상에 앉아 있던 사람들이 있었다. 한 사람은 엔지니어였는데, 그는 문자도 몰랐던 잉카인들이 어떻게 그렇게 완벽하게 도시를 건설할 수 있었는지 이해가 안 된다는 말을 몇 번이나 반복했다. 건축업자도 있었는데 그는 자기 직업에 매우 만족을 느끼는 것 같았다.

"나는 가족들을 위해서 내 손으로 집을 짓습니다. 나는 내 직업을 정말로 사랑합니다!"

그는 마치 도구를 다루는 것처럼 손을 움직이면서 말했다.

"내 손으로 지은 집들 앞을 지나가면서 그 집들이 삶으로 가득 차 있고, 예쁜 색깔로 칠해져 있고, 다름답게 꾸며져 있고, 그 안에서 아이들이 놀고 있는 것을 보면 내 가슴이 얼마나 벅차오르는지 상상도 못하실 겁니다.”

“나는 전기기사인데 당신의 작품들에 조명을 설치합니다.”

내가 이렇게 말하고 나니 대화는 일에 관한 걸로 이어졌다.

“나는 장사를 하는데 옷을 팔고……. ”

지금까지 한마디도 하지 않던 사람이 말했다.

“여행 오기 전에는 똑같은 생활의 반복이었죠. 항상 바쁘게 살려고 했고 좋은 집을 가지기 위해 가능한 돈을 많이 벌려고 애를 썼죠. 나는 친구들하고 술집에도 한번 안 갔어요. 나한테 그건 시간 낭비였거든요. 그런데 일에 찌들다 보니 내 삶은 찌그러지고 왜 사는지 모르겠더라고요. 내 속에 또 다른 내가 들어 있었던 거죠. 잘산다고 생각했었는데, 내가 뭔가 다른 것을 할 수 있고 그리고 인생의 바탕이 바쁘게 살면서 더 많은 것을 이루려는 것만은 아니라는 소리가 내 마음속에서 반복해서 들려왔어요. 마음속의 그 소리는 항상 나한테 그걸 상기시킬 때를 찾았어요. 그래서 내 친구들과 내 자신에게 이야기해 줄 수 있는 뭔가를 하면서 지금 여기 와 있습니다. 나는 생각을 바꾸기 시작했고 이것은 내 변화의 시작일 뿐이라는 것을 알게 됐죠.”

벨기에서 온 젊은이가 말했다.

“저는 아직 아무것도 아니에요. 아직도 뭘 해야 할지 모르겠고 왜 여기 왔는지, 뭘 찾고 있는지도 몰라요.”

그때 내가 끼어들었다.

“비록 우리가 멀리서 와서 서로 다른 언어로 말하고 있지만 내가 그리 큰 차이를 못 느끼는 것은 왜일까요? 거기다가 여러분들의 말을 들으면서 우리가 같다는 생각이 드네요. 우리가 본질적으로 같다면 어떻게 정부들이 우리를 갈라놓고 전쟁에 나가서 서로 죽이라고 명령할 수 있을까요?"

"나는 폴란드에서 왔는데 우리나라는 이웃나라들과의 전쟁도 많이 벌였고 내전도 많이 일어났습니다. 공산정권 속에서 오랫동안 고통받았지요. 기도나 여행도 할 수 없었고, 직업이나 집도 선택할 수 없었어요. 그 정권이 무너지고 나서 나는 세상 구경하러 돌아다니기 시작했고 아직도 하고 있어요. 내가 배운 것 중에서 맞는 것은 하나도 없었어요. 그들은 소비에트연방공화국이 지상에서 가장 좋은 곳이라는 것을 믿으라고 강요했어요. 그래서 모든 국가들이 우리를 침략하려고 하니 거기에 맞서 우리는 나라를 지키고 적들을 쳐부술 준비를 해야 한다고 했어요. 그렇게 많은 '원수' 국가들을 가보니 거기에는 신이 창조한 인간들만 있었어요."

그는 잠시 말을 멈췄다. 그의 말을 들으면서 우리들 각자가 우리들한테 가르쳐 주는 것이 무엇일까를 생각해 보니 우리 모두의 대답이 폴란드인의 대답과 같았다.

"당신은 전쟁이 일어나면 어떻게 하겠습니까?"

그는 모두에게 말을 하면서도 눈은 계속 나를 바라봤다.

"정부가 시키는 대로 하겠습니까, 아니면 당신의 신이 시키는 것을 하겠습니까? 신은 당신의 이웃을 당신 자신처럼 사랑하라고 가르치셨는데 당신의 국가가 시키면 인간을 죽이겠습니까? 당신은 누구를 따르겠습니까? 당신의 신, 아니면 당신의 정부?"

"나의 신념을요."

불빛에 빛나는 그의 눈을 바라보며 내가 대답했다.

"그렇군요. 나는 한 번도 그렇게 생각해 본 적이 없었던 것 같아요."

프랑스인이 덧붙였다.

불빛과 침묵이 밤의 어둠 속에서 다시 나타났다. 우리는 우리의 등은 못 봤지만 그러나 앞을 향해, 미래를 향해 볼 수 있었다.

행복하게 여명을 맞이했다. 우리는 잉카 길을 걸어가고 있고 마추픽추에 가까이 가고 있다. 다시 출발할 시간이 돼서 짐꾼들은 남아서 야영장을 정리하고, 우리는 같이 떠났다. 그러나 앞으로 가다 보니까 그룹은 나눠졌고, 각자 자기 리듬에 맞춰 갔다.

나는 미국 청년과 함께 앞서 갔다. 그는 쓰레기봉투를 가지고 와서 길을 가면서 쓰레기들을 주워 담았다. 나도 그 일에 동참했다. 올라갈 길을 쳐다보면서 가는 것보다 담배꽁초를 찾는 데 집중하면서 가니까 훨씬 힘들지 않게 올라간다는 것을 알아차리지 못했다. 우리가 자기 나라에 있는 것도 아니고, 또 어느 누구도 그런 일을 하라고 시킨 것도 아닌데 그런 행동을 하는 그 젊은이가 참 멋있어 보였다. 그는 휴가 중이었고, 다른 사람들이 전부 배낭을 내팽개치고 싶어 하는 것과는 반대로 여분의 봉투까지 가지고 온 것이다. 올라가는 길이 매우 가팔랐고 피로감은 쌓여 갔지만 젊은이는 종이 한 장을 주우려고 길에서 벗어났다.

"왜 이런 일을 하는 거예요?"

내가 물었다.

"이 일을 하면 기분이 좋아지고 제가 쓸모 있는 사람이라는 생각이 들고 그리고 이 경이로운 곳에 대한 저의 존경심을 나타낼 수가 있거든요."

"죄송합니다. 갑시다, 갑시다."

벌써 우리를 따라잡은 짐꾼들이 소리쳤다. 그들이 짊어지고 있는 짐은 너무 커서 길을 다 차지했기 대문에 자기들이 지나갈 수 있게 비켜달라고 부탁했다. 그들은 추위어 단련이 돼서 그 추위에도 아랑곳하지 않고 반바지에 자동차 폐타이어로 만든 샌들을 신고 있었다.

"짐 좀 거들어 드릴까요?"

그들이 지나가면서 물었다.

모두가 하나다

주변으로 장관이 펼쳐졌다. 숲이 줄어들면서 고도는 더 높아지고 산소는 부족해지고 다리는 점점 더 무거워지고 몸은 지쳐갔다. 가이드가 한 말을 떠올리며 산과 태양과 내가 마시는 물에게 도움을 청했다. 산이 연출해 내는 아름다운 모습에 집중하면서 힘겨움을 잊고 더 많은 힘을 낼 수 있었다. 힘들게 올라가는 것이 행복했다.

태양을 바라보며 내가 거기에 있는 것에 감사드렸고, 태양을 찬양하다 보니 원주민 문화들이 마음속으로 들어오면서 생각에 잠겼다.

나는 태양을 숭배하지는 않지만 그 열기와 빛은 식물에 생명을 주고, 식물은 동물에게 생명을 주고, 동물은 나에게 생명을 주니 나는 태양에 감사드렸다. 이와 마찬가지로 대지, 물, 과실나무, 동물, 식물, 광물 등 모든 것에도 감사드렸다. 모든 것은 나를 위해 존재하기 때문에 찬양하고 감사하는 것이다. 내가 모든 것의 일부분이라는 생각이 들었다. 나는 세상에 오기 전에 모든 것이었고, 이제는 그 모든 것을 받아들이고, 그리고 내가 죽으면 내가 계속해서 부분이 될 수 있도록 그 모든 것은 나를 받아들일 것이다. 나는 중얼거렸다.

"모든 것은 하나고 하나는 모든 것이다."

이런 생각들을 하면서 허파가 필요로 하는 공기를 찾으며 정상에 다다르니 이루었다는 기쁨이 넘쳐흘렀다. 아직 갈 길이 남아 있긴 하지만 가장 어려운 구간은 극복했다. 칸데는 어디쯤 오고 있을까?

"다른 일행들은요?"

그룹의 한 사람이 물었다.

"저기 멀리에 보이는데, 오고 있네요."

꽁꽁 언 추운 아침에 우리 영혼들의 탄식이 메아리쳤다. 멀리서 이 신비스럽고 희박한 공기를 채우기 위해 깊은 숨을 들이마시고는 길고 뜨겁게 내쉬는 한 사람을 볼 수 있었다. 100미터 아래에서 나한테 손을 흔드는 칸데도 보였다.

길에서 이틀 밤을 더 보냈는데 밤에 비가 와서 옷하고 침낭이 다 젖었다. 그러나 추운 날씨도 우리의 열정을 식히지는 못했다.

원정의 마지막 아침이 왔다. 오늘은 우리의 목적지를 지키고 있는 산을 정복할 것이다. 새벽 4시라 아직 해가 뜨지 않았지만 우리는 그 누구보다도 빨리 도착하고 싶어서 일어났다. 4일간의 여정 뒤에 우리는 헬리콥터나 기차로 도착하는 관광객보다 훨씬 더 많은 권리를 가지게 됐다는 느낌이 들었다.

추위에 얼고 비에 젖은 몸으로 마지막 등반을 시작했다. 그룹 일행들이 앞으로 나아가면서 분산되었다. 출발해서 내가 폴란드인과 벨기에인과 함께 선두자리를 놓고 경쟁하는데 스페인인 한 명이 합류했다. 걷다가 지친 동료들이 잠시 숨 좀 돌리려고 앉았다. 나는 앉아야 할지 앞으로 계속 가야 할지 주저하다가 내 심장이 계속 가라고 외치는 소리를 들었다.

"계속 갑시다. 아직 갈 길이 멀어요."

주저하는 나를 보고 스페인인이 말했다. 두 배로 빨리 걸으며 그를 따라잡았다.

"왜 여기 왔어요?"

그는 50살인데도 걸음이 무척 빨랐다.

"항상 마추픽추에 대한 신비스러운 이야기를 들어서 직접 와보고 싶었습니다."

"네, 그랬군요. 그런데 당신이 마추픽추까지 온 실제 이유는 뭐죠?"

"이곳은 제가 아내하고 이루어가는 꿈 안에 있는 하나의 목적지이고 우리들 꿈에서 매우 크고 중요한 단계입니다."

"어떤 기분이에요?"

"저는 지금 삶과 에너지가 충만합니다. 수프와 씨앗으로 끼니를 때우고 추위와 빗속에서 거친 잠을 자며 4일간 힘들게 걷고 나서도 이렇게 걸어간다는 것을 제 자신도 믿을 수가 없습니다. 거기다가 당신하고 이야기할 기력도 남아 있으니……."

"지금 말하고 있는 사람은 당신 마음입니다. 마음은 공기가 필요 없고 당신이 지금 하고 있는 이것을 필요로 합니다."

아직도 동이 트지 않은 안개가 자욱한 새벽에 그의 스페인어 톤과 깊은 목소리는 많은 의미를 담고 있는 것 같았다. 이 공간, 나의 감정들 그리고 그의 말들이 섞이면서 나의 생각들이 분명해졌다.

"당신 마음이 이끄는 데로 가면 절대로 잘못된 길로 들어서지 않을 겁니다. 항상 그것에 귀를 기울이십시오. 그것은 무엇이 옳고 그른지를 누구보다도 잘 알고, 사랑과 꿈을 압니다. 당신 마음을 따라가십시오. 다른 사람들의 명령이 당신의 생각을 지배하지 않도록 하십시오. 생각은 차갑게, 마음은 따뜻하게 하십시오."

스페인인은 왜 나한테 이런 말을 할까? 에너지가 넘쳐흘러서 나누고 싶은 걸까? 이런 행복을 처음 경험하니까 가슴속에서 이런 말들이 나오는 걸까?

내가 말했다.

"저는 모든 것에서 벗어나고 싶어서, 그 어떤 것에서 도망치고 싶어서 이 여행을 시작한 것은 아닙니다. 사랑에 빠졌을 때와 같은 행복을 느끼기 위해서, 제 마음이 요구한 뭔가를 시작하고 싶어서 떠났습니다."

"당신한테 무엇을 요구하던가요?"

"칸데를 정복하고 그녀를 사랑하고 그녀에게 사랑한다는 말을 하기 위해서라면 모든 것을 하라고 하던데요."

몇 걸음 조용히 걸어가다가 스페인인이 충고를 하나 했다.

"당신의 꿈을 인생의 매우 중요한 부분으로 받아들이고 지금 이루어가고 있지만 너무 심각해지지는 마세요. 즉흥적으로 생각하고 예측할 수 없는 것을 기꺼이 받아들이고 실수를 배우고 당신 자신을 비웃어 보세요. 당신의 마음이 당신의 꿈을 좇을 때 꿈은 이루어질 수 있지만 그 꿈을 실현하려고 결심했을 때는 상상도 못했던 일들을 겪고 또 여러 곳을 지나게 됩니다. 그것은 불가사의한 일이죠."

한참을 걸어왔는지 기진맥진했고, 새날의 빛이 다가왔다.

"태양의 문에 도착하면 나는 거기서 쉴 거니까 당신은 계속 가세요."

그가 나한테 말했다.

"같이 도착하는 게 더 좋지 않겠습니까?"

그에게 제안했다.

"당신 마음을 따르라고 좀 전에 말씀드렸잖아요."

"그렇지만……."

"가세요, 당신은 꿈을 위해 가세요. 그것을 정복하고 마추픽추를 정복하세요. 비록 한 시간만일지라도 그 시간 동안은 마추픽추를 통째로 가지십시오. 자, 저는 꿈을 이루었으니 이제는 당신의 꿈을 위해 갈 시간입니다."

그가 힘 있는 말로 나에게 에너지를 불어넣어 주고 있다고 생각하고 나는 힘차게 뛰는 내 가슴처럼 찰걸음을 다시 옮겼다.

"그럼 잉카의 왕좌에서 뵙겠습니다!"

그를 다시 만나고 싶은 마음에 스리쳤다.

아름다운 마추픽추

태양이 마치 내 눈을 부시지 않게 하면서 나를 위해 모든 것을 밝히고 싶어 하는 것처럼 내 등 뒤로 떠올랐다. 내 그림자는 나를 따라오지 않고 앞서 길을 갔다. 그것은 관람석처럼 생긴 큰 바위 위에 있는 돌에 도착할 때까지 나와 같이 갔다. 수천 장의 마추픽추 배경 사진 중에서 봤던 와이나픽추가 보였다. 안개가 신비스러운 유적지를 뒤덮고 있어서 초조하고 안타까운 마음으로 안개가 걷히기를 기다렸다. 그러나 사라지지 않고 마치 뭔가를, 누군가를 기다리는 것처럼 계속 머물러 있었다.

"신이시여, 하루만 제가 이곳을 지배할 수 있게 해주시고 안개가 걷히게 해 주십시오!"

　나는 서서 신에게 큰 소리로 부탁했다. 1분 뒤에 햇빛이 마치 안개를 깨우듯이 안개 위로 떨어졌고 마추픽추가 보였다. 아름다웠다, 정말로 아름다웠다. 말로만 들었던 그 마추픽추가 아니었고 사진에서 본 것하고도 닮지 않았으며 내가 생각했던 것하고도 달랐다. 훨씬 더 아름다웠다. 훨씬 더……

　거기에 도착하기 위해 조금 남은 내리막을 뛰어갔다. 나는 그곳을 전혀 모르지만 거대한 돌이 있는 곳까지 가서 기대고 행복의 울음을 터뜨렸다. 이 지구의 조그만 공간의 어느 산 위에 놓여 있는 돌에서 아주 편안함을 느꼈고 이 세상 전부를 껴안을 수 있을 것 같았다. 그것은 나의 소유가 되었고 나는 왕이 된 기분이었다. 나는 왕자로 태어나지 않았지만 진정한 왕은 태어나는 것이 아니라 되는 것으로, 이는 신이 한 사람을 위해서 모든 것을 만들었다는 것을 네가 깨달을 때 일어난다. 왕이 되는 것은 그 모든 것을 지배하기 위해서가 아니라 즐기기 위해서, 그것에 명령을 내리기 위해서가 아니라 그것의 조화를 따라가기 위해서, 그것을 소유하기 위해서가 아니라 그것의 일부분이 되기 위해서이다. 나는 오늘 내 팔로 세상을 껴안고 왕이 되었다. 왜냐하면 왕이라는 느낌이 들기 때문이다. 나는 왕들로 가득 찬 세상의 부분이 되었다. 우리 왕들은 왕국들을 위해서 서로 싸울 필요가 없고 우리가 왕이라는 사실을 깨닫는 즐거움을 같이 누리면 된다.

　다른 관광객들이 유적지 안에 나타나기 시작했다. 칸데도 일행들과 같이 도착해서는 화난 투로 물었다.

　"왜 나 안 기다렸어요?"

　"정말 미안해. 그렇지만 나 혼자 여기에 있어야만 했어."

　그녀는 나를 이해했다. 어려서부터 내 꿈을 잘 알고 있었고 이것이 그 꿈들 중 하나라는 것도 알고 있었다. 나는 그녀의 미소에서 그녀가 실제로는 기분 나쁜 게 아니라는 것을 알았다.

　"칸데, 뭘 느꼈어?"

　"뭐라고 말로 표현 못하겠어요. 여기는 항상 오고 싶었던 곳이고, 여기 오기까지 오랜 시간을 기다렸는데 드디어 바로 그때가 왔네요. 산을 오를 때 유적지에서 뿜어져 나오는 고귀한 광채가 내 영혼을 살찌웠고 이제 그 위대한 힘을 느낄 수 있어요. 이건 아주 중요해요. 거대한 바위들이 서로 의지하면서 이 도시가 건설됐어요. 이 도시는 완벽하게 지어졌고 지상 최고의 아름다움을 간직하고 있어요. 나는 이곳을 걷고 만지고 느끼고 싶어요. 이곳은 돌아다니면 다닐수록 더욱 더 애정을 느끼게 되고 이곳의 신비를 느끼는 것만으로도 감동이에요. 에너지는 느끼는 것이지, 잴 수 있는 것이 아니라는 가이드의 말이 확실히 옳았고, 그가 왜 그런 말을 했는지 이해가 됐어요."

　칸데와 함께 독특한 분위기를 자아내고 있는 이 도시를 열심히 돌아다녔다. 일분일초가 아쉬웠다. 마추픽추 위에 있는 계단식 경작지에 앉았다. 그것은 우리 소유지였고, 우리는 그곳의 일부분이었다. 마음속에서 뭔가 매우 아름다운 것을 느끼며 한참 동안 그렇게 있었다.

우리가 세상의 부분이라 우리한테 일어나는 것이 세상에도 일어났고, 또 그 반대로 세상에서 일어나는 것이 우리한테 일어났다. 우리는 서로에게 영향을 끼친다.

"나중에 우리 아이들하고 다시 오고 싶어요."

유적지를 뒤로하고 떠날 때 칸데가 말했다.

안데스산맥의 영원한 횡단

무슨 일이 일어났지? 우리는 놀라서 일어났고 칸데는 머리를 핸들에 부딪혔다. 새벽 3시나 아니면 4시쯤이었을 것이다. 덮개가 차를 덮고 있어서 밖을 볼 수 없었고, 시끄러운 소리 때문에 귀청이 터질 것 같았다. 하늘이 무너져 내리는 줄 알았다. 큰 우박 덩어리가 차 지붕 위로 떨어지면서 매우 시끄러운 소리가 났다. 우리는 그 소음에 놀랐던 것이다. 어디 피신할 방법도 없었고, 아무것도 안 보이면서 꼼짝달싹 못하게 되었다. 우박이 비로 바뀔 때까지는 다시 꿈속으로 들어가지 못하고 하염없이 기다려야 했다.

날이 밝았다. 페루 대통령 선거 날이었는데, 국민들 사이에서 데모가 일어났다. 노새와 야마 축사에서 아침을 먹고 나서 시장에 갔다.

오늘 안데스산맥을 다시 횡단하고 싶었다. 완전히 아스팔트로 포장된 새 도로가 있다는 것은 알고 있었지만 우리 지도에 그 도로 표시는 없었고 사람들도 잘 몰랐다. 사람들한테 다음 도시까지 몇 킬로미터 정도 남았느냐고 물어보면 "여섯 시간." "네 시간." "일곱 시간."이라고 말해서 도저히 감을 잡을 수가 없었다. 그래서 최상의 방법은 연료통에 기름을 가득 채우고, 연료통 두 개를 여분으로 더 싣고 가는 것

이었다.

우박이 도로에 쌓여 있어서 트럭 바퀴자국을 따라갔다. 도로 양 옆으로 나 있는 밭들은 엉망진창이 되어버렸다. 뿌릴 씨앗이 거의 없어서 고통받았던 볼리비아 여인이 기억났다. 씨를 뿌리는 것이 얼마나 힘든지, 얼마나 수확량이 적은지 나는 알고 있다.

길은 매우 가팔랐다. 높이 올라갈수록 차는 힘이 떨어졌고 연료 소모가 더 심했다. 절반도 못 갔는데 예비 연료 두 통을 다 썼다. 매우 높은 데까지 올라왔다. 이제 차도 보이지 않았고, 사람도 훨씬 눈에 안 띄었다. 너무 높이 올라와서 길옆으로 눈이 쌓여 있었고 웅장한 전망이 펼쳐졌다.

사진을 몇 장 찍고 또 기름이 얼마나 남았는지 확인하려고 차를 세웠다. '해발 4,755미터'라고 적힌 표지판이 있었다. 연료탱크에 작대기를 넣었다. 반도 안 남았다. 해발 제로인 평평한 길에서라면 100킬로미터는 갈 수 있지만 해발 4,800미터의 산에서는 60킬로미터도 못 갈 것이다! 연료를 어떻게 절약하지? 어떻게 도착하지? 내리막에서

는 시동을 끄고 오르막에서만 켜야 할 것이다. 그렇지만 만일 실패하면? 여기서 꼼짝달싹 못하게 될까봐 심히 걱정스러웠다. 오늘은 선거 때문에 휴일이어서 도중에 식당이 있을 거라 확신하고서 떠날 때 음식 준비도 안 했다. 주변에 있는 몇 채 안 되는 집들은 눈 시즌이 지나가는 여름철에 목동들이 사용하는 것이어서 지금은 사람들이 없었다. 지금 넘치는 것은 눈뿐이었다.

차에 올라타고서 긴장을 풀려고 심호흡을 했다. 심한 내리막길이 시작될 때까지 시동을 끄고 켜고 하면서 낮은 산을 몇 개 넘었다. 고원을 뒤로하고 바다 쪽으로 내려가서 탱크에 남아 있는 연료로 모케과에 도착했다!

무사귀환을 축하하기 위해 레스토랑에 들어가서 그 지역 전통 음식을 주문했다. 돼지고기 튀김요리가 나왔다. 좀 특이한 음식이다 싶었지만 맛은 그런대로 괜찮았다.

콘도르의 시간

아레키파 화이트 시티에서 버스를 타고 세상에서 가장 깊은 콜카 협곡으로 갔다. 버스 안에는 주민들과 관광객들이 같이 타고 있었다. 젊은 외국인 여자가 운전사한테 속이 안 좋으니 차 좀 세워달라고 부탁했다. 차가 멈추자 내려서 바지 단추를 풀면서 달렸다. 나무나 바위나 아니면 급한 볼일을 보려는 여자한테 호기심을 보이고 있는 이 승객들한테서 자기를 가려줄 만한 것을 찾았다. 조금 가릴 수 있을 만한 나무를 찾자마자 땅을 비옥하게 만들기 시작했다. 버스 안에서는 웃음소리가 들렸다. 승객들을 더 재미있게 해주려고 운전사가 액셀을 밟고 버스를 조금 움직였다. 젊은 여자는 바지를 다 올리지도 못한 채 버스에 올랐다.

콜카 협곡 주위에는 수많은 콘도르가 날고 있었고 그들이 비상을 시작하는 지점까지 내려갔다. 벌써 사람들이 초조하게 기다리고 있었는데 그중에서 쿠스코에서 만난 젊은이가 눈에 띄었다. 그는 우리를 못 알아봤지만 우리는 그에게 다가가서 물었다.

"우리 쿠스코에서 만났지요?"

"네, 당신들은 우리와 같은 여행사에 들어갔던 아르헨티나 분들이죠?"

"네, 콘도르 보려면 아직 더 기다려야 하나요?"

우리 뒤에 있다가 내 질문을 들은 공원관리인이 자기 시계를 보면서 대답했다.

"이제 45분만 있으면 됩니다. 9시 15분에 하늘로 날아오를 겁니다."

나는 그 시간을 믿을 수가 없었다. 마치 콘도르가 시계를 가지고 있는 것처럼 정확한 시간에 날아오르다니.

"9시 10분에 태양이 협곡 바닥을 밝힐 것이고, 찬 공기가 더워지기 시작하면서 형성되는 상승기류를 콘도르들이 이용할 것입니다."

공원관리인이 설명했다. 콘도르가 정확한 시간에 나는 것에 대한 그런 과학적인 설명 앞에서 나는 입을 다물었다.

애인하고 같이 온 아르헨티나인은 자기 이름을 굴라라고 소개했다. 애인이 머리 하나가 더 커서 내 눈에 확 띄었는데, 애인이 커서가 아니라 그가 작았기 때문에 그렇게 보인 것이다. 내가 왜 놀랐는지 모르겠다. 내 머리가 꽉 막혀서 그런가? 나는 아직도 키는 사랑과 관련이 없다는 것을 깨닫지 못하는 건가? 이런 생각에 잠겨 있다가 그에게 물었다.

"여행하신 지 얼마나 됐어요?"

"떠난 지 4개월 됐습니다. 당신들은요?"

"이제 겨우 2개월 반 됐습니다. 어디로 가세요?"

"라틴 아메리카, 미국, 유럽 등으로 가고 싶습니다."

"기간은 어느 정도 예상하세요?"

"글쎄요. 걸릴 만큼 걸리겠죠. 벌써 돈이 다 떨어져서 어떻게 해야 할지 생각해 봐야 됩니다. 어떻게 되겠죠."

굴라가 놀라우리만큼 침착하게 대답했다.

나는 지금까지 살아오면서 항상 시간적인 여유가 있었지만 필요한 만큼의 시간을 가지고 뭘 해볼 생각은 한 번도 하지 않았다. 일정표를 짠다거나, 날짜나 예상시간을 잡는다거나 할 때는 가이드라인을, 다시 말해서 한도를 정확하게 정했다. 칸데와 함께하는 이번 여행을 6개월로 예상했는데 우리들한테 이렇게 많은 시간을 할애한 것이 이번이

처음이었다. 우리는 일을 벗어나지 못해서 일이 우리 결정의 기준이 되었고, 그것이 우리 시간의 주인이었다. 다시 말해서 6개월 동안 여행을 한다는 것은 우리 자신한테 무책임하다고 할 수 있을 정도였다.

그러나 우리 앞에 굴라와 그의 짝이 있다. 그들은 삶에 책임을 지며 매우 자유롭게 자신들을 위해서 필요한 시간을 챙겼다.

"바로 얼마 전까지 수천 년 동안 모든 인류는 유목민이었습니다. 이 유목민 생활은 한 사람이 한곳에 정착할 때까지 지속되었죠. 모두들 그 사람을 미쳤다고 생각했습니다. 어떻게 유목민이라는 것을 포기할 수 있을까? 새로운 장소, 새로운 지평선을 찾아가는 것을 포기할까? 다른 부족 사람들을 알게 되는 모험을 포기할까? 많은 사람들의 질문에도 불구하고, 그는 사는 동안 매일 아침 똑같은 장소에서 일어났습니다. 씨를 뿌려 수확을 했고, 가축들은 새끼를 낳아 더 이상 사냥을 할 필요가 없었고, 그는 자급자족할 수가 있게 되었습니다."

굴라는 잠시 멈추더니 다시 말을 이었다.

"그러는 사이에 다른 사람들도 그의 생활 방식을 따르게 되었고, 그런 사람들이 많아지면서 더 이상 그를 미쳤다고 생각하지 않았습니다. 그러나 또 다른 어려운 점들이 나타났습니다. 모든 사람들이 수로를 갖고 있지 않아서 갖고 있는 사람들이 더 많은 가축들을 가질 수 있었고 더 많은 수확을 할 수가 있었습니다. 이것이 빈부의 차이를 만들었습니다. 그러자 땅은 분쟁의 테마로 바뀌었고, 사람들은 다른 땅을 찾아 떠났습니다. 그래서 더 많은 마을들이 형성되었습니다. 수확한 작물을 창고에 가득 저장해 놓은 사람들은 더 풍요로워졌고, 이것은 의혹과 전쟁을 일으켰습니다. 전쟁에는 군인들과 그들을 지휘할 누군가가 필요했습니다. 그래서 부자들 중에서 왕들이 나왔고, 왕들은 자기

백성들을 지배하기 위해 스스로를 그들의 보호자라 칭했습니다. 왕은 군대를 유지하고 성과 벽을 지어야 했기 때문에 백성들은 수확한 작물과 수입을 왕에게 갖다 바쳤습니다. 그런데 왜 성벽은 세금을 낸 백성들의 집을 보호하지 않았습니까? 백성들을 지키기 위해 군대가 있었고 왕이 군대를 사용했다면 왜 왕이 걷는 세금은 갈수록 더 올라갔습니까? 많은 시간이 흘러가면서 더 많은 의문들이 나타났습니다. 그렇게 해서 우리는 21세기에 도착했습니다. 바뀐 것은 하나도 없습니다만 단 하나 예외인 것은 한 사람이 유목인이 되겠다는 생각을 한 것입니다. 다른 사람들은 그가 미쳤다고 생각했습니다. 어떻게 다른 모든 사람들처럼 정착민이라는 것을 포기할 수 있을까? 모르는 곳에 가기 위해 같은 집에서 사는 것을 포기할까? 항상 같은 사람들을 보는 것을 포기할까? 그런 질문들에도 불구하고 그 '미친 자'는 떠났고 새로운 세상에서 자기 삶을 시작했습니다. 당신들이 떠나올 때, 친구분들이 뭐라고 하던가요?"

"미쳤다고 했지요."

"그것 보세요. 이제 세상을 알고 싶어 하고, 새로운 곳을 보고 싶어 하고, 새로운 문화를 알고 싶어 하는 우리들은 미친 사람들입니다. 대중들에게서 갈수록 멀어지는 사람을 왜 미친 사람으로 여길까요? 다른 사람들은 미치지 않았을까요?"

굴라는 내 대답을 기다리지 않으면서 질문했다.

"어떻게 그런 생활을 계속할 수 있느냐고 많은 사람들이 우리들에게 질문했고, 우리들은 이와 똑같은 질문을 우리 자신한테 물어보기 시작했습니다. 우리는 저 멀리까지 잘 보지 못하는 조그만 공간에 살고 있습니다. 우리는 가는 곳마다 그 조그만 공간에 들어가서 할 수 있는 한 가장 잘 순응합니다. 우리는 우리지만 조금 변했습니다. 우리는 항상 변화 속에서 살고 있습니다. 우리는 강하지도 않고 약하지도 않고 그저 유연합니다. 만일 우리가 딱딱했다면 첫 번째 돌에 부딪히고, 첫 번째 우물에 빠져서 거기에 있었을 겁니다. 우리가 묵었던 집의 부인과 나누었던 이야기가 기억납니다. 우리한테 어떤 계획을 가지고 있느냐고 물어서 아무 계획도 없다고 대답했습니다. 내 말을 이해하지 못한 부인이 모든 사람은 계획을 세워서 살고 있고, 그래서 계획이 없다면 사람이 아니라고 말했습니다. 우리는 아직도 삶의 계획이 없고, 계획을 가지고 있었을 때보다도 더 행복을 느낀다고 말했습니다. 대화는 계속됐고 나는 부인한테 우리도 목표를 가지고 있었고 이미 많은 목표를 달성했고 심지어 초과를 했고, 앞으로 마드리드까지 가고 싶다고 했지만 그것은 단지 하나의 욕망에 불과하다는 것을 알게 되었습니다. 우리는 욕망으로 가득 찬 감정으로 살아가고 있습니다. 인생은 끝까지 살아 봐야 그 의미를 알 수 있을 거라고 생각합니다. 다행히 우리는 시간이 지날수록 지구가 모든 사람들의 것이라고 생각하게 됩니다. 그 이유는 지구가 자전하기 위해서 둥근 모습을 하고 있기 때문이죠. 모든 사람들은 지구를 돌아다닐 수 있고 어떠한 직위 없이도 이 행성의 주인이라는 것을 느낄 수 있습니다. 우리 모두는 유목민의 피를 조금씩 가지고 있고 미친 사람들의 피를 조금씩 가지고 있어서……."

"그리고 시인들의 피도 조금씩 가지고 있죠."

내가 덧붙였다. 나는 굴라 말이 옳다고 생각했고 또 그렇게 믿었다.

"저기 콘도르들이 날기 시작하네요. 3마리인데 아니, 4마리네요."

한 관광객의 소리가 내 생각을 중단시켰다.

"저기 한 마리가 더 오는데요."

또 다른 사람이 말했다.

우리는 전부 7마리의 콘도르를 봤다. 첫 번째 콘도르는 협곡 안에서 우리가 있는 곳 아래에서 날다가, 조금 있다가 우리가 있는 곳까지 날아올랐다. 이제는 우리 머리 위에 있어서 믿을 수 없을 정도로 엄청나게 큰 깃털을 볼 수 있었다.

"굴라, 콘도르는 날고 우리는 날지 못하는 이유를 알아요?"

내가 물었다.

"콘도르는 날개를 가지고 있기 때문이죠. 반면에 우리는 손이 있어서 우리를 날지 못하게 하는 그 많은 것들을 담고 싶어 하는 거예요."

우리 몸에 유목민의 피가 조금 흐르고 있고, 작은 날개가 달려 있고, 날고 싶은 욕망이 크다는 것을 느끼면서 아레키파를 떠났다.

나스카로 올라갔는데 그곳에서는 비행기로 높이 올라가면 사막에 완벽한 그림들이 그려져 있는 것을 볼 수 있다. 누가, 왜 그 그림들을 그렸는지 아무도 모른다. 전망이 그 그림들처럼 환상적이었다.

공중을 돌아다닌 후에 그 아름다운 그림들을 마음에 담고, 차에 자러 갔다. 눈을 뜨자마자 날카로운 이빨과 엄청난 식욕을 가진 쥐들이 방문했다는 것을 알아차렸다. 시속 40킬로미터로 사막을 달렸다. '모래지역'이라는 경고 표지판이 있었다. 그 구역 도로 전체가 모래 언덕 밑으로 사라지고 없었다. 모래 언덕들이 움직였고, 모래 바람 때문에 앞을 볼 수가 없었다.

모래가 가득 들어온 차로 우리는 주유소에 도착했다. 그 주유소는 식구들끼리 운영하는 페루의 전형적인 주유소들과 비교했을 때 엄청나게 컸다. 우리는 배가 고팠는데 운 좋게도 주유소 바로 옆에 소고기 튀김요리를 파는 조그마한 식당이 하나 있었다. 요리사들과 종업원들이 한가족이었는데 그레이엄을 보고는 신기해하면서 우리가 누군지, 뭘 하고 있는지, 어디에서 자는지 등에 대해 묻기 시작했다.

"밤이 우리를 붙잡는 곳에서요."

칸데가 대답했다.

"그럼 오늘은 당신들이 상상도 못하는, 아메리카에서 유일한 곳에서 주무실 겁니다. 와카치나는 오아시스가 있는 곳입니다. 식사 다 드시고 나면 저희가 안내해 드릴게요."

그들을 따라 좁은 길을 통해 오아시스에 도착했다. 정말이었다. 물거울 주위에 모래언덕과 야자수 그리고 집이 몇 채 있었다. 물거울 앞에 있는 식당 식구들의 집은 매우 몟있었다. 그들은 아이들 방에 우리를 묵게 했고, 그 아이들은 좋아하며 옆방으로 잠자리를 옮겼다. 식구 중에 갓난아기가 있어서 내가 팔로 안고 말했다.

"그놈 참 잘생겼네."

그러자 아기 어머니가 화난 얼굴로 내 팔에서 아기를 빼앗으며 말했다.

"우리 아기한테는 아무도 '놈'이라고 안 해요."

같은 말도 지역에 따라 의미가 다르게 쓰이는 모양이었다. 나는 외교적인 결례를 저질렀다는 느낌이 들어서 해명을 했다.

"어쨌든 간에 우리 아기한테 '놈'이라고 하지 마세요."

아기 어머니가 좀 전보다는 더 차분하게 말했다.

보드를 가지고 서핑을 하는 것처럼 모래 언덕을 올라가고 내려가고 한 후에 오아시스를 떠났다. 다음 장소로 우리가 찾아가고 싶은 곳은 파라카스였다. 그곳 바닷가 앞에서는 많은 새들을 만날 수 있었다. 쉬지 않고 차를 몰았지만 우리가 목적지에 도착하기 전에 밤이 찾아왔다.

사막에 물과 생명을 가져다주는 강이 흐르는 계곡을 지나는데 길 위에 작은 촌락이 있어서 우리는 어느 집 앞에서 차를 멈췄다. 부인 한 명이 자기 아이들과 밖에 앉아서 차들이 지나가는 것을 보고 있었다.

"아주머니, 죄송하지만 이 집 앞에서 하룻밤 보내도 괜찮겠습니까?"

"괜찮아요, 안으로 들어오세요. 남편이 안에 있어요."

그녀의 말이 거짓인 것 같았다. 혹시 우리가 나쁜 사람들일까봐 친절한 척하면서 이런 거짓말을 꾸미는 게 아닌가 싶었다.

"물 좀 얻을 수 있을까요?"

칸데가 부탁했다.

"나도 지금 물장수를 기다리고 있는 중이에요. 조금만 있으면 올 겁니다."

물장수? 나는 그녀가 꾸민 이야기라고 생각했지만 그녀의 기분을 상하게 하지 않기 위해 그녀의 이야기를 더 듣기로 했다.

"저기 오네요."

14살쯤 되어 보이는, 맨발에 손에는 작대기를 든 소년을 가리키며 부인이 말했다. 소년은 물이 가득 담긴 플라스틱 양동이를 진 비쩍 마른 노새를 작대기로 몰고 왔다.

부인은 자기가 산 그 탁한 물을 우리에게 나누어 주었다. 우리가 물을 마시기 전에 물 정제약을 타는 동안에 그 집 아이들은 그 물을 바로 마셨다.

파라카스는 모든 색깔과 움직임으로 빛났다. 새들의 나는 모습과 밀물과 썰물을 보니 그게 바로 우리의 인생이었다.

파라카스에 도착했을 때 리마에서 배낭여행을 온 젊은 여자애들이 그레이엄 발 디딤판에 올라섰다. 우리는 같이 야영할 곳을 찾아 나섰다. 만(灣)과 홍학들이 있는 곳 앞에서 야영할 만한 곳을 찾아냈다. 해가 지고 바람이 일면서 모래를 운반했다. 음식을 나누어 먹는데 모래 씹히는 소리가 들렸다.

"이빨에서 치석 끄집어내."

여자애가 말했다.

"에나멜도."

다른 여자애가 이렇게 말하며 우리의 열악한 상황을 웃어 넘겼다.

차에 덮개를 씌우고 싶었지만 바람이 허락지 않았다. 아침에 일어나 보니 머리가 완전히 엉망진창이었다. 여자애들은 날씨를 원망하면서 잠도 안 자고 라디오를 틀어놓고 담배를 피우면서 모래바람이 잦아들기를 기다렸다. 수천 마리의 홍학들만이 우리의 유일한 동반자들이었지만 그들도 하늘을 장밋빛으로 물들이면서 날아가 버렸다.

물을 조금 데워서 세수를 하고 만의 반대편 쪽으로 차를 몰고 가다 보니 관광마을이 나타났다. 다시 말해 모래가 없는 음식이 있고 모래 바람을 피할 수 있는 곳이었다.

마테차를 준비했다. 젊은 부부 한 쌍이 우리한테 오더니 우리가 아르헨티나인이라는 것을 알아봤다. 우리 차와 여행에 대해 물어보더니 우리를 초대했다.

"우리 집으로 가시죠. 빈 방이 4개 있어요. 저기 해변에서 세 번째 있는, 파랗고 빨간 선창이 있는 집이에요."

"고맙습니다. 차 다 마시고 갈게요."

무척 큰 집이었다. 우리가 착각한 줄 알았다. 초인종을 누르니 문이 열렸다. 가정부 복장을 한 아주머니가 말했다.

"들어오세요. 주인 내외분께서는 곧 돌아오실 겁니다. 저한테 손님들 잘 모시라고 말씀하셨습니다. 뭐 좀 드릴까요?"

"샤워 좀 할게요."

둘이 동시에 대답했다. 모래 눈곱이 끼어 있는 채로 따뜻한 물이 계속 나오는 욕조에 몸을 담갔다. 그 부부와 그들 중 한 명의 어머니와 함께 진수성찬으로 차린 점심을 맛있게 먹었다.

수도 리마

리마의 중심가와 직접 연결되는 고속도로를 타고 수도로 들어간 우리는 이전에 주위 사람들이 여러 번 추천을 해준 차 정비소로 향했다. 니콜리니 형제들이 운영하는 정비소였다.

잠금장치가 되어 있는 육중한 큰 문으로 해서 세 개의 큰 작업장 사이에 있는 마당으로 들어갔다. 한 개의 작업장에는 복원을 기다리는 오래된 차들로 가득 찼고, 다른 작업장에는 복원된 차들로 가득 찼고, 또 한 작업장에는 아래층에 모든 시설을 다 갖춘 카센터가 있고 위층에는 수백 개의 부품이 있었다.

니콜리니 형제들을 만나고 싶은 마음이 굴뚝같았지만 우선 차 상태를 알기 위해 검사받는 것이 급선무였다. 정비를 받을 수 있으면 차를 맡기고 싶었는데 어떻게 질문을 해야 할지 몰랐다. 작업복을 입은 곱슬머리의 한 남자가 다가와서 물었다.

"당신이 '체'＊인가요?"

"네, 우리가 '체'들입니다."

내가 대답했다. 나는 이 호칭을 무척 좋아했다. 아르헨티나 사람이라 좋아하는 것도 있지만 그 말을 들으면 나는 체 게바라가 아메리카 여행을 시작했을 때 느꼈을지도 도를 그런 엄청난 혁명의 열기를 느꼈다.

"알래스카까지 간다는 것이 사실입니까?"

"신께서 우리와 함께 하신다면 그렇게 되겠죠."

"좋습니다. 그럼 뭘 도와드릴까요?"

"차 검사가 가능한지 니콜리니 형제들하고 얘기를 하고 싶은데요."

"제가 호르헤 니콜리니입니다. 차는 저기에 놔두시면 됩니다."

그는 건성으로 대답했다. 내 부탁에 기분이 나빴나? 그가 시키는 대로 차를 세워놓고 칸데와 함께 안에 들어가서 우리가 가져가야 할 물건들을 골라내기 시작했다. 그러는 동안 호르헤는 사람들을 불러모아 놓고 말했다.

"자, 이리들 와서 이 '체'들 만나봐요."

이제 그는 우리의 방문이 무척 기쁘다는 것을 우리한테 확실하게 주지시키면서 우리를 소개했다.

다음 날 차 검사하기에는 좀 이른 시간에 정비소에 도착하니 벌써 여섯 명의 직원이 나와서 일을 하고 있었다. 나는 내 눈을 의심했다.

＊ 아르헨티나에서 상대방을 부를 때 사용하는 감탄사

이게 내 차야? 도대체 어떻게 된 거지? 바퀴도 없고 차 지붕도 뜯겨져 나갔고……. 부품들은 사방팔방으로 흩어져 있었다. 그레이엄은 쾌활한 갈색 흑인 훌리오 레예스와 그의 조수들에 의해 분해되어 있었다. 자동차 검사를 전체 다 하고 싶었던 그는 블록하고 기어박스만 온전하게 남겨 놓았다. 나도 차에 익숙해지고 싶어서 그를 도왔다.

그날 다 정비하기에는 무리라고 했다. 부품 몇 개를 더 찾아야 하고 다른 부품들은 공장에 주문해야 한다는 것이었다. 그런 상황까지는 예상하지 못한 우리는 우리에게 남은 시간 때문에 걱정이 들기 시작했다. 무엇보다도 경비가 문제였다. 여행을 시작한 지 벌써 4개월이 지났는데도, 아직도 알래스카는 먼 곳에 있고 돈은 다 떨어져 갔다. 2개월 정도밖에 더 버틸 수 없을 것 같았다. 가만히 손 놓고 앉아 있을 수만은 없었다. 뭔가를 해야만 했다. 그렇지 않으면 더 이상의 여행은 불가능했다. 우리를 후원해 줄 회사를 찾아보고 아르헨티나 자동차 클럽에 편지를 보내고 여기저기 문을 두드렸지만 기다리던 답은 들을 수 없었다. 하지만 우리는 그것을 나쁘게 생각하지 않았다.

우리 스스로 이 일을 시작했으니 이 여행에 대한 책임을 다른 사람들에게 지우면 안 되었기 때문이었다. 페루에서 지원을 못 얻으면 에콰도르에서는 될 수도 있겠지.

산프란시스코 교회 무덤으로 내려갔다. 이십만 구 이상의 유골이 잠들어 있었다. 지금까지 그렇게 많은 주검을 본 적이 없었다. 묘지에서도 못 봤고, 지금 느끼는 것처럼 죽음을 느껴보지도 않았다. 여기에 누워 있는 해골들도 한때는 살아 있었고, 가족이 있었고, 사랑을 했고, 꿈이 있었는데……. 지금은 단지 뼈만 남아 있다.

무덤에서 나와 수도원 안마당으로 들어갔다. 꽃들과 생명이 가득한 회랑으로 둘러싸여 있었다. 나는 살아 있음을 느끼기 위해 심호흡을 했다. 가이드와 관광객들이 지나가고 나서 우리는 등이 없는 벤치에서 포옹을 나누었다.

한 수도사가 우리한테 인사하고 우리 앞을 지나가다가 다시 와서 같이 앉았다.

"멀리서 오셨습니까?"

"네, 부에노스아이레스에서 왔어요."

칸데가 대답했다.

"다 돌아보셨습니까?"

"네, 방금요. 그렇게 많은 주검들을 보고 나니까 다 돌아본 것 같네요."

내가 대답했다.

"삶은 언젠간 갚아야 할 빚입니다. 어느 누구도 죽음을 피할 수 없고 이길 수도 없습니다."

그의 말을 듣는 순간 온몸에 소름이 돋았다.

"삶은 신이 주신 선물이고, 우리가 살면서 하는 것이 신께 바치는 선물입니다."

그런 말을 남기고 그는 돌아갔다.

"우리가 지금 하고 있는 것이 신께 드리는 선물일까?"

칸데가 큰 소리로 생각했다.

우리는 조용히 나와서 옆에 나 있는 아름다운 발코니 밑을 걸어가면서 여행을 떠난 이후로 한 번도 즐기지 못한 취미생활을 가졌다. 부에노스아이레스 시민들이 대대로 물려받은 생활습관을 좀 찾기 위해서 카페에 들어가 평화로운 바다가 가득 담긴 유리창 앞에 앉았다. 움직이는 것은 파도와 갈매기뿐이었다.

"엄마는 이 여행에 대해, 우리가 지금 보내고 있는 이 시간에 대해 어떻게 생각하실까?"

엄마는 내가 21살 때 돌아가셨다.

"안 믿겠지만 나는 오빠를 생각하고 있었고, 그는 우리가 하고 있는 이 여행을 아주 행복한 일이라고 생각할 거예요."

그녀의 오빠는 15살 때 죽었다.

우리 두 사람이 조금의 죄책감을 갖고 있는 것은 분명한 사실이었다. 우리는 '여기 있는 것'에 대해 생각해 봤다. 우리는 일을 하고 우리 집 공사를 마저 끝내고 아르헨티나에 있어야 하지 않았을까? 우리는 여행이 연장되면서 수중에 돈이 다 떨어진다는 것을 알고 있다. 우리는 돈과 시간 관리에 무책임하지 않은가?

갑자기 칸데가 내 생각을 중단시켰다.

"신이 우리가 하고 있는 일에 매우 만족하신다는 느낌이 들어요. 당신 어머니도, 내 오빠도."

"내 마음은 행복한데 내 생각이 나를 평화롭게 놔두질 않네. 우리가 쓰는 돈으로 집 공사를 다 끝낼 수 있었는데 우리한테 남은 돈으로는 아무것도 할 수 없다고 내 생각이 말하고 있어."

"허먼, 최소한 시도는 해 봐야죠."

칸데가 말했다.

"만일 길에서 벗어나서 오는 대신에 여기까지 똑바로 왔다면⋯⋯."

"많은 것을 잃었겠지. 그 많은 사람들⋯⋯."

많은 얼굴들이 내 머릿속에 떠올랐다.

"돈이 떨어지면 어떻게 하죠? 이것이 우리 평생의 꿈이긴 하지만 돈이 없으면 어떻게 해요?"

"에콰도르에서 후원자를 찾아봐야지. 나는 중간에 포기할 생각은 없어. 당신은?"

"나도 마찬가지예요. 돌아간다면 그것은 내 인생에서 실패하는 것처럼 내 마음에 대한 실패 같은 거겠죠."

칸데의 말을 들으니 마추픽추에서 만난 스페인 사람의 말이 떠올랐다.

"마음이 꿈을 따를 때 꿈은 이루어지게 됩니다. 하지만 꿈을 따르려고 결심하면 한 번도 상상하지 않았던 일들을 해야 하고 장소들을 지나가야 합니다."

월요일이 돼서 카센터로 갔다. 그레이엄은 정비를 거의 다 마친 상태였다. 나는 작업복으로 갈아입그 마지막 작업을 도왔다. 이제 구동 피니언 갈아 끼우는 작업만 남았다.

부품을 찾으러 선반실로 갔다. 집을 개조한 작업장이었다. 매우 협소한 그 방에서 수작업으로 부품을 만드는 것 같았다. 페루인들의 명성은 확실했다. 그들이 다른 오래된 차들을 어떻게 복원하는지 내 눈으로 봤지만 진짜로 믿을 수 없을 정도였다. 단 몇 명이서 그것을 완벽하게 복원할 수 있었다.

부품을 손에 쥐고 카센터로 돌아가기 위해 버스를 타러 나갔다. 이 지역은 산책하기에는 적당한 곳이 아니라 서둘러 지름길로 가기 위해 내가 있는 길에서 한 차선만 있는 길로 꺾어 들어갔다. 그러면 다음 거리까지 두 블록만 가면 되었다. 내가 첫 번째 길 중간쯤 왔을 때 모퉁이에서 한 명이 다가오며 나를 바라봤다. 그 뒤로 두 명이 더 나타났다. 계속 갈까? 겁이 나서 대응할 수가 없었다. 벌써 늦었다. 세 명이 나를 둘러쌌다.

"가진 거 다 내놔!"

내가 가지고 있는 것은 큰 두려움이었다. 나는 그들이 찾고 있는 것을 하나도 갖고 있지 않았다. 단지 작업장에 놔두었던 더러운 옷하고 버스 탈 동전 몇 개뿐이었다. 가진 게 별로 없는 것을 보고 그들이 해코지할까봐 무서웠다. 신이시여, 제발 도와주소서……. 속으로 빌었다. 갑자기 세 명의 강도들이 놀라 소리치면서 뒷걸음을 쳤다.

"이 사람한테 아무짓도 안 했으니까 진정하세요."

무슨 일인지 전혀 이해할 수가 없었는데 그때 뒤에서 누군가가 내 팔을 잡았다.

"갑시다."

그렇게 말하는 사람을 쳐다봤다. 마흔 살이 조금 더 되어 보이는 그 사람은 약사처럼 흰 가운을 입고 있었다. 손에 무기를 들고 있었다. 그는 나를 놓지도 않고 한마디도 더 하지 않고 나를 그 자리에서 피신

시켰다. 강도들로부터 안전할 만큼 떨어졌을 때 그들이 협박하기 시작했다.

"네가 왜 끼어들어? 또 다시 나타나면 그때는 죽은 목숨인 줄 알아. 우리는 네가 어디서 일하는지 알아!"

모퉁이에 도착했을 때 그는 나를 잡고 있던 손을 놓았다.

"저 거리로 가시고, 이 거리는 다니지 마세요."

그는 충고를 하고서 나하고 반대방향으로 갔다.

"고맙습니다, 대단히 고맙습니다."

나는 긴장과 혼동과 감탄 속에서 말했다. 나는 그에게 누구인지, 어떻게 감사드려야 하는지 물어보지도 않았다. 그는 나타난 것처럼 사라졌다.

돌아와서 칸데한테 일어났던 일을 이야기했다. 그녀는 울기 시작하면서 물었다.

"도대체 집에서 멀리 떨어진 이곳에서 당신한테 무슨 일이 일어났더라면 어떻게 할 뻔했어요?"

우리는 수중에 돈은 다 떨어졌지만 우리들 삶으로 신에게 드릴 선물을 만들고, 우리끼리만 있는 것이 아니라 우리와 함께 여행하는 수호천사가 있다는 것을 느끼면서 꿈을 이루겠다는 희망을 가지고 리마를 떠났다.

우리는 다시 활력을 찾은 차를 타고 출발했다. 그러나 그 활기가 그리 도움이 안 돼서 도시 외각지대에서 연료가 다 떨어져 머무를 수밖에 없었는데, 그곳은 위험한 사람들이 많으니까 절대로 정차하지 말고 조심하라고 말하면서 만일 돌이 날아와 유리가 깨지거나 뒤에서 차로 박더라도 계속 가야 한다고 사람들이 우리한테 충고해 준 바로 그

구역이었다. 우리는 연료도 없이 여기서 좌초하였다. 걱정은 됐지만 그래도 나는 멋진 자동차 옆에 서 있는 칸데를 생각하면서 귀중한 액체를 찾으러 걸어갔다.

가솔린을 구해 돌아왔을 때 믿을 수 없는 광경이 내 앞에서 벌어지고 있었다. '위험한' 많은 사람들이 칸데를 둘러싸고 모두 웃으면서 칸데에게 질문을 하고 있었고, 그녀는 행복한 표정을 지으며 대답하고 있었다.

우리는 북쪽으로 계속 길을 갔다. 해변 길을 따라갈 때도 있었고 그렇지 않을 때도 있었는데, 그러나 항상 사막을 벗어나지 못했다. 조그만 마을들을 지나가다가 한 번씩 도시도 만났는데 그 크기들은 가장 가까운 강의 수량에 의존했다.

적막감에 싸여 있는 고속도로는 을씨년스러웠다. 갑자기 뒤에서 사이렌 소리와 함께 확성기에서 흘러나오는 소리가 들렸다.

"갓길에서 멈추세요."

경찰이 말했다. 부에노스아이레스를 떠난 이후로 많은 경찰들이 우리 차를 세웠지만 그들은 우리가 무엇을 하고 있는지 질문하기 위해서 그리고 무엇보다도 차를 보기 위해서 세운 것이었다. 그러다 보니 아레키파에서는 경찰이 우리 차를 세우라고 했을 때 나는 용기를 내

서 너무 늦었기 때문에 세우지 않을 거란 신호를 보냈고, 경찰은 우리를 따라올 거라는 신호를 보내는 웃지 못할 일도 겪었다.

"안녕하십니까, 서류 좀 보여 주십시오."

젊은 경찰이 아주 심각한 표정으로 요구했다. 그가 서류들을 받아서 살펴봤다.

"과속했다는 보고를 이전 초소에서 받았습니다."

"뭐라고요?"

나는 크게 웃으며 대답했다. 그가 하는 말을 믿을 수가 없었다. 분명히 그것은 농담이었다. 그러나 그 경찰은 내 말을 이해하지 못한 채 우리를 바라봤고 웃지도 않았다.

"경찰관님은 우리가 지금 몰고 있는 차를 안 봤습니까?"

그가 다시 차를 봤다.

"우리가 아무리 빨리 달리고 싶어도 이 차로는 제한속도를 넘을 수가 없습니다."

경찰은 난처한 기색으로 모자를 벗으며 머리를 긁적거렸다.

"이전 초소에서 농담한 게 아닐까요?"

칸데가 물었다. 그가 어리둥절해하며 자기 순찰차로 돌아갔다. 백미러로 그가 무전기로 말하는 것을 봤다. 그가 다시 돌아와서 서류를 돌려주며 말했다.

"그런 것 같습니다. 저를 놀린 것 같습니다."

벌써 어둑어둑해져서 잘 곳을 찾아야 했다. 식품가게 앞에 차를 세우고 주차를 하고 밤을 보낼 권리즘을 사는 셈치고 몇 가지를 샀다. 잘 준비를 하고 있는데 한 가족이 우리에게 다가왔다.

"여기는 밤을 보내기에 그리 좋은 곳이 아니니 우리 집으로 가시죠."

벽에 짚만 얹은 초라하고 작은 집이었다. 저녁은 냄비에 남아 있는 고기 몇 점이 다였다. 그리고 그들의 유일한 침대를 우리 잠자리로 내주고 자기들은 아이들하고 바닥에서 잤다.

아침에 우리가 깼을 때 그들은 아이들을 껴안으면서 우리에게 말했다.

"미안합니다, 더 대접할 것이 없어서……."

그들은 우리에게 자기들이 가진 것을 전부 제공했으면서도 더 이상 줄 것이 없어서 미안하다고 사과를 했다. 그렇게 후한 대접을 받아본 것은 처음인 것 같았다. 줄 게 없을 만큼 적게 가진 사람도 없고, 받을 게 없을 만큼 많이 가진 사람도 없다는 것을 우리는 알게 되었다. 진한 포옹을 나누고 우리는 헤어졌다.

해안을 따라 북쪽으로 계속 가면서 바다에서 수영하고 싶은 마음을 떨칠 수가 없었다. 그러나 차가운 바닷물은 우리를 내쫓았다. 우리가 도달할 수 있는 저 먼 바다에 있는 물을 보면서 바닷가 앞에서 야영을 했다. 그러나 지금 우리가 있는 곳에는 물이 한 방울도 없다. 바다와 사막이 섞이지 않는 물과 기름 같았다.

칸데는 여행일지를 쓰기 시작했다. 우리는 번갈아 가면서 일지를 쓰고, 나중에 늙어서 손자들과 함께 그것을 읽는 모습을 상상했다. 나는 음악을 작게 틀었다. 그러면 감정이 더 풍부해지고 더 많은 감동을 받을 수 있었다. 주위를 바라보니 많은 것이 눈에 들어왔다. 바다에 비치는 보름달, 조용한 사막, 네 바퀴 달린 친한 동료, 꿈의 일기처럼 뭔가를 쓰고 있는 아름다운 여인, 우리들의 꿈, 이 모든 것들이 합쳐져서 꿈을 이루어가고 있다. 이 순간 이 우주에서 나보다 더 행복하고 부자인 사람은 없었다.

"칸데."

내가 부르자 그녀가 연필을 쥔 채로 나를 바라봤다.

"내가 이 세상에서 제일 부자야."

무슨 말을 하는지 모르겠다며 그녀가 얼굴을 찡그렸다.

"내가 좋아하는 모든 것, 이 세상의 모든 황금보다 더 비싼 것을 나는 가지고 있어."

그녀는 연필을 놓고 눈물을 흘리며 나를 껴안았다.

길은 우리를 에콰도르 근처까지 데리고 갔다. 우리는 어촌 마을들을 들렀다가 갈대로 만든 편안하고 작은 보트를 이용해 바다로 나갔다. 또 다른 마을에서는 가는 나무줄기로 두 사람이 탈 수 있는 뗏목을 만들어 바다로 나갔다. 저 멀리서 어부 두 사람이 해변에 도달하려고 애를 쓰고 있었다. 가까이 다가오고 있었지만 파도가 너무 세게 쳤다. 어부들은 해변으로 데려다 줄 파도를 잡아타려고 기다렸지만 파도가 모든 것을 다 집어 삼키며 어부들을 붙잡았다.

어부들, 생선, 노, 뗏목, 마침내 모든 것이 단단한 모래에 도착했다. 그들 얼굴에는 피로가 쌓여 있었다. 엔진도 안 달려 있는 뗏목을 힘들게 젓는 어부들의 삶은 고달팠다. 그들을 돕기 위해 해변에 나와 있던 부인들과 자녀들이 그들을 두 팔로 맞이하였고 그들은 준비된 음식을 정신없이 먹어 치웠다.

부인들이 물고기를 손질하는 동안, 그들은 고기 잡은 이야기를 자녀들에게 해주었다. 나는 그들의 이야기가 궁금해서 가까이 다가가 그들이 매일매일 그 조금의 물고기를 잡기 위해 목숨을 걸고 그리고 가족들은 사랑과 안타까움으로 그들을 기다린다는 이야기를 듣고 감동받았다.

"안녕하세요? 물고기 많이 잡으셨나요?"

내가 물었다.

"네, 신이 보살펴 주셔서요. 물고기 사시게요?"

"무척 사고 싶은데 요리할 줄을 모릅니다."

"이건 쉬워서 요리하는 것도 아니에요. 제가 보여드릴게요."

부인 한 명이 말을 중단시키고는 곧바로 물고기 껍질을 벗기고 파슬리와 다른 재료들과 같이 섞어서 반 자른 빈 코코넛 껍질에다 넣고 나보고 맛보라고 했다.

"잠깐만요."

내가 첫 숟갈을 맛보기 전에 그 부인은 레몬즙을 조금 첨가했다. 간단하면서도 정말 맛있는 요리였다!

"칸데, 이거 맛 좀 봐."

"날생선이에요?"

놀란 눈으로 나를 보며 물었다.

"응, 먹어봐. 맛이 끝내줄 거야. 더 이상 싱싱할 순 없어."

내 말이 맞았다. 그녀는 좋아했고 더 달라고 했다.

"이 음식 이름이 뭐예요?"

"세비체라고 해요."

부인은 우쭐거리며 대답했다. 우리는 돈을 지불하고 건조 중인 배가 만들어 낸 유일한 그늘로 점심을 먹으러 갔다.

오늘은 페루에서의 마지막 날이라서 이를 기념하기 위해 조그만 호텔에 방을 잡았다. 말뚝을 박고 그 위에 나무로 지어진 이 호텔에는 방이 3개 있었다. 제일 위층에 있는 우리 방에서는 바다가 보였고, 창문은 없고 모기장만 있었고, 천장은 야자수로 되어 있었고, 바닥은 전기톱으로 자른 판자들을 깔아놓았다. 더 좋은 호텔은 불가능하다.

갑자기 모든 것이 흔들리기 시작했다. 이상한 소리가 크게 났다. 칸데는 무슨 영문인지 몰라 나를 쳐다봤다. 지진이라는 것을 알아채고는 재빨리 일어났다. 모든 것이 움직이고 우리 물건 몇 개가 의자에서 떨어져서 칸데 손을 잡고 출구를 찾아서 문 쪽으로 달려갔다. 그러나 문을 열기 전에 지진이 잠잠해졌다. 어쨌든 내려가서 멀리 피했다.

어떤 부인이 소리를 지르며 학교 쪽으로 달려갔다. 그녀의 절망적인 소리가 들렸는데 그것은 자기 아들이 안전한 것을 보고 싶어 하는 한 어머니의 소망이었다.

지금까지 살면서 처음으로 겪는 지진이었다. 다행히도 아무 일도 일어나지 않았지만 끔찍한 기분이 들었고 가슴은 계속 떨렸고 진정되지 않았다.

밤까지 호텔로 돌아가지 않았다. 잠을 이루려고 해봤지만 놀라서 일어났다. 만일 우리가 자고 있는데 해저지진까지 일어나 거대한 파도가 덮치면서 모든 것을 다 파괴한다면 어떤 일이 일어날까?

"왜 그래요? 또 지진이에요?"

칸데가 물었다.

"아니야, 아무것도 아니야. 그냥 조금 긴장이 돼서……."

내 생각을 그녀에게 말해 주고 싶지 않았다.

아침이 밝아오고 우리는 국경에 도착했다. 페루와 에콰도르를 연결하는 다리에는 오고 가는 사람들로 인산인해를 이루고 있었다. 작은 실개천을 건너 출국심사를 아무 문제 없이 받았다. 우리가 상상했던 것보다 더 많은 것을 우리에게 베풀어 준 나라를 뒤에 남겨놓고, 잊고 싶지 않은 기억들과 실천에 옮기고 싶은 가르침을 가지고 떠났다.

에콰도르

Ecuador

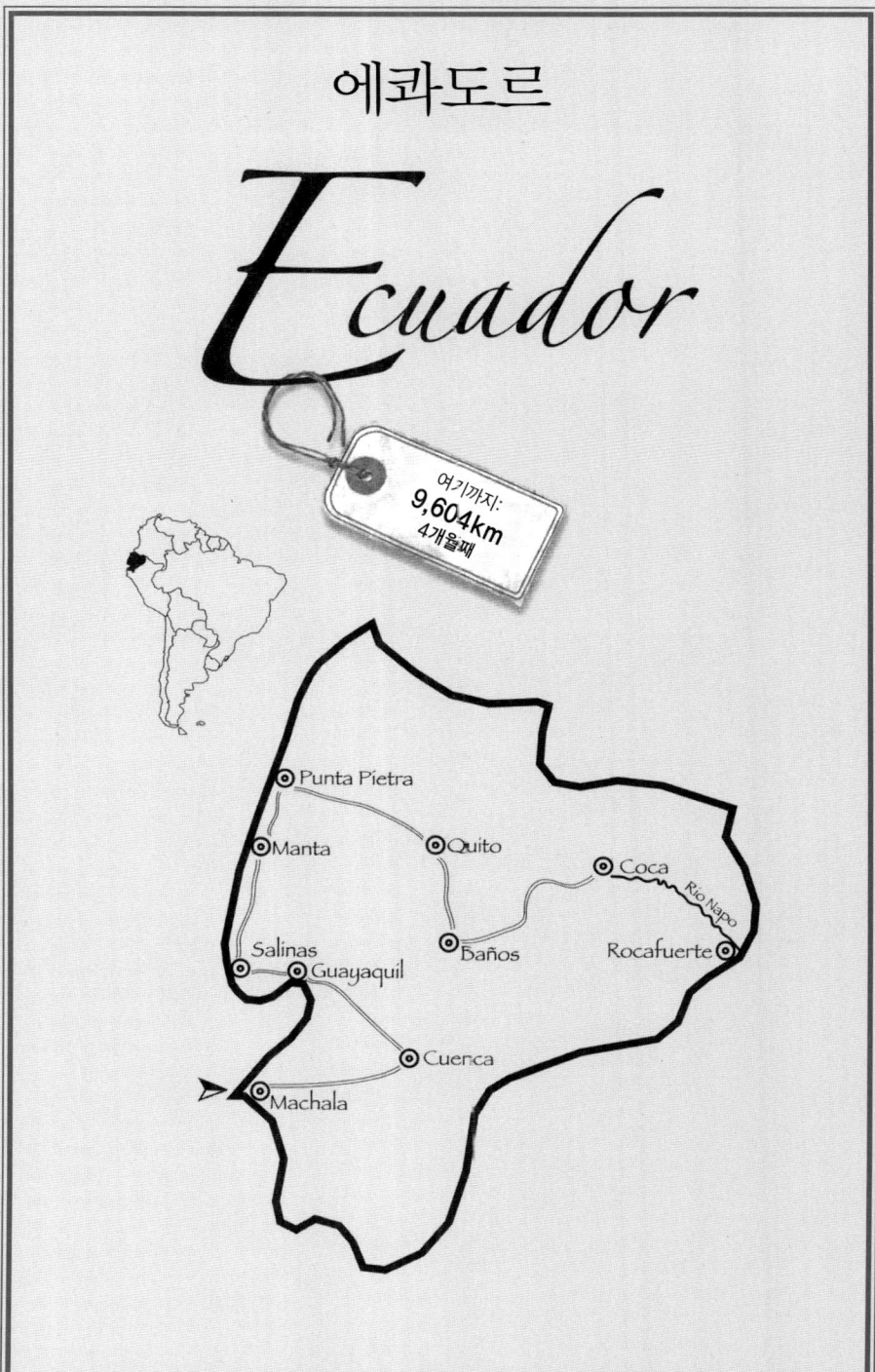

여기까지:
9,604km
4개월째

Punta Pietra

Manta

Quito

Coca

Río Napo

Salinas

Baños

Rocafuerte

Guayaquil

Cuenca

Machala

세상의 중간

환상적인 쿠엔카

신비로운 도시로 올라갔다. 돌과 나무와 진흙으로 산 위에 지어지고 계단으로 이루어진 도시 쿠엔카였다.

빵집으로 들어가니 우리 앞에 있던 남자가 주문을 하고 있었다.

"죄송하지만 빵 반 킬로그램만 주시겠습니까?"

"네, 신사 양반. 지금 바로 드리겠습니다. 2천 수크레*입니다."

"대단히 고맙습니다. 돈 여기 있습니다. 좋은 하루 되십시오."

"고맙습니다. 좋은 하루 보내십시오."

이렇게 빵 하나 사는 데에도 온갖 예의 바른 표현이 등장하니 교육 수준이 높은 사람들이라는 것을 알 수 있었다. 심지어 여기서는 너나 들이를 하지 않는다.** 자식들은 아버지에게 그리고 형에게도 너나

---

* 1998년도까지는 수크레를 사용했으나, 1999년도에 미국의 영향을 받아 모든 화폐가 달러로 바뀌었다.
** 스페인어권 국가들에서는 너나들이를 하는 것이 일반적인 언어습관이다.

들이를 하지 않고 부부 사이에도 역시 하지 않는다.

우리 차가 시선을 끌다 보니 금세 사람들이 가까이 다가오기 시작했다. 질서정연하게 우리 주위에 오더니 자기한테 질문할 순서가 올 때까지 조용히 기다렸다. 그래서 모두가 다 대답을 들을 수 있었다.

"신사분, 귀찮게 해드려서 죄송합니다만 어떤 등급의 자동차인지 말씀해 주실 수 있겠습니까?"

한 사람이 친절하게 물었다. 그러자 사람들이 웅성거리기 시작했다. 그들한테서 축구 선수였던 우리 동포가 이 근처에 바비큐 레스토랑을 가지고 있다는 말을 듣고 거기로 갔다. 그가 반갑게 맞아주었고 식당 마당에 차를 주차시킬 수 있게 해줘서 우리는 그림 같은 도시 심장부에 있는 조그만 호텔에서 잘 수 있었다.

오전에 돌로 포장된 좁은 길을 돌아다녔다. 직선도로는 거의 없고 항상 계단에서 끝나거나 시작했다. 인도에는 조그만 벤치에 앉아 손으로 밀짚모자를 짜는 사람들이 많이 있었다. 이 도시가 무척 마음에 들어서 똑같은 거리들을 다시 돌아가는데도 피곤하지 않았다.

고통의 별들

산촌마을을 여행할 시간이라 우리 길동무를 꺼내려고 레스토랑으로 갔다. 그런데 발 디딤판과 펜더와 후드에 발자국이 찍혀 있었다.

"세상에, 이럴 수가! 어떤 놈이 차에 올라갈 생각을 했지? 진짜 웃긴 놈이네!"

나는 무척 화가 나서 소리쳤고, 첫 번째로 눈에 띈 젊은 종업원을 불렀다.

"야, 너 신발 바닥 좀 보자."

그는 이해하지 못하겠다는 표정으로 내 말을 무시하며 물었다.

"무슨 일인데요?"

"너희들 중 한 명이 내 차에 올라갔는데, 찾기만 하면 그놈 얼굴을 박살 내줄 거다!"

나는 화가 폭발했다. 종업원들을 계속 불렀다. 다섯 명이 있는 방으로 갔지만 범인을 못 찾았다. 이제 남은 종업원은 한 명인데 오려고 하지 않았다.

"빨리 와서 같이 사진 찍자."

내 조사를 위해 한 명이 그에게 거짓말을 했다.

"너 신발 바닥 좀 보자."

그가 오자마자 말했다.

"왜요?"

"보여주면 말해 줄게."

그가 범인이었다. 그의 신발 바닥이 발자국과 일치했다. 아니라고 소리치는 그에게 물었다.

"왜 차 위로 올라갔어? 뭐 하려고? 뭘 찾았어? 차를 부수고 싶었어?"

"나는 안 올라갔어요."

그의 거짓말에 나는 더 화가 났다.

"아니라고? 여기 네 신발자국들이 있잖아."

그가 무슨 거짓말을 할까 생각하면서 그 발자국들을 봤다.

"그냥 장난으로 그런 거예요."

그의 대답에 내 속에서 분노가 타오르며 결국 보일러처럼 터졌고 내 인생에서 젊었을 적에 딱 한 번 했던 짓을 하고 말았다. 그의 얼굴을 한 대 때리고, 또 한 대 때렸다. 주변 사람들이 내 행동에 놀랐고, 차로 지나가던 한 부부가 멈춰서 무슨 일이냐고 물었다.

"저 바보 같은 놈이 내 차 위로 올라가서……."

아픈 얼굴을 감싸고 있는 그를 손으로 가리켰다.

"음…… 그것 때문에요?"

그 부부가 나에게 물으며 내가 받은 상처보다 그에게 더 큰 상처를 입혔다는 표정을 지었다. 그 종업원은 도망치기 시작했고 나는 기분이 무척 불쾌해지기 시작했다. 내가 무슨 짓을 한 거야? 왜 그랬지? 그렇게 해서 뭐가 바뀌었는데? 바뀐 것은 아무것도 없었다. 사태만 더 악화시켰다. 내 손이 원망스러웠고 거기다가 손이 끔찍할 만큼 아팠다.

칸데는 말리려고 했지만 내가 말을 안 들었다. 내 마음은 그를 그냥 보내라고 했는데 그 말도 안 들었다. 너무 창피했다. 그곳을 벗어나 산으로 차를 몰고 가는 내내 마음이 점점 더 무거워졌다.

조그만 마을에 도착했다. 우리는 어느 농장에서 묵고, 차는 외양간 안에다 주차시켰다. 주인이 내 손을 어느 주술치료사에게 보이기 위해 나를 데리고 갔다. 나는 안 가려고 했지만 너무 아팠고 또 그 지역에는 의사가 없어서 다른 방도가 없었다.

"그를 만나려고 전국에서 다 와요."

주인이 길을 가면서 말했다. 내 생각에 이제부터는 아르헨티나에서도 온다고 말할 것이다.

"모든 병을 영원히 다 고치죠."

계속 분위기를 띄웠다. 아무쪼록 이 손의 통증뿐만 아니라 마음의 고통도 치료해 주면 좋겠다.

우리는 개하고 고양이가 많이 있는 어느 집 앞에서 멈췄다. 노크도 안 하고 들어가서 독특한 분위기의 방에서 기다렸다. 쳐져 있는 커튼으로 연기가 많이 나오고 있었고 그 커튼 안쪽에서 주술치료사가 치료를 하고 있었다.

"지금 치료 중이에요. 환자 몸에 들어 있는 저주나 사랑의 고민이나 증오를 끄집어 내고 있어요."

같이 간 주인이 설명했다. 나는 왜 거기에 갔는지 이해할 수 없어서 거기서 나오고 싶었지만 통증이 더 심해졌다.

마침내 주술치료사가 환자 치료를 끝냈다. 그는 몸집이 너무 커서 커튼 사이로 나오지 못할 것 같았다. 신이시여, 그가 나한테 마사지를 하지 않게 해주소서…….

"자, 여기에 뭐가 들어 있는지 봅시다."

내 검지 마디에 생긴 혹을 보면서 말했다. 무거운 양털로 된 그의 판초를 유심히 살펴보니 손과 발만 내놓고 온몸을 다 덮고 있었다. 그가 내 손가락들을 움직이니 통증이 느껴졌지만 그는 계속했다.

"이거 하나가 잘못 됐네요. 뼈가 자기 자리에서 빠졌네요. 부러진 것은 없고 마사지해서 다시 제자리로 보내주면 돼요."

그는 내 오른팔을 잡아 자기 겨드랑이 밑으로 넣고 자기의 거대한 등을 나한테 맡기면서 자기의 몸을 내 몸과 내 팔 사이에 밀착시켰다. 그는 아플 거라는 것을 알고 있었다. 솥뚜껑만 한 손으로 내 손가락들을 잡고 기름을 발라 마사지를 시작했다. 나는 고통과 타는 듯한 뜨거움을 느꼈다.

"손이 더 뜨거워지죠?"

"네……."

목소리는 거의 나오지 않았고 얼굴은 오만상이 지어졌다.

"부드럽게 해주려면 아플 수밖에 없어요."

그가 이 말을 끝냈을 때 나는 고통스러워 비명을 질렀다. 그는 더 세게 마사지를 하면서 통증부위를 더 아프게 눌렀다. 내 눈에 온갖 별들이 다 보였다.

"이제 얼마 안 남았어요. 참아요."

얼마 안 남았다고? 이제 끝냈으면 싶었다. 그의 손이 내 팔을 더 세게 붙잡는가 싶더니 내 검지를 잡아당기는데, 그건 차라리 뽑아낸다는 표현이 옳을 것 같았다. 내 비명은 틀림없이 쿠엔카에도 들렸을 것이고 나한테 맞은 애가 무척 행복해했을 것이다. 신이 나한테 벌을 내리신 것이고 나는 죗값을 치르고 있는 것이다. 내 고통과 비명에는 아랑곳하지 않고 그는 또다시 잡아당겼다. 으악, 엄마, 얼마나 아픈지! 마침내 주술치료사는 내 손을 놓았는데 하나도 좋아진 것 같지 않고 기름만 잔뜩 묻어 있는 아프고 패배한 손만 보였다.

그는 담뱃잎을 말아서 만든 담배 한 대를 찾아 불을 붙이고 한 모금 깊숙이 빨아들이더니 내 손에다 뿜었다. 그런 동작을 세 번 반복하면서 알아들을 수 없는 말을 중얼거렸다. 그렇게 고통 의식은 끝이 났고 나는 마치 마조히스트인 것처럼 대가를 지불했다. 우리는 왔던 길로 해서 다시 농장으로 돌아갔다. 오늘 밤은 별이 뜨지 않았거나, 아니면 내가 오늘은 더 이상 별을 보고 싶지 않았거나 둘 중의 하나였다.

두 갈래 길

신비로운 산촌마을에서 다른 마을로 가서 점심시간에 시장에 들러, 일요일에 장이 서는데 그날 주변 산에서 사는 사람들이 물건들을 팔러 내려온다는 사실을 알게 되었다. 물건을 많이 가져오는 것이 아니라 조금씩 가져오는데 닭 두 마리, 인디언 찬치토 두 마리, 개처럼 묶인 새끼돼지들, 밀짚모자들, 야마 한 마리…… 자기들이 직접 만들거나 키운 것을 가지고 와서 팔고, 그 돈으로 자기들이 필요한 것을 사서 집으로 돌아갔다. 그 지역 전통 음식을 먹는 습관을 깨지 않기 위해 작대기에 꿰어서 숯불에 구운 인디언 찬치토를 먹었다.

만일 우리가 되팔기 위해서 수예품을 산다면 어떻게 될까? 이 수예품들을 다른 곳으로 가지고 가서 팔고 거기 물건을 사서 다른 도시에 가서 팔면 돈을 벌 수 있지 않을까? 수중에 돈이 다 떨어져서 어떻게 해야 할지 진짜 모르겠다. 여행을 통해서 수예품에 대한 우리의 시각이 바뀌어서 이제는 돈을 벌 수 있다는 가능성으로 그것을 평가하게 되었다. 그러나 생각이 그렇다는 것이지, 실제로 우리는 한 번도 장사를 해본 적이 없고 지금도 그냥 바라보고만 있는 것이다.

바다 쪽으로 산을 내려가기 시작했다. 안개가 계속 끼었고 지금까지 많은 집과 도로를 휩쓸고 내려간 큰 비는 아직도 위협적으로 내리고 있었다.

나는 우리가 지나온 꿈의 장소들과 아직도 통증이 멈추지 않는 손의 추억을 생각하면서 좁고 가파른 길로 차를 몰고 갔다.

물건이 몇 가지 없는 구멍가게에서 먹을 것을 사려고 멈췄고, 밤이 되어서 어느 집 앞에서 멈췄는데 그곳도 역시 조그만 식품 가게로 아주 기본적인 것만 갖춰놓고 있었다. 쌀, 감자, 조미료, 아보카도 2개.

우리는 페루에서 요리 도구들을 다 망가뜨렸기 때문에 아보카도 2개만 샀다.

물건을 파는 사람은 노인네였다. 그의 손자들이 우리 차에서 놀고 있었다. 우리 저녁이 아보카도 2개뿐이라는 것을 보고는 자기 집에서 같이 먹자고 했다. 우리는 먼저 부엌으로 갔다. 큰 냄비에 삶은 옥수수가 들어 있었고 바닥에는 풀이 있고 거기에 며칠 있으면 맛있는 요리가 될 쿠이가 잠시 동안 거주하고 있었다. 부엌에는 창문이 없어서 불에서 나는 연기는 문에서 나갈 출구를 찾았고, 그 연기와 함께 우리도 출구를 찾았다. 집으로 들어가자마자 할아버지는 우리한테 튀긴 바나나를 주셨다. 비록 배는 고팠지만 그것은 아무 맛도 안 나서 먹는 게 고역이었다. 그걸 눈치 채신 할아버지가 계란 스크램블을 내오시면서 "입맛에 더 맞을 거야"라고 하셨는데 정말 그랬다.

저녁 식사를 끝냈을 때 우리 나이쯤 된 여인이 우리 옆으로 왔다. 두 아이들의 엄마였다. 다른 사람들보다 훨씬 더 개방적인 그녀는 앉자마자 우리가 어디서 왔는지 물었다.

"아르헨티나에서 왔어요."

"아, 그래요? 내 동생이 이탈리아에 있는데."

그녀는 자기 동생과 우리가 마치 이웃나라에 살고 있는 것처럼 대답했다.

"이탈리아는 아르헨티나보다 훨씬 먼 곳에 있어요."

칸데가 말했다.

"아, 그렇군요. 나는 이탈리아에 일하러 갈 거예요. 이탈리아가 어떤 나라인지 아세요? 여기는 일자리가 없어서 아이들과 헤어져야 해요. 내 동생은 두 달 전에 갔는데 돈이 충분히 모이면 비행기 티켓 살 돈을 보내주겠다고 했어요. 그런데 아직 아무 연락이 없네요."

나는 우리가 어디서 왔는지 그녀에게 보여주려고 남아메리카 지도를 찾으러 갔다. 차 쪽으로 걸어가면서 어디에 있는지, 어떤 나라인지도 모르는 그런 생소한 곳에 가기 위해서 아이들을 떼어 놓고 자기 나라를 떠나야 하는 이 여인이 처한 상황에 대해 생각했다. 그것도 단지 일하기 위해서.

식탁 위에 지도를 펼쳤다.

"에콰도르는 참 작네요."

칸데가 남아메리카에서 가장 작은 나라를 가리키는 동안 그녀가 말했다.

"어디가 이탈리아예요?"

눈으로 지도 주변을 찾아보면서 물었다.

"이탈리아는 아메리카와 바다로 떨어져 있어요. 다른 대륙에 있는 거죠."

칸데와 나는 지도 속에서 우리가 지나왔던 길을 봤다. 참 많이도 왔다! 산을 세 번이나 넘었고, 지금 산 위에 있는 것이 벌써 네 번째다.

우리는 세상에서 가장 건조한 사막을 차로 무사히 건넜다. 우리는 다섯 나라를 돌아다니면서 무척 강해진 것을 느꼈고 훨씬 더 많은 것을 할 수 있을 것 같았다.

우리는 지도에 지그재그로 나 있는 선을 주의 깊게 봤다. 우리가 있는 곳에서 시작해서 대서양까지 꾸불꾸불 계속 이어졌다. 이 선을 에콰도르에서는 나포라고 부르고, 페루와 브라질에서는 아마존으로 알려졌다. 모험이 내 마음을 부른다. 어려서부터 나는 아마존으로 가는 상상을 했다. 그러나 내 생각은 그것이 불가능하다고 가르친다. 이젠 여행을 계속할 돈도 없으니 아마존 모험은 더 어렵게 되었다. 그리고 또 차는 어떻게 해야 하나? 모험을 통해서 미지의 땅을 찾아가는 사람도 있지만 살아남지 못하는 사람들도 있다. 항해에 대해서도 알아야 하고 수많은 질병에도 면역력이 있어야 한다. 만일 아무도 없는 데서 거미가 물면 어떤 일이 벌어질까? 나는 나의 두려움에 귀를 막고, 손가락으로 큰 선을 가리키며 칸데에게 물었다.

"우리 브라질까지 다른 길로 가면 어떨까?"

"아마존으로요? 끝내주겠네요. 모험가님, 다시 미쳤네요."

즉각적으로 그녀는 마음에서 우러나오는 대답을 했다. 나는 그녀가 지도를 내 머리에 집어던질 줄 알았는데 의외라 놀랐다.

"거기는 비행기로 가야 하는 것 아닌가요?"

아직까지 이탈리아를 생각하고 있던 그 부인이 우리 대화를 중단시켰다. 알래스카까지 가는 길이 단 하나만 있는 것이 아니라는 것을 깨달은 우리는 자러 갔다.

과야킬로 가는 평평한 지형에 아무런 표지판도 없는 교차로가 나타났다. 망설이면서 누군가 나타날 때까지 기다렸다. 내 예감으로는 앞으로 계속 가야 할 것 같은데 첫 번째로 만난 남자가 주저하지 않고 오른쪽을 가리키면서 말했다.

"저기로 조금만 가면 됩니다, 저기로."

나는 똑바로 가야 할 것 같은데 이 사람은 오른쪽이라고 하니, 다른 사람한테 한 번 더 물어보는 것이 어떨까? 다른 사람이 지나가서 그를 멈춰 세우고 물어봤다. 그는 먼저 마치 자기 눈으로 여행을 하는 것처럼, 마치 자기 눈이 길의 종착지를 보는 것처럼, 오른쪽을 보고 나서 왼쪽을 보고 마지막으로 시선을 정면에 두었다. 그리고 아무런 대답도 없이 한참 있다가 왼쪽을 가리키면서 신중하게 말했다.

"저쪽으로 가십시오, 저쪽입니다."

나는 웃어야 할지 아니면 그를 악마한테 보내야 할지 몰랐다. 그럼에도 불구하고 내 입에서는 "대단히 고맙습니다"라는 말이 나왔다.

칸데와 함께 웃었다. 투표로 정하는 게 제일 좋을 것 같았다. 우리는 한 사람의 의견을 더 듣기로 하고, 고물이 다 된 지프차를 몰고 가는 운전사에게 물었다. 그는 마치 자기가 국민 대표라도 되는 것처럼 투표를 했는데 상황을 더 악화시켰다. 우리한테 뒤로 가라고 명령한 것이다. 우리가 거기서 왔는데! 그래서 우리는 투표를 무효로 하고, 국민들의 뜻과는 반대로 내 예감을 따라 앞으로 차를 몰았다.

우리는 길을 물었고 그들은 "앞으로 쭉 가세요, 오른쪽 길을 타세요, 저기로요"라고 대답했다. 아무런 표지판도 없고 도로는 과속방지턱으로 가득 차 있었다. 마을 사람들이 그것을 설치한 이유는 운전자가 천천히 지나가면서 자기들이 파는 물건을 사도록 하기 위해서였

다. 마침내 과야킬에 도착했다. 도착했긴 했는데 훨씬 더 긴 거리를
달렸다.

영원한 선장

살리나스 항구를 돌아다니면서 유럽에서 온 젊은 선장을 알게 되었다.
그의 소형배는 토르투가(스페인어로 '거북이'라는 뜻)라는 이름을 가지고 있
었고, 그의 꿈과 7대양을 가보고 싶은 그의 희망이 그 배의 선원들이
었다.

"대서양을 16일 만에 건넜어요. 그렇게 빠른 시간에 횡단하리라
고는 생각 안 했어요. 결심하는 데는 15년 이상이 걸렸는데 그로부
터 2주일 조금 지나 벌써 세상의 반대쪽에 있었어요. 제가 세상을 몇
바퀴 돈 줄 아세요? 그러면서 보낸 시간이 얼마큼인지 아세요?"

"우리도 운전하기 시작했을 때 그와 같은 것을 느꼈어요."

내가 대답했고 칸데가 재강조했다.

"꿈을 이루는 비밀은 시작하는 거죠."

선장과 나는 진실이 담긴 그 단순한 말 앞에서 입을 다물고 잠자코
있었다.

"어디로 가세요?"

"제 뱃머리는 먼저 갈라파고스를 가리키고 그 후에 뱃머리를 좌현
으로 조금 돌려 폴리네시아까지 가서, 거기서 호주로 가서 2년간 육지
에서 생활하면서 계속 항해할 수 있도록 돈을 조금 벌 겁니다."

그의 여행은 얼마나 단순하게 들리는가? 마술적인 장소들을 찾아
가고 돈은 다 떨어진 우리들 여행 같았다.

"한 번은 해적들한테 공격당할 뻔했습니다."

그는 계속 이야기했다.

"해적이라고요?"

"네, 파나마 운하를 지난 후 외양에서 엔진이 달린 30미터쯤 되는 배 한 척이 저를 따라오더라고요. 처음에는 이것저것 조작해 보면서 확인해 봤는데, 제가 속도를 2배로 올리면 그들도 2배로 올리고 그러더라고요. 결국 그들이 점점 가까이 접근했습니다."

"무전기로 도움을 요청했어요?"

"네, 그렇지만 저는 그때 가장 가까운 해안에서 와도 며칠이 걸리는 그런 공해상에 있었어요. 매 순간 상황을 파악하기 위해서 무전기로 저하고 연결을 유지하고 있었어요. 만일 제가 더 이상 응답하지 않으면 제가 죽은 줄 알라고 연락했습니다. 심지어 제 가족 주소도 알렸지요. 얼마나 무섭던지……."

"그래서 어떻게 했어요?"

"혼자서 세상을 처음 횡단했고 비슷한 상황에 처했던 사람과 마찬가지로, 인형에 모자를 씌워서 선실 문에 세워놓고 저는 여러 가지 옷으로 갈아입으면서 선실에서 들락날락했습니다. 그러니까 해적들은 우리 인원이 많다고 생각했던 거죠."

"그 다음은요?"

"성공했던 것 같아요. 조금 있으니까 더 이상 쫓아오지 않았어요."

그는 자랑스럽게 이야기했다.

항구에는 세비체 전문식당이 많아서 우리는 밥을 먹으러 들어갔다. 한 노인이 주차를 도와주고는 그 차를 지키고 있을 것 같았다. 식당 안에서 음식이 나올 동안 나는 노인을 바라봤다. 뜨거운 태양 아래서 도착하는 운전자들이 주차하는 것을 도와주고, 가는 사람들을 안내하는 모습을 자세히 살펴봤다. 감사하다는 말을 하기 위해서나 동전을 주기 위해서 자동차 창문을 내리는 사람은 아무도 없었다. 이유는 모르겠는데 나는 그 노인이 무척 존경스러웠다. 그래서 식당에서 나와 차로 걸어갔다. 나를 보자마자 도와주려고 주차장에서 나오려고 했다.

"뭐 좀 찾으려고 왔습니다, 고맙습니다."

"천만에요. 선생님, 차를 계속 지킬까요?"

"음료수 한 잔 드신다면 그렇게 하세요."

"시키시는 대로 하겠습니다."

"저희하고 음료수 한 잔 하세요."

"선생님들께서 불편해하지 않으신다면…….."

"전혀 불편하지 않습니다."

우리는 같이 식당 안으로 들어갔다. 그는 앉으면서 조금 불편해하는 눈치였지만 칸데가 즉시 그를 편하게 해주었다.

"이야기 나눌 분이 있으니까 좋네요! 할아버지가 같이 계시니까 정말 기뻐요. 저희하고 같이 세비체 드세요."

"아닙니다, 고맙습니다만 안 그러셔도 됩니다. 불편하게 해드리고 싶지 않아요."

"벌써 주문했어요."

칸데가 인정스럽게 거짓말을 했다.

"알겠습니다. 너무 거절하면 도리어 호의를 무시하는 것이 되겠죠."

세비체는 벌써 준비가 다 되어 있었기 때문에 금방 나왔다. 우리는 무척 맛있게 먹었고, 그는 자기가 주차를 도와줬던 사람들이 차를 가지고 가건 말건 전혀 신경 안 쓰고 자기 앞에 놓인 음식을 먹었다. 치아가 몇 개 없었고, 제대로 손질하지 않은 흰 수염이 있고, 한 번도 벗지 않은 어부 모자를 쓰고 그리고 더운 날씨에도 불구하고 어두운 색상의 양복 윗도리를 걸치고 있었다.

"아까 여종업원이 무슨 주스 드실 거냐고 여쭤봤을 때, 왜 할아버지께 선장님이라고 불렀어요?"

내가 궁금해서 물어봤다.

"이전에 오랫동안 내 배 선장을 했어요. 그러니 사람들이 내 이름을 잊어서 그렇게 부릅니다. 내가 배를 잃었을 때, 내 이름이 뭐냐고 물어보는 사람들이 있었지만 나는 대답을 안 했어요. 나는 선장이고, 내 이름은⋯⋯ 나도 내 이름을 잊었어요."

"어떤 배를 가지고 계셨는데요?"

"인간이 찾을 수 있는 최고의 나무로 만든 어선이었어요. 이 지역에서 그 배만큼 그렇게 많은 태풍을 견뎌낸 배는 없었어요. 내가 노를 저어가는 반대방향으로 바람이 불고 조류가 흘러도 언제나 나는 항구에 도착했어요. 한 사람은 계속 노를 저어야 합니다. 만일 그렇지 않으면⋯⋯."

"항해하실 때는 어떤 기분이 드세요?"

내가 물었다.

"한 번도 안 해봤어요?"

그는 항해하는 것이 가장 기본적인 것이라도 되는 것처럼 놀라서 대답했다.

"네, 한 번도요. 그러나 해보고 싶어요."

나는 대화의 흥을 살리고 싶은 마음으로 대답했다.

"항해한다는 것은 항구를 떠나는 바로 그 순간부터 생명의 위험을 무릅쓰는 겁니다. 신과 성모 마리아와 바다와 바람과 배에 자신을 맡기는 것입니다. 당신의 생명은 더 이상 당신 것이 아니고, 바다의 처분에 따르게 됩니다. 당신은 굶주린 상어 떼가 우글거리는 물 위에서 몇 개의 나무에 떠 있습니다. 거기서 일어나는 일은 당신의 의지하고는 상관없습니다. 바다가 허락하면 당신은 고기를 싣고 가족의 품으로 돌아갈 수 있습니다. 항해한다는 것은 위험의 가장자리에서 사는 것입니다. 그러나 보상은 매우 많습니다. 그래서 심장이 고동치는 순간마다 살아 있음을 느끼는 겁니다."

"어부의 인생이란 어떤 겁니까?"

"땅에서는 별 볼일 없어요. 항구에 도착하면 당신은 잡은 생선을 집으로 전부 가져갈 게 아니라면 비록 가격이 좋지 않더라도 빨리 팔고 싶어 합니다. 그러나 곧 권태로움을 느끼고 돈이 다 떨어질 때까지 술집에서 술을 계속 마셔댑니다. 그러고 나면 당신은 또 다른 출항준비를 하고 그물과 배를 손봅니다. 배 위에서 우리는 살아 있음을 느낍니다. 누구라도 선장만큼 중요하고, 모두가 모두에 의존한다는 것을 당신은 알고 있고, 술을 마실 수도 없고, 잠을 잘 수도 없고, 즐길 수도 없고, 그리고 태풍 앞에서 비록 목숨을 잃는다 하더라도 당신 자신을 신에게 맡기고 싸워야 합니다. 바다에서는 어느 누구도 노를 천천히 저을 수 없습니다."

그가 가지 않고 계속 이야기해 주기를 바라는 마음에 주스 한 잔을 더 권했다.

"어부에게 최고의 순간은 언제입니까?"

"수평선이 단지 물인 바다 한복판에 작고 약한 배가 떠 있을 때, 어부는 영광을 느낍니다. 더 큰 물고기를 잡아서 최악의 태풍 속에서 돌아가길 원합니다. 그러면 항구에 도착할 때 모든 사람들이 자기에 대해 그리고 자기의 무훈에 대해 이야기할 거니까요. 어부에게 최고의 순간은 자신이 전설이 될 때입니다."

나는 그가 이제 전설이라고 생각하면서 그의 이야기를 들었다.

"그럼 최악의 순간은 언제입니까?"

"선장이 되고 배를 잃는 겁니다."

"배에 무슨 일이 일어났던 겁니까?"

그가 고개를 숙여서 괜한 질문을 했나 싶었다. 말 안 해줘도 괜찮다고 말하고 싶었으나 호기심 때문에 무례를 범하지 않을 수 없었다. 그는 잠시 침묵을 지키고 나서 이야기를 계속했다.

"처음이자 마지막으로 나 없이 배가 바다로 나갔다가 돌아오지 않았습니다. 태풍이나 강풍도 없었어요. 아무것도 없었는데 그냥 사라진 것입니다. 배가 나 없이 바다로 나간 것이 처음이었고, 처음으로 내 아들이 그 배의 선장이 됐는데……."

그가 모든 것을 잃었다는 것을 알게 되었다. 아들, 배 그리고 그가 얻으려고 싸웠지만 지금은 바다가 가지고 있는 모든 것.

"왜 다른 배로 계속해서 고기를 잡지 않으셨습니까?"

"당신이 당신 배의 선장이 돼서 바다와 태풍의 비밀을 알게 되면 당신이 뭘 할지를 다른 사람이 왈가왈부하도록 놔둘 수가 없습니다. 당신이 선장이 되면 아무리 작은 배라 할지라도 후퇴는 없습니다. 당신이 선장이 되면 당신은 영원히 선장입니다."

헤어질 때 주차장에 우리 차만 덩그러니 홀로 남아 있는 것을 보고 우리가 이야기하는 동안 몇 시간이 흘렀다는 것을 알게 되었다. 그럴 필요가 없었는데도 바다의 선장은 우리가 나가는 것을 도와주었다.

항만관리소로 돌아갔다. 에스피노사가 기다리고 있다가 우리가 도착하는 것을 보고는 해군기지실로 올라오라는 연락을 했다.

"해군기지에 당신들의 계획에 대해 보고를 했더니 당신들을 만나보고 싶어 했습니다. 당신들의 계획에 관심이 아주 많아 보였습니다."

장교 클럽에서 하라미요 함장이 우리와 다른 여러 선장들을 맞이하면서 바로 질문으로 들어갔다.

"어디에서 출항할 생각이십니까?"

"항해가 가능한 첫 번째 항구에서요."

나는 그곳이 어딘지도 모르면서 대답했다.

"오레야나 항구입니다."

한 사람이 대답했다.

"어떤 배로 여행하실 생각입니까?"

"아직은 모르겠습니다."

"어떻게 여행하실 생각입니까?"

"모르겠습니다."

질문들과 우리의 막연한 대답들이 오간 후에 선장들은 자기들끼리 쳐다보면서 자기들이 우리와 함께 시간만 낭비하고 있다고 생각하는 것 같았다. 아직까지는 어떻게 해야 하는지도 모르고 또 그 가능성도 분명하지 않지만 그래도 우리가 뭔가를 하고 싶어 한다는 것만은 알고 있었다. 하라미요 함장은 한마디도 하지 않고 자기 뒤에 있는 선장들 쪽으로는 한 번도 고개를 돌리지 않고 시선을 나한테 고정하고는 내 말을 주의 깊게 듣고 있었다.

"선장님, 당신은 나포 지도를 작성했으니 이분들한테 도움이 되지 않을까요?"

선장들의 의심에 찬 질문들을 막기 위해 함장이 침묵을 깼다.

"네, 함장님. 그렇지만 이 분들한테 큰 도움은 못 될 것 같습니다. 제일 최근 것도 5년 전에 작성한 것인데 수심과 수량은 항상 변합니다."

"이분들한테도 복사본 한 장 갖다 주세요. 멀리서 오래된 차를 타고 여기까지 도착하신 이분들은 이 계획이 불가능하다고 생각지 않을 것 같습니다."

그는 일어서서 말했다.

"1950년부터 페루와 국경분쟁으로 밀림지역 국경이 폐쇄되었는데 지금 양국 간에 항해조약이 체결되고 있으니 당신들은 제일 좋은 때에 도착하신 것 같습니다. 당신들이 만일 강을 따라 내려가는 데 성공한다면 최초가 될 것이고, 당신들이 이 관광길을 개척한다면 에콰도르에게는 아주 큰 도움이 될 것입니다. 그러니 필요한 것은 저희가 지원해 드리겠습니다."

함장은 우리에게 용기를 북돋아 주었고 우리의 성공을 기원하며 포도주 한 잔을 대접했다. 건배를 하고 한 모금 마시고 나서 함장이 또 말했다.

"여행을 하시다가 언제 어느 곳에서라도 도움이 필요하시면 우리 해군기지 가까이 오십시오. 바다 사람들은 모두 모험가들이고 당신들을 도우러 갈 겁니다. 당신들의 모험은 정말 놀랍습니다. 당신들이 존경스럽습니다."

그렇게 바다에 대해 많이 알고 그렇게 높은 분이 우리에게 그런 말을 하니 믿을 수가 없었다. 오전에는 단지 우리의 계획에 대해 문의하러 들어갔는데 오후에는 해군의 전폭적인 지원을 약속받고 해군기지에서 나왔다.

우리는 에스피노사와 함께 항만관리소로 돌아왔다. 그는 우리의 여행 계획을 알리고 도로와 강의 상태, 페루나 브라질로 갈 수 있는 선박에 대한 자료를 모으기 위해 오레야나 항구와 교신하라는 명령을 받았다. 그가 무전기로 알다스 선장한테 연락을 하니까 도로 상태가 전부 안 좋고 유실된 도로도 있고 끊긴 구간도 있어서 트럭이나 4륜구동 지프차만 다닐 수 있다고 알다스 선장이 말했다. 비 때문에 강물은 더 불어났지만 브라질 항해를 준비하는 선박은 있을 거라 생각했다. 그 문제는 알다스 선장한테 맡기고, 우리는 15일 안으로 다시 연락을 취하기로 하고 그 사이에 에콰도르를 돌아다니기로 했다.

정복

오전에 몬타니타로 향했다. 우리는 각자 이 새로운 프로젝트의 가능성에 대한 생각에 잠겨 별로 말이 없었다. 아마존을 따라 내려가는 것은 위험한 모험일 뿐만 아니라 최초 우리 계획에다 브라질, 베네수엘라, 콜롬비아가 추가돼서 수천 킬로미터를 더 돌아다녀야 하는 것이다. 칸데와 말하기 전에 이 계획이 진짜로 내가 하고 싶은 여행인지에 대한 확신을 가지고 싶었다. 그렇다면 칸데도 분명히 동의할 것이다.

길에 병원이 하나 있어서 우리는 멈췄다. 손이 계속 부었고 아팠다. 진찰을 받고 나서 그렇게 아픈 이유를 알았다. 엑스레이를 찍으니 손가락이 골절된 걸로 나타났다. 며칠간 손을 사용하지 않겠다는 다짐을 받고서 의사는 깁스를 하지 않기로 했다. 주술치료사한테 마사지를 받았다는 이야기를 하자 의사가 말했다.

"손가락이 부러졌을 때보다도 분명 더 아팠을 겁니다."

"은하계의 별들이 다 보이던데요."

헤어지면서 수납계가 어디 있는지 물었다.

"우리나라 병원들은 공공병원들이라 환자들을 돌보고 치료하는 것에 대한 청구비가 없습니다."

그가 대답했다. 에콰도르는 경제가 최악인 상황에서도 자국민에 대해, 심지어 외국인에 대해서까지도 의료서비스를 게을리하지 않았다.

서퍼들이 차지하고 있는 조그만 마을인 몬타니타에 도착할 때까지 계속 달렸다. 그 마을의 단순함에 놀랐다. 길은 두 개뿐이고, 집들은 전부 갈대와 야자수로 지어졌고, 물가는 매우 저렴했다. 50센트만 내면 해먹을 걸고 잘 수 있는 곳도 있었다. 우리는 방이 세 개에 부엌도 있고 애교 부리는 강아지도 있는 별장을 임대했다. 여기서 4~5일 정도 머무르면서 휴식을 취하고 그동안의 피로를 떨쳐낼 것이고 내친 김에 내 생일 파티도 열 것이다.

매일 아침마다 개를 데리고 해변으로 나갔다가 그 마을에 사는 마누엘이라는 애가 썰물 때 찾는 법을 가르쳐 준 문어, 굴, 홍합을 아침거리로 가지고 돌아왔다. 산호와 소라를 따면서 서핑하려고 5개월 전에 여기에 온 벨기에 젊은이를 알게 되었다. 그는 수예품을 만들어 생활비를 벌고, 해가 떠나고 나면 파도를 타고 다른 해변으로 가기 위해 필요한 것을 산다고 말했다.

"해가 떠난다고요?"

"네, 얼마 안 있으면 날씨가 흐려지고, 해가 몇 달 안에는 나타나지 않을 겁니다. 그때까지는 이 마을에 아무도 없을 겁니다."

마지막 날은 해가 쨍쨍 났다. 파파야를 가지고 해변으로 나갔는데 거기서 깨끗한 햇볕으로 온몸을 태우고 있는 비키니 차림의 여자를 봤다. 나는 완전히 얼이 빠져서 그녀를 쳐다봤다. 정말로 말할 수 없이 아름다웠다. 천천히 다가가서 그녀 가까이에 앉아 파파야를 하나 내미니 기쁘게 받았다.

"나하고 결혼해 줄래요?"

그녀의 몸에서 눈을 떼지 못한 채로 물었다.

"우리는 7년 전에 결혼했잖아요, 내 사랑."

그녀가 대답했다.

"그러면 나하고 다시 결혼해 줄래요?"

"네."

'네'라고 대답했다. 그녀를 정복했다. 그녀는 내 여자다, 내 여자다.

그것이 더 필요할 때

주머니에 단 4달러만 가지고 만타로 가면서 가능하다면 얼마 남지 않은 은행 잔고를 찾을 생각이었다. 이 은행, 저 은행을 가봤으나 우리 카드로는 어떠한 ATM기에서도 돈을 찾을 수가 없었다. 조금씩 초조해지기 시작했고 왜 안 되는지 알 수가 없었다. 결국 우리는 발 디딤판에 앉아서 겨우 4달러를 가지고 무엇을 할 것인지 생각했다. 저녁을 먹으면 차에 기름을 채울 수 없을 것이고, 기름을 채우면 먹을 수 없다. 어떻게 하지?

"안녕하세요, 죄송하지만 차 주인이 누구세요?"

잘 차려입은 어느 신사가 자기가 본 것 때문에 충격받은 듯한 표정을 짓고 있었다.

"저흰데요."

대답하면서 그와 악수하기 위해 생각을 멈췄다.

"저는 부스토스라고 하는데 제 말을 믿으실지 모르겠습니다만……."

그는 몇 번이나 차하고 우리를 번갈아가면서 보았다.

"오늘은 제 아내와 14번째 맞이하는 결혼기념일입니다. 오늘과 같은 날짜인 6월 7일, 그러나 14년 전에 두 명의 아르헨티나인이 이것과 똑같은 오래된 차로 우리를 교회까지 데려다 줬는데 그들도 알래스카로 가는 중이었습니다."

"뭐라고요?"

그의 이야기를 들으니 우리도 그처럼 황당했다. 참 믿기 어려운 우연의 일치였다.

"저희 결혼기념일을 축하해 주러 오시지 않겠습니까? 제 아내한테 참 놀라운 선물이 될 것 같은데요."

"물론이죠."

우리 앞에 벌어진 일에 충격을 받은 사람들처럼 대답했다.

"좋습니다, 그럼 제 차를 따라오세요."

"당신 차는 놔두고 우리들 차로 같이 가면 더 좋지 않을까요?"

칸데의 제안에 그 남자는 행복해서 펄쩍 뛰었다.

"방파제를 따라서 끝까지 가십시오. 저는 이 이상한 우연을 믿을 수가 없습니다. 오늘 사무실에서 제 결혼기념일에 대해 생각했습니다만 아내한테 뭘 선물해야 할지 몰랐습니다. 창문으로 밖을 쳐다보다가 제 사무실 앞에 하늘의 선물이 주차되어 있는 것을 발견했습니다!"

그 남자는 자기가 신의 선물이라는 것을 모른 채 계속 이야기했다.

"볼 것도 별로 없는 만타에는 왜 오셨습니까?"

"파나마 가는 배를 찾고 싶어서요. 그러면 콜롬비아를 거치지 않아도 될 테니까요."

우리는 아직까지 아마존 강을 따라 내려갈 건지 결정하지 않았기 때문에 이렇게 대답했다.

"그랬군요. 여기 만타에는 배송대행업자가 있습니다."

그는 잠시 멈추고 나서 말했다.

"제가 그 일을 합니다. 내일 같이 가서서 방법을 찾아보도록 하죠."

매우 예쁜 집에 도착했다. 부인은 우리 차를 보자 매우 기뻐했다. 심지어 우리 차가 오래전에 자기를 교회까지 데려다 줬던 바로 그 차고, 우리는 자기들 결혼기념일 때문에 만타에 있다고 생각할 정도였다. 밤에 기념일을 축하하기 위해 그들은 우리를 데리고 멋진 레스토랑으로 갔다. 놀라움은 여기서 끝나지 않았다. 식사 도중에 그들은 우리에게 주차할 수 있는 공간을 제공했을 뿐만 아니라 자기들 사무실 위에 가지고 있는 아파트에 머무르라고 했다.

마침내 우리끼리만 아파트에 있게 되자 칸데에게 물었다.

"왜 우리한테 이런 일이 일어날까?"

"나도 믿을 수가 없어요. 진짜 기적이에요."

"그런데 왜 우리한테 일어날까? 우리가 어떻게 해야 할지 몰랐을 때 이 남자가 나타났어. 마치 리마에서 내가 강도들에게 당할 위기에 빠졌을 때 난데없이 그 사람이 나타난 것처럼."

"나도 왜 그런지 모르겠네요. 우리가 이 여행을 계속할 수 있기를 바라는 누군가가 우리와 함께 있는 것 같아요."

그녀가 대답했다. 그녀가 누구를 말하고 있는 건지 알고 있다. 나 역시 신이 우리와 함께 여행하고 계신다는 것을 느낀다. 나는 항상 신을 믿었고 그렇게 교육을 받았으ㄴ 지금은 나의 믿음이 다르다. 지금은 신을 더 가까이에서 느낀다. 이론보다 실제가 우위를 차지한다.

아침에 부스토스 부인이 깨웠다. 그녀는 우리를 위해서 깨알 같은 글씨가 가득 들어차 있는 수첩을 가지고 왔다. 우리를 시장에게, 신문사에, 라디오 방송국에, 그리고 우리가 알아두면 좋을 만한 사람들에게 소개해 주었다. 그 부인은 그 도시에서 발이 넓었고 또 모두가 그녀를 좋아했기 때문에 그녀가 일종의 홍보담당자 역할을 하니 우리 차 주변으로 금세 수백 명의 사람들이 몰려들었다.

우리는 요트클럽에서 점심 초대를, 5성급 호텔에서 커피 초대를 받았지만 비록 그렇다 하더라도 우리 주머니에는 여전히 달랑 4달러밖에 없었다.

부스토스 사무실로 갔다. 그는 오전 내내 볼일이 있어서 사무실을 비웠다가 소식을 가지고 왔다.

"여행가이신 삼브라노 씨를 소개합니다."

쉰 살 정도 된 남자를 가리키며 우리한테 말했다.

"이분은 어려서는 구두닦이 생활을 했고 젊은 시절에는 당신들처럼 모험가였으며 지금은 어업관련 회사를 운영하고 계십니다."

"반갑습니다."

그가 인사를 하면서 말했다.

"당신들 자동차처럼 그렇게 멋지지 않은 차로 친구 몇 명이랑 같이 아르헨티나의 파타고니아까지 갔습니다. 우리는 그 지역에 대해 아는 것이 하나도 없었고 돈도 별로 없었지만 그 땅에 대한 아름다운 추억은 많이 남아 있습니다."

"참 좋은 곳이죠."

우리가 그에게 말했다.

"지금 다시 기억을 되살려보면 가는 길에서 여기로 돌아오는 에콰도르인을 만난 것이 기억나네요. 그 당시 내가 사귀고 있었던 여자 친구들에게 편지를 전해달라고 그에게 부탁했었죠. 이야기 끝은 그 악마 같은 놈이 모든 편지를 한 여자한테만 다 전해 주었는데, 그것도 내가 가장 사랑하고 있었던 여자였어요. 물론 낭만적이긴 하지만 내가 돌아와서 아무것도 모른 채 그녀를 보러 갔더니 편지들을 전부 내 얼굴에 던졌고 그 이후로 다시는 그녀를 볼 수가 없었습니다."

우리 모두는 그의 슬픈 로맨스를 듣고 웃었다. 부스토스가 말했다.

"저분께 당신들에 대해서 그리고 배로 파나마까지 가고 싶어 한다고 이야기했더니 기꺼이 당신들을 도와주고 싶다고 하시면서 경유를 사러 거기까지 가는 배로 당신들을 데려다 줄 수 있을 거라고 말씀하셨어요."

우리는 입을 다물지 못했다. 파나마까지 공짜로?

"모험가 대 모험가로 내가 더 기쁩니다. 또한 내가 파타고니아를 여행하면서 받은 은혜를 갚는 셈이 되는 거죠."

삼브라노가 아주 자연스럽게 말했다.

그는 아직 배가 출항할 날짜를 정확하게 잡지 않았고, 우리도 그렇게 빨리 에콰도르를 떠나고 싶은 마음이 없어서 좀 더 머물 수 있었다.

176

거기다가 우리는 아마존 강에 대한 소식을 기다리고 있었다. 우리한테 모든 것이 한꺼번에 주어졌다.

공중에 떠 있다

만타에서 며칠간 사람들을 만나며 바쁘게 지내고 나서 우리의 다음 여정지인 포르토비에호로 떠났다. 아르헨티나 출신 언론인이 기름을 가득 채워 주었다.

"허먼, 우리를 둘러싸고 있는 수백 명의 인파 속에서 우리가 만타 시장을 만나고 있을 때 한 여자애가 나타나서 우리 차 가격이 얼마냐고 물었던 거 기억나요? 아마 자기 오빠가 그런 차를 사고 싶었던 것 같아요."

칸데가 나한테 말했다.

"그럼, 그때 그 애한테 별로 관심을 안 보였던 것 같아. 그 질문에도!"

"자기 오빠가 포르토비에호에 살고 있고, 거기서 자기 오빠만이 올드카를 가지고 있다고 말했어요."

"그래? 도착하면 물어보지. 만일 그를 만나면 아마 우리를 반길 거야."

"참 불가사의해요. 그렇지 않아요? 4달러 가지고 만타에 도착해서 1센트도 안 쓰고 떠났어요."

"거기다가 파나마 배편까지 얻었으니……. 꿈을 이루는 비밀은 시작하는 거라고 말한 것 기억해? 그 달이 진짜 진리야. 일단 꿈을 이루기 시작하면 모든 것이 주어지고, 꿈은 흐르는 에너지이고 필요로 하는 모든 것을 갖다 줘."

"네, 그래요. 우리가 출발한 이후로 항상 우리에게 가르쳐 주는 사람들이나 아니면 필요한 때에, 적절한 때에 우리를 도와주는 사람들을 만났어요."

"칸데, 내 생각에는 우리를 뒤따라오는 것 같아."

반대 방향에서 오던 지프차가 우리 앞을 지나가다 멈추더니 돌아서 눈 깜짝할 사이에 우리를 따라잡는 것을 보고는 그녀에게 말했다. 이제 우리 차 옆으로 왔다.

"차 세워요. 아르헨티나인, 차 세워요."

지붕도, 앞유리도 없는 차를 몰고 오느라 머리가 완전히 얼굴을 가린 젊은 청년이 우리에게 소리를 질렀다. 놀라 차를 세운 우리는 겁이 났다.

"안녕하세요, 만나 뵙게 돼서 반갑습니다. 제 이름은 에두아르도 코르도바고 포르토비에호 출신입니다."

"반가워요."

우리는 그의 눈을 피하며 말했다.

"포르토비에호로 가시는 거예요? 어디서 주무실 거예요?"

"아직 모르겠어요. 사람을 한 명 찾아야 하는데……."

우리는 그의 질문들에 의심을 품고 있었다.

"제 여동생이 당신들 이야기를 하더라고요. 저도 올드카를 가지고 있거든요."

"아니, 이럴 수가! 지금 오면서 당신 이야기를 하고 있었거든요."

"진짜요? 저희 집으로 가시겠어요? 며칠 계시다 가시죠?"

"좋습니다, 괜찮으시다면. 그렇지만 하룻밤만요."

"좋으실 만큼 계시다 가세요. 저를 따라오세요."

집에 들러 그의 부인과 두 아이들을 데리고 피자를 먹으러 갔다. 그 사람은 매우 재미있고 활달했고 에너지가 철철 넘쳤다.

"여기서는 'r'이 들어가는 날만 술을 마십니다."

그가 말했다.

"루르네스[1], 마르테스[2], 미에르콜레스[3], 후에르베스[4], 비에르네스[5], 사르바도[6], 그리고 도밍고[7]에는 'r'이 안 들어가니까 마시지 않습니다."

우리는 웃었다.

"내일은 당신들을 모시고 포르토비에호를 다 돌아볼 겁니다. 원하신다면 제가 가지고 있는 할리들을 타고 가시죠. 오토바이 몰 줄 아세요?"

나한테 물었다.

"아니요, 겨우 오래된 차들만 몰아봐서……."

"그런 차를 몬다면 어떠한 것도 다 몰 수 있어요. 패러글라이딩 타고 날아본 적 있으세요?"

"아니요, 타고는 싶었지만."

"좋습니다, 그럼 내일 크루시타로 가죠. 오토바이로 떠납시다. 제가 강사입니다."

---

1) lurnes : 스페인어로 월요일은 '루네스 lunes'. 술을 마시려는 핑계로 일부러 'r'을 넣어서 발음했다.
2) martes : 스페인어로 화요일   3) miércoles : 스페인어로 수요일
4) juerves : 스페인어로 목요일은 '후에베스 jueves'. 역시 일부러 'r'을 넣어서 발음했다.
5) viernes : 스페인어로 금요일
6) sárbado : 스페인어로 토요일은 '사바도 sábado'. 역시 일부러 'r'을 넣어서 발음했다.
7) domingo : 스페인어로 일요일

다음 날 오래되고 시끄러운 오토바이를 타고 포르토비에호 주변을 매우 빠른 속도로 돌아다녔다. 중후한 스타일의 할리를 타고 연료가 완전히 바닥날 때까지 몰았다. 그리고 그는 우리를 데리고 태평양을 날러 갔다. 완전한 고요함 속에서 공기와 직접 접촉하면서 갈매기와 가마우지에 둘러싸여 공중에 떠 있는 것은 그야말로 환상적인 기분이었다.

"진짜 멋있었어요. 에두아르도, 정말 고마워요."

여행을 다시 시작하기 전에 그에게 말했다. 우리는 은행에서 계좌에 남아 있던 돈을 다 찾았다. 많은 액수는 아니었지만 최근 며칠간 수중에 가지고 있던 돈하고 비교해 보니 부자가 된 기분이었다.

"제가 더 감사하죠. 당신들 덕분에 자고 있던 제 인생과 꿈이 새로 깨어났습니다. 어제 저녁을 먹으며 당신들이 여행을 하면서 겪은 이야기를 해주셨을 때, 제 아내와 저는 당신들이 아주 특별한 사람을 만나야 할 거라고 생각했습니다. 만나러 같이 가시죠. 그 사람이 당신들에게 많은 것을 가르쳐 줄 수 있을 겁니다."

"우리는 그를 만나고 돌아올 때마다 기분이 좋아져요. 당신들한테 에너지를 불어넣어 줄 수 있는 사람인 것 같아요."

그의 부인이 옆에서 거들었다.

"그 사람 이름은 알론소 오르도네스인데 바닷가 앞에 있는 장엄한 절벽 위에 살고 있어요. 그는 특별한 사람들에게만 빌려주는 오두막을 세 채 가지고 있는데 광고도 하지 않고 전화도 없어요. 그러나 당신들을 분명히 환대할 겁니다. 가셔서 저희가 보냈다고 말씀하세요."

마술적인 말들

해안 도로를 따라 차를 몰고 갈수록 초목이 많이 보였다. 우리는 어두 워지기 전에 알론소의 집에 빨리 도착하고 싶었으나 배가 고파서 하 마에서 멈췄다. 주차를 하자마자 지프차 한 대가 다가왔다. 남자 한 명과 여자 두 명이 타고 있었다. 남자가 좋아하는 뭔가를 찾았다는 표 정을 지으며 내렸다.

"와우! 이런 멋진 차로 여행 중이세요? 당신들을 우리 집으로 모시 는 영광을 주시지 않겠습니까? 당신들이 와 주신다면 정말 기쁠 것 같 습니다."

"고맙습니다. 우리가 더 기쁩니다."

우리가 말했다. 그렇게 정중한 초대를 거절할 수가 없어서 우리는 알론소 오르도녜스 집에 방문하는 것을 다른 날로 미루기로 했다.

"좋습니다. 그럼 여자들을 데려다 주고 다시 여기로 오겠습니다."

그는 약속한 대로 돌아왔다. 그는 우리에게 그의 집으로 가는 길 중 에서 아스팔트 포장도로로 가는 길과 멀고 모랫길이지만 더 아름다운 길 중에서 선택하라고 했다. 우리는 두 번째 길을 택했다. 길은 아름 다웠지만 황량했고 가는 도중에 그의 친절에 의심이 들기 시작하면서 겁이 났다. 우리는 처음 본 사람을 따라가고 있다. 그는 자기 지프차 로 가고, 우리는 아무리 도망치고 싶어도 그럴 수 없는 차로 가고 있 다. 갑자기 그 사람이 차를 멈추더니 내려서 우리한테로 왔다. 그는 새와 경치를 가리키면서 다정스럽게 설명해 주었다. 그때서야 마음 이 놓였다. 그가 나쁜 마음을 먹었더라면 우리한테 관광안내까지 하 면서 군이 시간을 낭비할 필요가 없었을 것이다. 그는 좋은 사람처럼 보였다.

우리는 계속 갔다. 도로는 생각했던 것보다 훨씬 더 광활했다. 그러나 긴 여행에는 보상이 따랐다. 우리는 아주 예쁜 오두막이 몇 채 있는 절벽에 도착했다. 세 채 있었다. 칸데는 이 모든 것을 보고는 이 남자가 우리가 만나려 했던 바로 그 사람일 수도 있겠다고 말했다. 들은 대로 경치가 무척 예쁘고 오두막과 절벽도 보이고 집 주인도 굉장히 좋은 걸로 봐서 나도 그 사람이라는 확신이 들었다.

"죄송하지만 성함이 알론소 오르도녜스 아닌가요?"

내가 조바심이 나서 물었다.

"어떻게 내 이름을 아세요?"

그는 놀라서 입을 다물지 못했다.

"우리도 여기로 오고 있었어요! 포르토비에호에 있는 코르도바 씨가 우리를 여기로 보냈습니다. 당신에 대해 좋은 말을 많이 해주어서 당신을 무척 만나 뵙고 싶었습니다."

"우리는 만나야 할 인연이었군요."

그는 우리가 묵을 오두막으로 데리고 가면서 담담한 표정으로 말했다. 절벽 위의 발코니가 보이기 시작했고 방의 창문으로 반은 바다가, 반은 하늘이 보였다.

"지금까지 살아오면서 가장 사랑했던 사람한테서 같이 살 수 없을 거라는 말을 듣고 나서 나 자신을 컨트롤할 수 있는 장소를 찾아다녔습니다. 그렇게 여행을 한 지 6년째 되던 해에 이 절벽, 이 지점에 앉아서 이제 찾아다니는 여정이 끝났다는 것을 느꼈습니다. 이 오두막은 내가 그날 앉았던 바로 그 자리에 지은 건데, 여기에 있으면 기분이 참 편해집니다. 계시고 싶은 만큼 얼마든지 계시면서 편하게 지내길 바랍니다. 당신들은 며칠 동안 자유롭게 머무를 수 있고 또 원할 때 떠날 수 있습니다. 잘 오셨습니다, 환영합니다. 이제 저는 저녁 시간에 다시 오겠습니다. 두 분이 좋은 시간 보내십시오."

그는 우리의 감사 인사를 받으며 갔다. 우리는 편한 마음이 들었다. 며칠 동안 머무를 수 있다는 말이 가장 끌렸다.

"그런데 허먼, 계속 이런 식으로 가면 알래스카에는 1년 안에는 못 도착하겠는데요."

칸데가 말했다.

"그렇겠지만 이곳 좀 봐. 알래스카가 며칠 더 기다려 줄 거야."

"벌써 몇 달 더 초과했잖아요.'

그녀가 말하고는 수평선을 바라보면서 조용히 있다가 단호하게 말했다.

"며칠 더 기다려 주겠죠!"

오븐에 구운 바나나와 밥과 생선으로 저녁을 먹고 나서 바다까지 내려갔다. 거기서 알론소를 찾아온 젊은 남녀 몇 명하고 같이 모닥불을 피웠다. 그들이 기타반주에 그 지역 노래를 부르는 동안, 알론소는 우리를 위한 깜짝 이벤트를 준비했다. 그는 종이풍선을 준비하고 있었다. 알론소는 나와 칸데에게 각자 소원을 3가지씩 쓰라고 하고서 그것을 쓴 종이를 풍선에 넣고 심에다 불을 붙여 풍선을 뜨거운 공기로 채운 다음 높이 들었다.

"우리의 소원들을 높이, 더 높이 들어서 바람에 실어 보내 자기 자리를 찾아가면 이 소원들은 이루어질 것입니다."

그가 풍선을 놓자 풍선은 마치 기타의 선율에 맞추는 것처럼 천천히 올라갔고 불꽃에 빨갛게 물든 종이는 어둠 속에서 매우 밝게 날아갔다. 그때 알론소가 우리의 여행에 대한 대화를 시작했다.

"꿈을 좇아가는 지금 기분이 어떠십니까?"

"내 삶이 풍성해지는 것을 느낍니다. 나는 거의 30년 동안을 삶의 의미도 모르고 그냥 지냈습니다. 최근에 이렇게 살다 보니 새로 태어난 것 같습니다."

"여기까지 여행하면서 무엇을 배웠습니까?"

"많죠. 여행이라기보다는 차라리 배우러 다닌다는 말이 더 맞을 것 같습니다. 매일 배웁니다. 세상이 우리한테 문을 열어주고 보여주는 것 같습니다."

"배운 것 중에 무엇이 제일 기억에 남습니까?"

"여행을 떠날 때, 앞으로 전진하기 위해서는 두려움을 옆으로 제쳐 놔야 한다는 것을 배웠습니다. 두려움이 앞서 나가면 절대로 우리가 전진하도록 놔두질 않기 때문입니다. 그리고 모든 것에는 에너지가 들어 있어서 그것을 사용할 줄만 알면 우리가 바라던 것들을 이루는 데 도움이 많이 된다는 것도 배웠습니다. 예를 들어 건강과 활력으로 가득 찬 생활 속에서 편안함을 느끼는 그런 것입니다."

알론소가 관심을 기울이며 듣고 있었다.

"우리가 배운 것 중에 또 중요한 것은 우리는 전체의 부분이라는 점인데 다른 왕들의 통치에는 피해를 끼치지 않는, 그런 세계의 왕과 같은 존재가 우리라는 것을 깨달았습니다."

"와! 정말 많이 배우셨군요. 더 없나요?"

"또 있습니다. 더 많이 소유하려고 하지 말고 무소유의 삶을 실천해야 한다는 것을 배웠습니다. 그러지 않으면 우리는 물욕에 눈이 멀어 깊은 수렁에 빠지게 됩니다."

"정복하기 위해서 정복당한 정복자……."

"무슨 말씀인지?"

"아닙니다, 아무것도 아니에요. 계속 하시죠. 그리고 또?"

"네, 내 생각에 우리가 배운 것 중에 가장 중요한 것은 우리가 혼자가 아니라는 겁니다. 우리 옆에서 우리 여행과 꿈을 같이 즐기면서 우릴 많이 도와주고 있는 누군가가 있습니다. 왜냐하면 우리가 도움이 필요할 때마다 나타났기 때문입니다."

"당신들은 세상으로 나왔고, 세상은 당신들에게 문을 열어줬습니다. 당신들이 세상에 문을 열어줬기 때문입니다. 당신들은 진흙처럼 변했습니다. 매 순간, 하나하나 배울 때마다, 당신들이 만난 사람들 개개인마다 당신들에게 새로운 자아를 발견하게 만들었고, 이 모든 것은 당신들이 여행을 시작하려고 결심하였을 때 일어났습니다. 시작한다는 것은 참 단순한 일인데도 우리는 절대로 하지 않습니다. 앞으로 특별한 순간을 살아갈 때마다 여행에서 뭘 배웠는지를 생각하십시오. 가르침을 찾으십시오. 모든 사람들은 가르치려고는 하지만 배우려는 사람은 별로 없습니다. 당신 눈앞에는 매우 중요한 것이 수없이 많습니다. 당신은 그것을 볼 수도, 배울 수도 있고 아니면 그냥 지나가게 놔둘 수도 있습니다. 같은 교수한테 배우는데도 어떤 학생들은 다른 학생들보다 더 많이 배웁니다. 당신들이 보게 될 그 어떤 것, 그리고 당신들 앞을 지나갈 그 어떤 것한테도 배우십시오. 다른 사람들이 아무것도 보지 못하는 곳에서도 당신들은 가르침을 보십시오. 계속 진흙이 되어서 진흙은 더 많이 반죽해야 더 훌륭한 작품으로 만들어질 수 있다는 것을 기억하십시오.'

우리 소망을 담은 풍선을 찾으며 하늘을 바라봤다. 바람이 데리고 가버렸다.

오전에 발코니에서 여행 일지를 쓰고 있는데 한 여인이 와서 아침이 다 준비됐다고 말했다. 알론소가 기다리고 있었다. 그는 우리를 위해서 몇 가지를 쓰고, 하루를 통째로 우리에게 바치고 싶어 했다.

"당신들이 지금 하고 있는 것은 어렸을 때부터 가슴에 품고 키워 온 꿈이라고 했습니다. 그리고 여행을 시작하면서부터 당신들한테 믿을 수 없는 일들이 일어났다고 말했습니다. 그 전에는 살면서 한 번도 겪지 못했던 일들이……."

그는 우리 눈을 응시하면서 말을 이어갔다.

"그런데 왜 이러한 일들이 하나의 꿈이 이루어지고 있을 때에만 일어나는지 당신들한테 어떻게 설명할 수 있을까요? 사랑의 반대가 증오라는 것을 잘 아실 겁니다."

"네."

"그리고 낮의 반대는 밤이고, 흰색의 반대는 검은색이고, 예쁜 것의 반대는 추한 것이고……."

"네."

"그렇다면 꿈의 반대는 뭐죠?"

그게 뭘까, 곰곰이 생각했다.

"모르겠습니다. 못 찾겠는데요."

"그런 건 존재하지 않습니다. 우리 모두는 꿈을 꾸고, 꿈을 꾸지 않는 사람은 없습니다. 모든 것들과 모든 사람들은 꿈의 편에 서 있습니다. 꿈을 이룬다는 것은 아주 예쁜 행복이고, 그렇기 때문에 더욱더 꿈을 이루려고 하는 것입니다. 그래서 충고 하나 하겠습니다. 뭔가가 필요할 때, 두 분이서 할 수 없을 때, 도움이 필요할 때 겁내거나 부끄러워 말고 도와달라고 하십시오. 이렇게 말하십시오. '칸델라리아와 허면, 우리는 꿈을 이루고 있는 중이라서 당신의 도움이 필요합니다. 도와주시겠습니까?' 아무도 거절하지 않을 겁니다. 다른 사람들이 당신들 꿈의 부분이 되도록 하십시오. 두 분이서 다 할 수는 없습니다. 앞으로 수도 없이 도움이 필요하게 될 것이며, 많은 사람들이 당신들을 도와주고 싶어 할 겁니다. 그러나 당신들이 그들에게 도움을 요청하지 않는다면 그들은 어떻게 도와야 할지 모를 겁니다."

그는 잠시 멈추더니 커피를 조금 마시고 계속했다.

"도움을 요청한다는 것은 혼자서는 할 수 없지만 상대방이 도와주면 가능할 수 있는 일을 할 때 상대방이 필요하다고 말하는 것이고, 그리고 상대방의 노력과 시간과 지식이 필요하다고 말하는 것입니다. 도움을 요청하는 것은 같이 뭔가를 하기 위해서 다른 사람을 필요로 하는 것이고, 그리고 누군가가 우리의 도움을 필요로 하면 우리는 우리 자신이 쓸모 있고 필요한 사람이라고 생각하게 되고, 우리는 뭔가의 부분이 됩니다. 도와준다는 것은 매우 아름다운, 꿈을 이루는 것만큼 그렇게 아름다운 감정입니다."

"그렇지만 어떻게 다른 사람한테 도와달라고 하죠? 뭔가를 요구하는 것이, 이유는 모르겠지만 나는 창피합니다."

"가장 중요한 것을 아직 배우지 못하셨군요. 지금까지 살아온 당신들의 인생에 대해 생각해 보시면 항상 도움을 받았다는 것을 알게 될 겁니다."

나는 조용히 기억을 더듬었다. 도움을 받으며 걸음마를 배웠고 자전거를 타거나 수영하는 것을 배웠다. 선생님들한테 읽고 쓰기를 배웠다. 도움으로 운전을 할 수 있게 됐고 직업도 가질 수 있었다. 태어나는 것까지도 도움을 받은 것이 확실하다. 내가 알고 있는 모든 것이 다른 사람들이 가르쳐 준 것이고, 그들은 부분이 된 것에 항상 무한한 행복을 느꼈다.

나 스스로에게 물었다. 이 꿈을 계속 꾸고 그리고 이루기 위해서 왜 도움을 요청하려고 하지 않는 거지? 오늘까지도 나 혼자서 이 일에 뛰어들었고 혼자서 이 일을 추진해야 했고 혼자서 살아갈 수 있어야만 했고 그렇지 않다면 이 일을 추진해서는 안 된다고 생각했다. 알론소 생각이 옳다. 왜 혼자 하는가? 왜 우리 꿈을 모든 사람들과 공유하고, 그들이 부분이 되게 하지 않는가? 그렇다면 우리의 승리는 모든 사람들의 승리가 될 것이다. 이것을 실천할 것이다. 도움이 필요하면 요청할 것이다. 혼자 할 수 없다면 그것을 같이 달성할 수 있는 사람을, 그래서 같이 행복해질 수 있는 사람을 찾을 것이다.

대화가 끝나고 알론소는 어부들이 새우 잡는 모습을 보여주겠다며 자기 모터보트로 데리고 갔다. 도착해서 한 어부에게로 다가갔다.

"많이 잡힙니까?"

알론소가 물었다.

"그렇게 좋지는 않습니다. 좋아지겠죠."

그는 말하면서 반쯤 찬 양동이를 보여주었다. 거기에는 조그만 새우들하고 게들하고 그 밖의 어패류들이 섞여 있었는데 전부 싱싱해 보였다.

"가져가십시오. 선물입니다."

그가 말했다.

"괜찮습니다."

그가 가진 것 중에서 팔 수 있는 유일한 것을 우리가 가져갈 수는 없다고 생각하면서 내가 대답했다.

"진짜 맛있겠다."

묘한 분위기를 깨기 위해 칸데가 끼어들었고, 어부는 알론소에게 양동이를 건네주고는 우리한테 선물을 준 것에 대해 매우 행복해했다.

그가 다시 일을 하러 가자 칸데와 알론소가 나를 바라봤다. 뭔가 설명을 해야 할 것 같았다.

"그렇게 많이 잡지도 못했는데 그걸 선물로 가져가면 살림살이가 더 힘들 거란 생각이 들어서……"

"그게 바로 주는 겁니다. 당신한테 남는 것을 주는 것은 베푸는 것이 아닙니다. 나누는 것은 좋아하는 것을 주는 것이고, 이 어부는 자기가 잡은 물고기를 당신하고 나눈 것입니다. 그것이 '우리 땅에 오신 걸 환영합니다'라고 말하는 그의 표현 방법입니다."

알론소가 설명해 줬다. 그 어부의 나눔의 정신이 무시당하지 않기 위해, 그리고 그 아름다운 행위를 높이 평가하기 위해 칸데가 그때 끼어들어서 정말 다행이었다!

알론소의 집에서 머문 5일 동안 우리는 뭔가 마술적인 것들로 채워졌다. 여기에 있는 모든 것이 그랬는데 지금 그것들과 헤어져야 한다. 좀 슬펐다. 이 여행에서는 모든 것이 마술 같았는데, 우리를 자식처럼, 형제처럼, 친한 친구처럼 환대해 준 사람들과의 이별은 예외였다. 그들을 다시 볼 수 있을지 모르겠다.

알론소가 페데르날레스까지 먼저 갔고, 우리는 거기서 다시 만나서 마지막 작별인사를 나누기로 했다. 그 도시의 입구에 도착하니 우리의 친구가 기다리고 있는 것이 보였다. 헤드라이트를 켜고 사이렌을 울리는 소방차 옆에서. 그 지역의 도든 택시들, 다른 수많은 차들 그리고 페데르날레스 시장까지 나와서 우리를 환영했다. 알론소······!

우리를 차량행렬 제일 앞에 세우고, 그 뒤로 소방차가 따라오면서 확성기로 우리의 여행을 알렸다. 솔직히 우리는 이런 것을 상상도 못해서 처음에는 그렇게 많은 관심과 사이렌 소리와 불빛에 수줍음이 들었지만, 그 도시를 거의 다 돌다 보니까 마음가짐이 바뀌면서 마지막에는 기분이 무척 좋았다.

거리행진이 끝나고 그레이엄에서 내리니 많은 사람들이 우리들 곁으로 왔다. 어떤 사람들은 자기들이 파는 상품을 선물로 줬고, 또 어떤 사람들은 우리한테 도움이 될 만한 것들을 선물했다. 나는 살리나스의 해군기지에 전화하기 위해 잠시 슬쩍 빠져나왔다.

"오레야나의 코카에서 당신들을 기다리겠습니다. 아무런 비용을 받지 않고 당신들을 브라질까지 데려다 주겠다는 바지선이 한 척 있습니다. 모든 것이 다 준비됐습니다."

에스피노사한테 들은 대답은 내가 가장 학수고대하던 것이었다.

"그 바지선은 언제 떠납니까?"

"7월 15일이에요."

"그것 참 잘됐네요. 에콰도르를 계속 둘러볼 시간이 있네요."

비록 칸데가 사람들 사이에 둘러싸여 있었지만 나는 그녀에게 전화를 해서 소식을 알렸다.

"칸데, 우리 아마존으로 해서 브라질로 가자."

"뭐라고요?"

그녀의 목소리는 기쁨과 긴장을 동시에 표출했다.

"우리를 마나오스까지 공짜로 데려다 줄 바지선이 한 척 있어. 7월 15일에 떠난대."

나는 칸데가 우리를 데려다 줄 때가 있고, 또 우리 경비로 강을 항해할 필요가 없다는 소식에 무척 기뻤을 거라는 것을 잘 알고 있었다. 사실 나는 조금 우울해 있었다. 나는 아직도 더 경험하고 싶었고, 더 많은 모험을 찾아가고 싶었는데 아마존은 절호의 기회였다. 우리에게 제공된 이 가능성을 나는 역시 놓칠 수 없었다. 이런 생각에 잠겨 있다가 두 번째 전화를 걸었는데 이번에는 만타에 전화해서 파나마까지 가는 배편을 준비해 줘서 고맙다는 인사를 하고, 우리는 아마존을 통해서 갈 거라는 말을 하기 위해서였다.

세계의 중간, 적도 마을에서

또 다시 정면으로 저 멀리에 산맥이 보였다. 우리는 수도인 키토로 가고 있었다. 거기에 가기 위해서 우리는 안데스산맥을 다시 올라야만 했다. 길은 좁고 가팔랐고 갓길은 없고 차량은 무척 많았는데 마치 우리가 종교지도자라도 되는 것처럼 우리를 따라왔다. 커브길에서 우리 차 속도에 맞춰 시속 20킬로미터 이하로 천천히 올라오고 있는 차량들의 긴 행렬이 보였다. 저 많은 차들은 내려오는 차량들과, 커브길인 데다가 갓길이 없다 보니 우리 차를 추월할 수가 없었다. 다행히 차를 세울 수 있는 공간을 찾아서 우리는 쳐들어오는 긴 차량행렬을 보내고 한숨 돌릴 수 있었다. 그러나 길로 들어서자마자 다시 차들을 모아 뒤따르게 했다.

키토에 도착해서는 그 아름다움에 놀랐다. 수도를 돌아보기 전에 차량 검사와 빠른 서비스를 받았다.

"이 차로 알래스카까지 갈 거예요? 지도나 필요한 서류들이나 그

외 모든 것을 다 준비했어요? 앞으로 필요한 화폐에 대해 전부 다 알고 있어요? 당신들이 지금 뭘 하고 있는 건지 알아요? 필요한 것이 뭔지 다 알아요?"

카센터 주인이 물었다.

"당신이 지금 보고 있는 것이 내가 가지고 있는 전부입니다. 꿈을 위해서 나는 할 수 있는 모든 것을 다 합니다. 당신은 꿈을 위해서 뭘 하고 있나요?"

내가 대답했다.

"내가 가지고 있는 걸로 도착할지는 모르겠습니다만 내가 최선을 다할 거라는 것은 분명히 알고 있습니다."

에콰도르인와 아르헨티나인의 피가 반반 섞인 우에스페의 집에서 묵었다. 그 가족과는 이전부터 항상 친구였던 것 같았다. 도시에서 한 시간 거리의 스위스 스타일의 집에서 살았는데 집 주인이 스위스 여자였다.

거기에 머무른 며칠 동안 식구들은 여가시간을 이용해 우리와 같이 다니면서 그 지역과 인근 마을들을 안내해 주었다. 도시 관광을 할 경우에는 스폰서를 구할 생각을 갖고 있었는데, 이를 위해서 우리 여행에 관한 모든 정보가 담긴 예쁜 파일도 만들어 놓았다.

우리는 국내기업이건 국제적 기업이건 상관하지 않고 에콰도르에서 기반을 잡은 아르헨티나 기업들을 찾아 나섰다. 내셔널 지오그래픽과 여러 올드카 클럽들에도 지원을 요청했다. 파일을 가지고 가서 우리 소개도 했다. 한 번씩은 들어갈 수 있었지만 대부분의 경우에 문전박대를 당했다. 몇몇 친절한 담당자들은 이런 종류의 프로모션은 실행하기 어렵겠다고 바로 연락을 주는데, 다른 책임자들은 우리 파일을 검토해 보겠다면서 몇 주나 몇 달씩 시간을 달라고 요구했다. 또 후원할 수 있는 예산이 하나도 안 남아 있다고 알려주는 담당자들도 있었다. 모두가 대답을 했지만 우리가 찾는 대답을 준 곳은 한 군데도 없었다. 그렇게 2주가 흘러갔다. 더 많은 돈을 확보하기 위해 가지고 있던 얼마 안 되는 돈을 다 썼지만 돈은 우리들로부터 숨은 것처럼 나타나지 않았다.

이처럼 조마조마하게 나날을 보내고 있던 중에 어느 텔레비전 방송국에서 특별 출연 제의가 들어왔다. 에콰도르에서 일요일마다 방영하는 인기 있는 프로그램이었다. 방송 진행자 프레디 엘러스가 적도기념탑을 거쳐서 적도 마을로 가는 우리의 모습을 몇 장 찍었다.

우리의 기쁨은 이루 말할 수 없었다. 반구를 지난다는 것은 우리의 여행에 많은 의미를 부여했다. 그래서 우리 차 뒷바퀴는 적도기념탑 남반구 쪽에, 앞바퀴는 북반구 쪽에 세우고 우리는 이 두 반구를 동시에 다 밟고 섰다. 이를 기념하는 의미로 샴페인을 터뜨리며 두 잔씩 마시고 그레이엄 할아버지께도 드리기 위해 라디에이터에 부었다. 그렇게 우리 셋은 적도 선에 도착한 것을 자축하며 건배했다.

촬영이 끝나고 프레디가 생방송 프로그램 출연을 다시 제의했다. 일요일에 방송 스튜디오로 갔다. 방송 첫 부분에서는 적도기념탑에서 촬영했던 인터뷰 장면을 방영했다. 그것이 끝나고 생방송이 다시 시작되면서 프레디는 우리에게 후원을 원하는 시청자들의 전화를 부탁했다. 광고가 나가기 전에 그는 우리 여행에 대해 열광적으로 말했다.

"멋진 서프라이즈가 준비되어 있으니 마지막까지 채널을 돌리지 마십시오."

그 계획은 이랬다. 방송이 거의 끝나갈 무렵에 이 프로그램의 다른 여자진행자가 우리하고 같이 스튜디오로 들어가는 것이었다. 방송 시작 시그널 제목은 '아르헨티나'다. 모든 것이 준비 완료되고, 우리는 차 안에서 시그널 제목을 기다렸다.

"자, 이제 약속드린 서프라이즈를 공개합니다. 아르헨티나의 여행자들!"

시동을 거는 엔진 소리와 함께 프레디의 멘트가 시작됐다.

"이렇게 아르헨티나에서 오셨습니다."

그의 말이 끝나기 전에 쿵 하는 소리가 들렸고, 우리 차의 뒷부분이 내려앉았다. 칸데와 내가 놀라서 서로 쳐다보는 동시에 여자진행자가 마이크를 끼고 있다는 사실을 잊고는 "힘껏 미세요, 힘껏 미세요"를 외쳤다. 프레디가 진행을 계속했다. 카메라가 차를 밀고 있는 세 사람에게 초점을 맞추는 동안 이 말이 들렸다.

"이렇게 아르헨티나에서 오셨습니다."

도대체 어디가 잘못된 건지 모른 채, 힘으로 밀어서 차를 스튜디오 안으로 가지고 들어갔다. 벌겋게 상기된 얼굴에 겸연쩍고 긴장된 웃음을 지으며 방송을 마쳤다. 방청객들은 아르헨티나에서 여행 온 자동차가 털털거리며 안 움직이고 세 사람이 차를 미는 모습 앞에서 배꼽을 잡고 웃어댔다.

카메라가 꺼지자 프레디가 무슨 일이 일어났었느냐고 물었다. 나도 모르겠지만 땅이 우리를 삼킨 것 같았다. 그레이엄 뒷부분으로 가서 봤더니 바닥에 깔인 나무판자가 차 무게를 견디지 못해서 바퀴가 구덩이 안으로 빠진 것이었다.

방송국에는 후원하겠다는 시청자들의 전화가 폭주하였다. 필요한 정비를 해 주겠다는 카센터들, 숙소, 심지어 연료 절감장치를 제공하겠다는 전화까지 걸려왔다. 사람들이 우리들에게 관심을 보였지만 우리 기획 후원자는 나타나지 않았다. 그렇다고 실망하지는 않았는데 그 이유가 이 문제를 정면으로 돌파하고 싶지 않아서인지 아니면 여행을 시작할 때부터 우리 마음속에 앞으로 후원자가 생길 거라는 믿음이 자라고 있어서인지 모르겠다.

우에스페 가족은 집에서 우리를 기다리면서 걸려오는 전화를 받고 있었다.

"당신들한테 얼마나 아름다운 메시지들이 도착했는지 모를 거예요! 나를 엄청 울린 메시지를 하나 읽어줄게요."

이 가족의 어머니 레오노르가 말했다.

"참 훌륭한 일을 하셨네요. 꿈이라는 것은 우리가 손에 가지고 있는 조그만 것으로도 이룰 수 있다는 것을, 그리고 100킬로미터도 가기 힘든 차로 5만 킬로미터의 여행을 할 수 있다는 것을 깨닫게 해주셨어요. 그 차가 스튜디오에 나타나서 더 이상 전진하지 못하고 털털거릴 때, '힘껏 미세요, 힘껏 미세요'라는 말이 들렸을 때, 그리고 세 분이서 그렇게 밀고 있을 때, 그와 동시에 프레디가 '이렇게 아르헨티나에서 오셨습니다'라고 말했을 때, 당신들도 우리들처럼 나약한 사람들이라는 생각이 들었습니다. 그럼에도 불구하고 당신들은 아르헨티나에서 세상의 중간까지 왔습니다. 내가 무엇을 느꼈는지, 많은 사람들이 무엇을 느꼈는지 아세요? 우리의 삶을 살고 싶고, 우리의 꿈을 이루고 싶다는 뜨거운 열정이었습니다. 나약하고 별로 가진 것이 없는 우리도 원하기만 한다면 세계 일주를 할 수 있다는 것을 알게 해주셨습니다."

메모지를 내려놓는 레오노르의 눈가에 눈물이 다시 맺혀 있었다.

"정말 아름답지 않아요?"

"네, 그렇네요."

대답하는 내 가슴도 찡 울렸다.

기다림

경제적인 지원을 좀 받을 수 있으리라 생각했던 도시에서 빈손으로 다시 떠났다. 현재 우리가 의지할 수 있는 것이라곤 믿음과 마음뿐이었는데, 애정으로 가득한 이것들은 우리를 앞으로 계속 떠밀었다. 우리는 동쪽으로, 아마존 밀림으로 향할 것이다. 그러나 바지선이 떠나려면 아직 며칠 더 있어야 해서 안데스산맥에 있는 우리는 원주민 마을들을 둘러보면서 시간을 보내기로 했다.

오레야나 쪽으로 계속 갔다. 밀림으로 들어가기 위해 산에서 내려가자 모든 것이 바뀌었다. 길들은 폭이 무척 좁았고, 그중 일부분은 산사태로 부서져 있었다. 3일 내내 비가 와서 길은 진흙 바닥이었다. 물웅덩이가 너무 많아서 큰 곳은 피하고 작은 곳은 지나면서 가다 보니 시속 15킬로미터 이상 속도를 낼 수가 없었다. 이 길은 승용차가 아니라 트럭이나 지프차로만 갈 수 있는 길이었다. 심지어 어떤 다리에서는 깔려 있는 나무판자를 옮겨야 할 때도 있었다. 습도는 점점 높아졌다. 매우 가파른 구간도 좀 있었는데, 그중 한 군데서 칸데는 움직이는 차에서 내려 차가 멈추기 전에 밀기도 했다. 가진 것이 많으면 가라앉는다는 충고를 따른 것이 도움이 됐다. 그렇지 않았더라면 절대로 올라가지 못했을 것이다.

가다가 몇 명의 독일인들을 만났는데 그들의 지프차는 밀림의 최악의 길 상태에서도 문제없이 달릴 수 있는 최신모델의 사륜구동이었고, 국제전화기와 위성추적용 GPS까지 갖추고 있었다. 그러나 지나친 기술 때문에 낭패를 보게 되었다. 바로 엔진 컴퓨터 문제를 해결할 줄 몰라서 차를 키토까지 견인하는 중이었다. 엄청나게 화가 난 얼굴로 멀리 가는 우리를 봤고, 천천히 가지간 그래도 가기는 가는 오래된 자동차에서 나는 전형적인 소음을 들었다.

코카에 도착했다. 316킬로미터 오는 데 3일이 걸렸다. 그렇게 덜거덕거리며 달리다 보니 차에서 온갖 소리가 다 났고, 나사란 나사는 다 느슨해졌지만 우리는 앞으로 다가올 것을 상상하며 매우 행복했다. 코카는 석유를 기반으로 발전한 도시로 밀림 한가운데에 광구를 가지고 있는 기업들이 많이 있었는데, 정유공장들이 있는 데서 가장 가까운 도시다. 거대하고 더럽고 시끄럽고 기초공사를 벌이는 곳이 많고 뜨겁고 비가 많이 왔다.

마을 입구에서 생각지도 않게 우리를 마나오스까지 데려다 줄 바지선의 주인인 라파엘 갈레트를 만났다. 건장한 체격에, 피부는 검고, 콜롬비아 악센트가 들어 있는 그의 말투에서 투박함이 묻어났다. 그는 우리를 이곳에서 만나고, 또 우리 차가 그 거리에서 살아남았다는 것이 놀라운 모양이었다. 우리가 인사를 하고 소개를 하자 그가 말했다.

"우리는 7월 15일에 출항할 수 없습니다. 7월 말이나 8월 초쯤 생각하고 있는데 그것도 아직 확실하지는 않습니다."

"아, 그렇습니까? 고맙습니다."

대답은 했지만 갑자기 머릿속이 텅 비는 것 같았다.

이 궁리 저 궁리를 하다가 알다스 선장을 찾아가기로 결정했다.

알다스 선장은 우리를 반갑게 맞이해 주었고, 우리는 라파엘과 출항날짜에 대해 물어보았다.

"지금 바지선이 건조 중이라서 조금 연기됐네요. 또 이번 출항 비용을 충당할 만큼의 충분한 화물이 없는 것도 그 이유고요. 하지만 앞으로 화물이 좀 더 확보되면 15일 안에 떠날 수도 있을 겁니다."

"만일 그렇게 안 되면요?"

"그럼 기다리는 수밖에 없겠죠. 다른 방도는 없습니다."

수채화

7월 말까지 15일을 기다렸고, 그리고 15일, 또 15일을 기다리다 보니 벌써 8월 말이 되었다. 라파엘 갈레트는 아직도 출항날짜를 정하지 못하고 있었다. 항상 우리에게 화물이 다 준비될 거라고 말하면서도 마지막 순간에 확실한 답을 주지 않았다. 우리는 정유공장 캠프장에서 지냈다. 이번 달 초하루부터 내가 다른 일꾼들과 함께 밀림에서 전기 작업을 할 수 있게 되어서 여기서 생활했다. 코카에서 우리를 모르는 사람은 없었고 우리를 만나면 하는 인사가 "언제 떠나요?"였다. 이런 고도에서는 어느 누구도 우리 여행이 실행가능하다고 생각지 않았고, 실현할 수 없는 미친 짓이라고 했다. 우리는 이제 그런 농담에는 익숙해져 있었다.

바지선 출항이 생각보다 더 늦어질 것을 감지하고서 자비로 여행할 수 있는 길을 모색했다. 그러나 항상 10일이나 15일 이내로 공짜로 무사하게 갈 수 있다는 약속을 하니까 당분간은 참고 기다리기로 했다.

출발날짜도 정해지지 않고 뭘 해야 할지도 모르겠고, 여행한 지 벌써 6개월이 지나 돈도 얼마 안 남다 보니 모든 것이 그리워지기 시작했다. 그러다 보니 부부로서만이 아니라 한 개인으로서도 위기를 맞이하게 되었다. 우리가 뭘 하고 있는 거지? 무엇을 위해서? 왜? 집에서 가족들과 친구들과 그 맛있는 고기를 먹고 침대에서 자고 우리 화장실을 쓰고……. 그러면 얼마나 좋을까!

"이제 여기저기 안 가본 곳이 하나도 없으니까 너무 지겹네요. 허허벌판에 꼼짝달싹도 못하고, 돈은 하나도 없고……. 어떻게 하죠?"

칸데가 이렇게 말하니 내 걱정은 더 커졌다.

"나도 모르겠어."

이렇게 한마디 짧게 대답하고는 침묵을 지켰다. 칸데는 답답해했고 날씨는 너무 더웠다. 날씨까지 견디기 힘들 정도로 덥다 보니 이 상황도 더 이상 못 견뎠다. 그녀는 차들이 흙먼지를 일으키며 지나가는 것을 봤다. 그녀에게는 코카에 도착한 이후의 나날들이 똑같은 생활의 연속이었다. 생활반경이 밀림인데다가 내가 다른 일꾼들과 같이 밥을 먹으러 광구로 갈 때도 거기는 여자 출입이 금지되어 있어서 나와 같이 갈 수가 없었다.

'허면, 내 생각하고는 달리 당신 머리에서는 뗏목을 만들어 차를 싣고 떠나자는 생각이 있는 모양인데 생각하면 할수록 흥분되는 일이에요. 그러나 나는 위험한 일 같아요. 뗏목 위의 자동차라! 나는 겁이 나서 동의할 수 없어요. 당신이나 나나 항해에 대해서는 아무것도 몰라요, 더군다나 뗏목으로는. 제재소 몇 군데를 가서 뗏목을 만드는 데 필요한 나무는 어떻게 구하는지 물어봐야겠지만 쉽게 구하지는 못할 거예요. 이 지역은 저지대고 늪지대라 나무를 구하려면 원주민 마을

로 가야 해요. 모든 게 갈수록 더 복잡해지네요.'

그녀는 말을 꺼내기 전에 생각했다.

"우리는 뭘 할지를 결정해야 돼요. 우리는 6개월 동안 여행할 돈이 있었어요. 그리고 알래스카에 도착하려고 시간을 쓰는 대신에 지금 에콰도르에 있어요. 우리가 여행을 계속하려면 돈이 더 필요해요. 그것도 많이."

"그래, 그렇지만 나는 그 이야기를 하자는 게 아니야. 어떻게 우리 수중에 돈이 하나도 없게 됐고, 모든 문제들이 이렇게 들이닥쳤는지에 대해 수천 번도 더 생각했어. 돈이 있을 때는 아무 문제가 없었는데 지금은 모르겠어. 모든 게 다 어려워진 것 같아. 아르헨티나에서는 무엇을 할지도 그리고 어떻게 돈을 벌지를 알았고 직업도 있었지만 여기서는……. 나는 뭔가 두려워. 우리는 지금 완전히 다른 세상에 와 있어. 모든 것이, 심지어 나 자신까지도 낯설어 보여."

내가 아주 솔직하게 대답했다.

"파나마를 건너고 가솔린을 사고 음식을 사 먹고……. 뭐를 하든지 간에 다 돈이 필요해요. 어떻게 하죠? 돌아가고 싶어도 돈이 없어서 못 돌아갈 것 같아요. 앞으로 갈 수도, 돌아갈 수도 없게 됐으니 어떻게 하죠?"

"샤를 드골이 진퇴양난에 빠졌을 때 한 말이 있어. '가장 불가능할 때 공격하자.'"

"샤를 드골이 누군데요?"

"프랑스 사람인데 독일군에게 완전히 포위되어 탈출구가 없을 때 이렇게 말했어. 우리도 우리가 가진 것을 가지고 공격하자. 우리의 생각을 모아서 공격하자."

"뭘 가지고요? 수예품 가지고요? 우리는 수예품 장인들이 아니에요. 돈이 다 떨어지기 전에 페루어서 왜 수예품들을 안 샀을까요?"

"나도 모르겠지만 우리 뒤를 돌아보지 말고 앞으로 뭘 할 수 있을지……."

"회사에 취직하거나 아니면 다른 일을 하려고요? 에콰도르처럼 이런 상황에 있는 나라에서 할 일이 많이 있을 것 같지는 않아요. 한 달에 백 달러 이하 정도는 벌겠죠."

"응, 겨우 입에 풀칠은 하겠지만 비전이 없을 거야."

나는 생각에 잠겼다.

"칸데, 그림 그릴 줄 알지?"

"그림을요? 내가요? 붓 한 번 안 잡아본 내가 무엇을 그리겠어요?"

"전에 도자기 그릇과 빵 광주리 그려서 사람들한테 인기 많았잖아. 그런 것처럼 그리면 되는데 이번에는 그림으로 그려보면 어떨까?"

"도자기와 그림은 하늘과 땅 차이예요. 나는 그림은 한 번도 그린 적이 없어서 자신 없어요. 더군다나 파는 거라면……."

"한번 해보자. 값싸고 빨리 마르는 그림물감을 사서 당신이 종이 위에다 그림을 그리면 나는 액자를 만들게."

"그런데 어떻게 팔죠? 누구한테요? 누가 나한테 그림을 사겠어요?"

"당신이 그리기만 한다면 내가 팔지."

이걸로 주식회사 하나가 설립됐다. 궁여지책으로 우리는 완전히 새로운 일에 손을 댔다. 칸데는 그림을 그린 적이 없었고, 나는 장사를 해본 적이 없어서 이 일을 잘 추진하기 위해서는 각자 최선을 다해야만 했다. 앞으로 우리 꿈을 이루기 위해서 우리는 부부로서 한 팀을 이루었을 뿐만 아니라 생산과 영업이라는 두 부서로 나뉘어져 있는 회사를 설립하였다.

우리는 들뜬 마음으로 필요한 도구들을 사러 갔다. 학용품을 파는 서점으로 가서 12색 그림물감을 2달러, 스케치북을 2달러, 중간 붓 4개를 5달러에 샀다. 비록 고급은 아니었지만 우리는 이것들을 단돈 9달러에 구입하였다. 재료비가 적게 들어서 괜찮은 수입을 올린다면 투자비용 대비 수익이 엄청날 것이고 예상대로 돌아가지 않더라도 손해가 적을 것이다. 그러나 우리는 계속 여행을 해야 했고 그러기 위해서는 돈이 필요했으므로 이 사업이 잘되어야 했다.

우리는 불안한 마음으로 캠프장으로 돌아오자마자 팔레트로 쓸 접시와 물컵을 찾았다. 그러나 모르는 것이 너무 많았다. 칸데는 붓을 오른손으로 잡고서 나에게 물었다.

"이제 뭘 그리죠?"

그래, 뭘 그리지? 집? 사람? 경치? 동물? 나무? 꽃? 뭐를? 사진 앨범을 뒤적거리면서 우리한테 "나를 그려주세요"라고 부탁하는 것을 찾아봤다. 여러 가지를 발견했지만 처음 시작하기에는 좀 어려웠다. 그때 칸데가 시골 경치를 배경으로 찍은 시골집 사진 한 장을 찾아냈다. "이거다"라고 말하더니 도화지 위에 스케치하기 시작했다. 그녀 그림의 첫 번째 관람객인 나는 광장에서 그림을 그리는 초상화가를 보는 사람처럼 그녀가 연필로 긋는 선을 따라갔다. 연필로 스케치하는 것까지는 훌륭했지만 물감으로……. 내가 만일 이 그림을 팔러 나간다면 설사 내 장모님이라도 사주지 않을 것이다.

조금 실망한 우리 두 사람은 수채화를 처음 그리는 거라 그럴 수도 있는 거라고 말하며 다시 붓을 잡아보자고 서로에게 용기를 주었다.

"미술기법 책하고 붓 두 자루를 더 사자. 이것만 가지고는 부족한 것 같아."

내가 제안했다. 벌써 필요한 경비는 늘어나기 시작하였고 판매는 아직 까마득하였다. 그러나 이제 수영장으로 뛰어들었으니 물이 있는지를 봐야 했다. 바람도 쐴 겸 키토에 있는 서점으로 가서 3시간 동안 책을 구경한 우리 손에는 한 권이 아니라 두 권의 책이 들려 있었다. 한 권은 미술기법에 관한 것이고 또 하나는 새들에 관한 것이었다. 한 권은 공부하는 책이고 또 한 권은 색칠공부 책이었다. 우리는 임시로 거주하고 있는 집으로 돌아왔다. 칸데는 자기만의 스타일을 찾아야 했다. 빨간 앵무새를 칠하기 시작했고 칠이 끝나고 나니까 진짜 앵무새 같았다. 조금 늙었고 고양이들한테 공격당한 앵무새 같았지만 분명히 앵무새였다. 이제 더 잘 팔릴 것 같았다. 두 번째 그림은 파란 잉꼬였는데 이 새는 건강해 보였다.

칸데는 차분하게 색칠을 하지 못하고 조금 스트레스를 받는 것 같았다. 그녀는 중얼거리면서 색칠을 했다.

"내가 뭘 그렸지? 전부 다 망가뜨렸네. 아니야, 이 색은 마음에 안 들어."

그녀는 색칠을 하며 고통을 받았지만 회사 영업부는 한순간도 그녀의 작업에서 눈을 떼지 않고 팔릴 수 있는 것을 요구했다.

잉꼬 다음으로 큰부리새, 참새, 그리고 매일매일 다른 새들도 생명을 얻었다. 칸데는 사실주의 스타일을 선택했고 새들은 눈에 띄게 좋아졌다. 자신감을 얻은 칸데는 라파엘 갈레트에게 감사의 의미로 그의 바지선들을 그린 그림을 선물하기로 마음먹었다. 도화지와 연필과 물감들을 가지고 정박되어 있는 그의 배 두 척 앞에 자리 잡고 앉아서

3일 만에 완성했다.

　바로 그날 라파엘은 자기 소유의 한 호텔로 우리를 초대했다. 그 호텔에는 수영장, 레스토랑, 많은 녹지공간이 있었다. 칸데는 초대에 대한 감사로 그 그림을 선물했다. 라파엘은 매우 놀라워하며 포장지를 풀더니 그림이 들어 있는 것을 보고는 "정말 예뻐요"라고 말하며 계속 그것을 들여다봤다. 칸데는 만족스러워했지만 그 행복은 그리 오래가지 않았다.

　"이건 뭐죠?"

　그가 그림 안에 있는 자기의 배들을 가리키며 물었다.

　"당신 배를 그린 건데요."

　칸데가 그에게 한 척 그리고 또 한 척을 가리키면서 대답했다.

　"아, 그렇군요. 그러나 이건 분명히……."

　라파엘이 아쉬움을 숨기지 않고 드러냈다.

　이러한 아쉬운 평가에도 불구하고 다음 날 칸데는 계속 그림을 그렸다. 그러나 새만 집중적으로 그렸다. 내 생각에 다시는 배는 그리지 않을 것 같았다.

　마침내 키토의 중앙광장에서 팔 만큼의 충분한 그림을 모았다. 이제부터 행동을 취할 사람은 나이다 보니 긴장하는 쪽은 나였다.

그림을 가지고 키토로 갔다. 우리가 묵고 있는 회사 주인의 아들인 루벤 산체스가 우리를 데려다 줬다. 가는 도중에 나는 처음으로 판매에 성공했다. 루벤이 큰부리새 그림을 좋아해서 샀다. 우리는 기뻐 어쩔 줄 몰랐다. 처음으로 판매해서 30달러를 벌게 되었고 부와 성공이라는 기분을 경험해 보았다.

우에스페의 집으로 갔다. 그들도 노란 새가 그려진 그림 한 점을 사 줬다. 단 하루 만에 우리는 그림 두 점을 팔았고, 그 다음 날에는 몇 점을 더 팔았다.

코카로 돌아가려고 할 때 칸데에게 말했다.

"칸데, 우리가 돈이 하나도 없고, 앞으로 뭘 할 수 있을지에 대해 이야기했을 때 내 자신도 낯설어 보인다고 말했던 것 기억나? 오늘 이 장소는 다른 것 같아, 나 자신도 다르고……. 그러나 낯설지는 않아. 어디를 가더라도 그곳은 새롭고 다를 거고 우리도 바뀔 거야. 새로운 장소에 도착할 때마다 그곳에 새롭고 다른 것을 만들면서 우리를 거기에 맞춰야 돼. 그러나 우리는 앞으로 나아가기 위해서 필요한 것을 할 수가 있을 거야. 이제는 내가 낯설게 느껴지지 않아."

뗏목

한 번은 코카에서 우리 자신에 대한 강한 믿음을 갖게 되었는데 정말로 강해서 또 다시 우리 힘으로 아마존 강을 따라가겠다는 중요한 결정을 내리게 되었다. 콘테로스 씨를 만나러 갔는데 그는 강 하류에 페루와 접하고 있는 조그만 마을인 로카푸에르테에 생필품을 공급하는 일을 하고 있었다. 큰 카누 두 척을 가지고 있는 그는 얼마 전에 우리한테 거기까지 데려다 주겠다는 제의를 했다. 그러나 로카푸에르테에서 마나오스까지는 우리가 알아서 여행을 계속할 방도를 찾아야 한다는 단서가 있었다. 그의 제안을 받아들이려고 할 때, 이전에 몇 번이나 그랬던 것처럼 라파엘과 같이 마나오스로 직접 떠날 가능성이 또다시 생겨서 콘테로스의 제안을 거절했다. 오늘, 다시 그를 찾아가고 있다.

"콘테로스를 찾는다고요? 기다리지 마세요. 자기 카누 한 척이 가라앉아서 건져 올리고 있어요. 며칠 걸릴 겁니다."

한 남자가 말했다.

"어떻게 카누가 가라앉죠? 그가 그 여행에 우리를 데려가려고 했는데……."

내가 물었다.

"그런 일이 항상 발생하곤 합니다. 카누가 보이지 않는 나무하고 부딪치면 기울면서 가라앉는 거죠."

그는 별일이 아니라는 듯이 말했다.

"그를 만나고 싶으면 며칠 있다가 다시 오세요."

그곳을 떠나려고 하는 찰나에 칸데가 소리쳤다.

"우리 차를 잃어버릴 뻔했잖아요!"

"응."

나도 충격을 받아서 더 이상 이야기하고 싶지 않았다. 그러나 여행을 계속하리라는 생각에는 변함이 없었다.

뗏목 여행의 가능성에 대해 다시 생각해 보았다. 와타라코 원주민 마을의 샤먼인 탕길라는 강에서 할 수 있는 것과 할 수 없는 것에 대해 매우 잘 알고 있었다. 칸데보다 그리 크지 않은 그는 땅딸막했다. 그는 원주민 모습이었는데 광대뼈가 튀어 나왔고 검은 머리에, 신비스러운 그의 시선은 사람 마음을 꿰뚫고 분석하는 것 같았다. 그 원주민 마을 사람들이 우리 차보다 두 배 넓고 두 배 긴 나무 뗏목을 우리한테 만들어 줄 거라는 확신을 그는 갖고 있었다. 거기에 자동차 모터를 달고, 바퀴 대신에 스크루를 사용할지도 모른다.

"필요한 나무를 가져오려면 돈이 얼마나 들까요? 그리고 만드는 비용은요?"

"너무 걱정 마세요. 우리는 품앗이로 그 일을 할 겁니다."

"품앗이가 뭐죠?"

"한 사람이 집을 지을 경우, 마을 사람들에게 도와달라고 부탁합니다. 나는 마을 사람들에게 당신들을 도와달라고 부탁할 겁니다."

"그 대신에 우리는 뭘 드려야 하죠?"

"그것은 받기 위해서가 아니라 주기 위해서 하는 겁니다."

세 명의 와타라코인들이 페루 국경지역까지 우리와 같이 여행하고, 거기서부터는 새로운 안내원을 구해서 여행을 계속하는 걸로 이야기를 종결지었다. 나는 그 전에는 다른 사람을 위해서 일하는 사람은 없다고 항상 생각했다. 그러나 이번 몇 달간의 여행에서 내가 가지고 있던 생각들이 많이 바뀌었다.

한편 탕길라와 나의 대화를 듣고 있던 칸데는 조용히 입을 다물고 있었다.

'너무 무섭고 불안하다. 모든 사람들로부터 멀리 떨어져 아주 낯선 강에 있으면 어떻게 될까? 걱정이 많이 된다. 이 더운 열기 속에서도 오한이 느껴진다. 이런 무모한 생각에서 벗어날 수 있는 다른 방도를

찾고 싶지만 나는 선택의 여지가 별로 없다.'

그녀는 생각했다. 그럼에도 불구하고 웃었다.

"왜 웃어?"

"불안해서요. 전부 겁나요. 나 좀 안아 줄래요? 당신의 포옹이 필요해요."

"나도 마찬가지야."

그녀에게 다가가서 한참 동안 그녀를 팔로 감싸 안았다. 다음 날 라파엘에게 우리 결정 사항을 이야기했다.

"지금은 건기라 1년 중 이 시기에는 도달하지 못하고, 모래톱에 좌초돼서 비가 와 강물이 불어날 때까지 기다려야 할 수도 있습니다. 그렇지만 그렇게 단호하게 결심했다면 내가 쓰지 않는 카누를 손봐서 쓰셔도 좋습니다."

"나중에 딴말하기 없깁니다!"

나는 대답하면서 바로 보러 갔다.

그것은 물이 가득 찬 채로 잡초로 뒤덮여 있었고 구멍도 몇 군데 나 있었다. 그것의 폭하고 차폭을 재보니 딱 맞았고 단지 5센티미터 더 넓었다. 이제 우리가 구해야 할 것은 엔진, 키, 스크루, 배터리, 지붕, 페인트, 용접공들, 기술자들, 선반공들, 그리고 카누를 옮겨야 하는 견인차였다.

"그 많은 걸 전부 어떻게 구하죠?"

칸데가 물었다.

"나도 모르겠어. 그렇지만 시작해야지."

냄비로 카누의 물을 퍼내기 시작했다. 칸데는 허리에 손을 얹고 입을 벌리고 나를 바라봤다. 그녀는 무슨 말인가를 하고 싶었지만 단지

숨만 헉헉 내쉬면서 카누 주변에 있는 잡초를 걷어내기 시작했다.

'잡초를 걷어내면서 생각해 보니 나는 허먼에 대한 존경심 때문에 날이 갈수록 그를 더욱더 사랑하게 된다. 그의 끈기와 뭐든지 가능하다는 비전은 나에게 옮겨진다. 한 번씩 내가 가능성을 보지 못하는 곳에서 그는 분명하게 보고 나의 의심을 떨쳐낸다. 우리는 어릴 때부터 힘을 합쳐서 싸워왔지만 이번 시험은 다르다. 위험이 따르는 일이기에 우리는 그 어느 때보다도 힘을 도은다.'

그날 밤 칸데는 이렇게 썼다.

마을에서 삶의 마술은 다시 빛을 냈다. 내가 몇 사람에게 카누를 수리하고 있다는 이야기를 하고 나서 코카 전체에 이 소문이 금방 다 퍼졌다. 그리고 단 하루가 지난 오늘, 아는 사람들과 모르는 사람들이 우리한테 쓸모가 있다고 생각하는 물건들을 가지고 왔고 또 용접, 페인트칠, 전기 공사를 해주겠다고 찾아왔다.

오후가 돼서 마을로 걸어가는데 사람들이 우리한테 뭘 주는 통에 계속 가다 서다를 반복했다. 그건 마술이었고 신비로웠다.

며칠 뒤에 알다스 선장이 우리를 보자고 연락이 왔다.

"당신은 파나마까지 직접 가는 배가 있었는데도 타지 않았고, 두 달 전에 당신을 데려가려고 했던 바지선은 아직 준비가 안 돼서 언제 떠날지 몰라요. 나무 뗏목을 만들겠다는 생각은 아예 하지 마세요. 콘테로스의 카누가 가라앉은 그 여행을 당신도 같이 떠날 뻔했고, 이제는 계속 문제만 일어날 카누를 만들고 있어요. 엔진에 문제가 안 생긴다 하더라도 배터리나 오일 쿨러에 얼마나 많은 문제가 생길지……. 당신은 강 지도도 없고, 더군다나 항해에 대해서는 전혀 모르면서 세상에서 가장 넓고 수량이 많고 긴 강에서 항해를 배우려고 합니다. 이 강은 아마존입니다. 농담 아니에요, 당신은 어디서든지 부딪혀 넘어지는……."

알다스 선장은 나를 보자마자 꾸짖었다.

"네, 맞는 말입니다. 그렇지만 내가 걸음마를 배우기 전에 넘어지고, 자전거를 배우면서 넘어지고, 수영을 배우면서 물 먹은 것이 수천 번도 더 된다는 사실은 모르시죠? 보시다시피 나는 지금 걸어가고 있습니다. 원한다면 어떻게 수영하는지도 보여드리죠. 아무리 장애물이 많아도 나는 마나오스에 도착할 겁니다."

"그렇지만 우리는 지금 아마존 밀림에 대해 이야기하고 있는 겁니다. 거기에는 위험만 도사리고 있습니다. 당신을 도와줄 사람은 아무도 없고 거미, 독사, 피라니아, 악어, 말라리아, 전기뱀장어 등 온갖 위험한 것이 다 있어요. 백인을 증오할 만한 정당한 이유가 있는 원주민도 많이 있고. 그리고 아마존은 잘 알고 있어야 하는 강입니다. 나무들과 모래톱과 소용돌이가 곳곳에 숨어 있는 강이라서 태풍이 조금만 쳐도 어떠한 바다보다도 더 무서울 수 있습니다. 거기다가 당신이 가지고 갈, 벌써 몇 년 전부터 작동하지 않은 엔진에 대해서도 아무것도 모르잖아요. 내 말 들으세요. 왜 그 생각을 못 버리세요? 당신한테 유리한 것이 하나도 없습니다."

"당신 말이 틀린 것은 아니지만 항상 내가 할 수 없다거나 위험하다고 말하는 사람들이나 당신 말을 듣는다면 나는 지금 거리에 나가는 것도 겁이 나서 집에 있어야 할 겁니다. 당신이 위험하다고 한 그 모든 것들은 내가 살아 있다는 것을 느끼게 해줍니다. 내가 좋아하는 것 때문에 내 목숨이 더 위태로워질 때 나는 살아 있다는 것을 더 느끼게 됩니다. 나는 아마존을 항해할 기회를 얻었습니다. 내가 이 삶을 한 번만 가지고 있는 것처럼 이 기회도 단 한 번밖에 없기에 그냥 지나가게 할 수가 없습니다."

"몇 년 동안 그 강에서 항해를 해온 콘테로스 같은 사람의 카누도 가라앉았는데 당신처럼 항해에 대해 아무것도 모르는 사람이……."

"운전을 오래 한 사람들도 거리에서 사고를 내는데, 그러면 운전도 하지 말아야 될까요?"

"카누로 항해하는 데 원주민들을 데리고 갑니까?"

반쯤 포기한 선장의 목소리 톤이 바뀌었다.

"네, 뱃길을 알고, 사냥과 낚시를 할 줄 알고, 먹을 것을 구별해낼 줄 알고, 케추아어를 알고, 우리한테 수천 가지를 알려줄 수 있는 원주민들과 같이 갈 겁니다."

"벌써 구했어요?"

"아니요."

"그들에게 지불할 돈은?"

"아직요."

"아니, 내가 한 말이 무슨 말인지 모르겠어요? 도대체 뭘 어떻게 할 생각이에요?"

그가 다시 공격했다.

"아직은 잘 모르겠지만 칸데가 키토에 가서 우리와 같이 모험여행을 하고자 하는 관광객들을 모집하는 포스터를 호텔에 붙이고 사이버카페에 올리면 좋겠다는 생각을 했습니다."

"별 도움이 안 될 겁니다. 카누를 몰 줄도 모르고 승무원들을 이끌줄도 모르는데다가 돈도 없으면서 어떻게 될지도 모르는 계획에다 사람들을 더 끌어들이겠다고요?"

"그래서 포스터에다가 이 말을 넣을 겁니다. '아마존 횡단 모험여행 같이하실 분을 찾습니다.'"

"이것 봐요, 허먼. 나는 당신이 출항할 수 있도록 해줘야 해요. 그것을 회피할 생각은 없어요. 그렇지만 이런 책임들까지 다 맡을 수는 없으니까 제발 다른 방도도 한번 찾아보세요."

"걱정 마세요, 나쁜 일은 안 벌어질 겁니다. 신이 항상 우리와 함께 하십니다."

어제 칸데가 키토로 가서 포스터 12장을 붙였다. 관광객을 모집할 수 있는 날이 겨우 4일밖에 안 남았다. 밤인데 전화벨이 울렸다.

"안녕, 내 사랑, 좋은 소식이 있어요. 두 사람이 여행 때문에 전화했어요!"

"진짜?"

"네, 그들은 아주 흥분해 있었고, 가격도 마음에 든대요. 자기들도 떠날 준비를 하는 데 도움이 되고 싶다면서 빨리 코카로 오고 싶다고 했어요."

"농담 아니지? 진짜 꿈같다. 벌써 연락이 오다니! 엔진만 작동되면 곧 떠날 수 있을 거야."

참아, 숨 쉬어

다음 날 모두가 흥분한 가운데 나는 굴대받이를 만들러 선반공장으로 갔다. 정오에 작업이 다 끝나고 밥을 먹으러 나가다가 막사 친구인 마르셀로 칭고가 트럭을 몰고 지나가는 것을 보고는 나 좀 데려다 달라는 신호를 했다.

"식당 가?"

"아니, 내 동생 피델이 사고를 당해서 지금 그를 데리러 가는 중이야. 자네는 막사에 내려줄까?"

"아니, 자네하고 같이 갈 거야. 지금 어디 있는데?"

"경찰서에. 아침에 사고가 났는데 방금 연락받았어."

"지금 상태가 어떤데?"

"엄청 아픈가 봐. 교각에 충돌하면서 가슴이 핸들에 세게 부딪혔대."

우리는 흙길을 한참 따라 아그리오 호수로 갔다. 표정이 굳은 마르셀로는 길만 보면서 차를 빨리 몰았지만 실제로는 차 운전하는 데 신경을 집중하지 않았다. 그와 동생은 우리가 묵고 있는 회사에서 같이 일을 했다. 우리하고는 거의 매일 만났고 밀림에서 전기공사도 같이 했기 때문에 매우 친하게 지냈다. 어느 날 밤에 이번 여행이 우리의 꿈이라는 이야기를 그들에게 해주자 그들도 서로 자기들 꿈 이야기를 먼저 하려고 했던 것이 기억났다. 피넬의 꿈은 자기 자식들이 공부를 해서 자기보다 더 좋은 직업을 갖는 것이었는데……. 그런데 내가 뭘 생각하고 있는 거지? 그는 좋아질 거야.

"네 동생이 통증을 느낄 수도 있겠지만 걱정하지 마. 금방 좋아질 거야."

"고마워, 그런데 겁난다."

경찰서에 도착하니 구급의사가 피넬하고 같이 있었다.

"좀 어떠니?"

형이 동생한테 물었다. 피넬은 앉아 있었지만 가슴을 숙이고 있었다. 형의 목소리를 알아듣고는 고개를 들어 매우 세게 마르셀로를 껴안았다.

"아파, 너무 아파."

"의사 선생님, 어떻습니까?"

"부러진 데나 찢어진 데는 없습니다. 그러나 가슴에 통증을 호소하고 조금 전부터 기침을 하면 침에서 피가 조금씩 섞여 나오는 것이 걱정됩니다. 병원으로 옮겨야 합니다."

즉시 거기서 나와 코카에 있는 군병원으로 차를 몰았다.

사람의 손때가 하나도 묻지 않은 원시상태 그대로의 밀림과 벌거벗은 밀림을 통과했다. 길은 우기 이후로 보수공사를 하지 않아 상태가 최악이었다. 트럭이 점프를 하면서 가서 운전하기가 쉽지 않았다. 차가 지면의 충격을 받을 때마다 피델은 신음을 냈다. 그의 비명이 차 안에서 들리는 유일한 소리였고, 우리는 그가 무슨 말을 하는지, 무슨 생각을 하는지 몰랐다.

"나는 여기서 못 벗어날 거야."

피델이 선분홍색 침을 뱉어내며 침묵을 깼다.

"바보 같은 소리 하지 마."

우리가 대답했다.

시간은 지나지 않고 길은 더 늘어지는 것 같았다. 트럭이 앞으로 나가지 않는 것 같았다. 이 트럭을 돌고 병원에 도착하는 것은 침묵과 마찬가지로 영원한 일처럼 느껴졌다. 우리는 마치 다른 차원의 시공 속에 있는 것 같았다.

"물 있어?"

피델이 물었다. 한 모금 마셨다.

"형, 우리 애들은 어떻게 될까? 형이 돌봐 줄 거지?"

"그래, 내가 그럴 거라는 걸 너도 잘 알잖아. 그렇지만 너는 아무 일 없을 거야."

지금 자식을 남겨두고, 사랑을 남겨두고, 삶을 남겨두고, 모든 것을 남겨두고 떠날지도 모르는 것은 피델이었지만 나도 생각해 보았다.

병원에 도착해서도 계속해서 피가 섞인 침을 뱉어내던 피델은 마치 공기가 부족한 것처럼 숨소리가 거칠어졌다. 응급실로 옮길 때 그는 형한테 아무 말도 못하고 시선으로 작별인사를 했다.

그때부터 마르셀로와 나는 피델한테 일어나는 상황들을 전부 볼 수 있었다. 모두들 절망적인 사람들처럼 보였고, 소리를 지르면서 바쁘게 움직였다. 갑자기 간호사 한 명이 달려나오면서 키토로 가는 응급용 비행기를 부탁했다. 우리가 연락을 취하기로 했다. 그러나 연락을 하고 나자 그 간호사가 이제 필요없다는 표시를 했다. 이미 늦은 것이었다. 우리는 응급실과, 아연실색한 얼굴을 하고 있는 의사를 바라봤다. 죽음은 적막감을 가져왔고, 아무도 안 움직였다.

마르셀로는 울면서 무릎을 꿇었고 나는 눈앞에서 벌어진 상황을 믿을 수가 없어서 이것이 사실이 아니고 영화이기를 바랐다. 어떻게 이럴 수가 있을까? 너무나도 빨리, 사전에 아무런 통보도 없이 이렇게 죽음이 허무하게 올 수 있단 말인가?

잠시 후에, 그 친구에게 더 따뜻한 위로가 필요한 때에 맞추어 회사 동료 몇 명이 찾아왔다. 마르셀로는 서류 작성할 힘도 없고 그럴 마음도 없어서 동료들이 도와주었다.

침대 시트로 싸인 피델의 육신은 복도에서 기다리고 있었다. 한 간호사가 그에게 가까이 가더니 발가락에 명찰을 붙이고서 우리에게 물었다.

"시신은 어떻게 할 거예요?"

"어떻게, 시신을 어떻게 할 거냐고?"

우리는 아직도 어떻게 그렇게 빨리 생명을 잃을 수 있는지 이해가 안 되어서 이렇게 자문했다. 우리는 서로 쳐다보면서 답을 찾아봤지만 찾을 수가 없었다.

바로 그때 회사 작업반장이 왔는데 그는 오자마자 피델을 담당했던 의사와 이야기를 나누었다. 만일 부검을 하지 않고 이틀이 지나면 보험회사가 비용을 부담하지 않기 때문에 키토에 있는 회사 상사들이 그 반장에게 빨리 부검할 수 있도록 조치하라고 지시를 한 것이다. 그러나 군병원에서는 여건이 그렇게 되지 못해서 우리는 마을의 조그만 구빈원으로 시신을 옮겼다. 밴 짐칸으로 피델을 옮기는 동안에도 그의 입에서 거품과 피가 나와서 내 손을 적셨다. 나는 역겨웠지만 내가 그런 표정을 드러내면 친구가 어떤 생각을 하겠는가. 내가 만일 누군가의 도움이 필요할 때 그가 역겨움을 느끼며 도와주지 않는다면 나는 어떤 생각이 들까? 짐짓 아무렇지도 않은 표정을 지으며 계속 내 할 일을 했다.

창문도 하나 없는 조그만 방에 도착했다. 타일을 붙인 시멘트 부검 테이블은 너무 더러웠고 마른 핏자국이 있고, 바닥도 마찬가지였다. 이런 광경을 보고 우리 친구를 위해서 조용히 청소하기 시작했다. 들리는 거라곤 밖에서 의사와 부검 비용에 대해 다투는 작업반장의 목소리뿐이었다. 토요일인데다가 매우 늦은 시간이다 보니 의사가 너무 많은 액수를 요구했던 것이다.

나한테 수술용 메스 칼날, 톱날, 포르말린, 장갑 그리고 꿰맬 실과 바늘을 사오라고 했다. 돌아와서 시신을 테이블로 옮기는 것을 도왔다. 시신은 더 싸늘하게 굳어 있었고, 그의 눈은 자기한테 어떤 일을 벌이는가 보고 싶은지 감으려고 하지 않았다. 모두들 밖으로 나가서 기다렸다. 아침에 일하러 간 피델이 이런 우울한 테이블에 누워 있다는 사실을 아무도 믿을 수가 없었다. 내가 나가려는데 의사가 물었다.

"여기서 나 좀 도와줄 수 없을까요?"

물론 그럴 수 없었다. 나는 한 번도 그런 일을 해본 적도 없고, 또 그런 경험을 하고 싶지도 않았지만 그렇게 대답하지는 않았다.

"네, 선생님. 제가 뭘 하면 되죠?"

"아직은 괜찮아요. 밖에서 기다리다가 필요하면 부를게요."

나가서 공기를 들이마셨다. 마르셀로와 같이 트럭에 올라탄 이후로 이렇게 깊은 숨을 쉰 적이 있었는지 기억이 안 났다. 습하고 시원한 밤 공기를 가득 들이마시니 속에서 생명이 느껴졌다. 계속 상황을 진두지휘하고 있던 작업반장은 관을 사오라고 시켰다. 어떻게 모든 것이 그렇게 일사천리로 진행될까? 죽음은 단 1분도 멈출 수 없는 걸까?

"아르헨티나인, 이리 와요."

의사가 불렀다. 그는 내 국적은 알고 있었지만 이름은 몰랐다. 들어가니 피델의 배는 갈라져 있었고 출혈이 심했다.

"내가 잘라야 하니 여기를 잡고 있어요. 그 전에 장갑 껴요."

의사는 심장을 검사하기 위해 톱을 쥐고 흉골을 자르기 시작했다. 나는 사람 심장을 한 번도 본 적이 없었고 보고 싶지도 않았다. 의사는 내 친구의 죽음의 원인을 찾아냈다.

"폐가 심한 충격을 받고 피로 가득 차서 질식한 겁니다. 이제 두개골도 열어야 하니까 머리를 잡아 주세요."

두 손으로 머리를 단단히 붙잡고 얼굴을 보니 어디에 피델이 있고 어디에 내가 있는지 알 수가 없었다. 의사가 부검을 다 끝내고는 딱 한마디 했다.

"깨끗이 닦아내요."

마르셀로가 부검실로 들어와서는 끔찍한 장면과 마주쳤다. 피와 꿰

맨 자국이 너무 심했다. 그러나 곧바로 브러시를 잡고는 자기 동생을 깨끗이 닦기 시작해서 나와 다른 동료가 그를 도왔다. 그리고는 옷을 입히고 관 속에 넣었다. 마르셀로는 입을 꾹 다문 채 관을 트럭에 실었다.

"어디로 가려고?"

반장이 물었다.

"제수씨 집으로요."

"벌써 알고 있어?"

"아니요, 전화가 없어서 연락할 방법이 없었어요."

나는 지금 벌어지고 있는 상황을 이해할 수 없었다. 마르셀로는 자기 제수씨에게 동생을 데리고 왔다고 말해야 할 것이다, 관에다 넣어서. 이게 악몽이면 얼마나 좋을까!

쉬러 가기 전에 내 몸 전체에서 나는 피와 죽음의 냄새를 털어내기 위해 샤워를 했다. 잘 수 있을 것 같지가 않아서 그냥 누워 있었다.

칸데한테서 전화가 왔다며 깨웠다. 키토에서 한 거였다.

"여행자 두 명하고 같이 거기로 가요. 지금 굉장히 흥분해 있어요. 그리고 또 할 말이 있는데, 나 그림 다섯 점 팔았어요."

"잘됐네."

"무슨 일 있어요?"

"당신이 걱정할 일은 아니야. 오면 이야기해 줄게."

막사에는 침묵이 흘렀다. 거기를 벗어나 카누 작업장까지 걸어갔다. 열두 번이나 동료들이 지프차로 데려다 주겠다고 했지만 3킬로미터밖에 되지 않는 길이라 천천히 걸어가면서 얼굴에 바람을 맞고, 부드러운 공기를 마시고 싶었다. 내가 어제 겪었던 일을 생각했다. 나는 한 번도 죽음을 느꼈거나 봤거나 건드린 적이 없었다. 더군다나 그렇게 빨리 찾아온 죽음은……. 만일 어떠한 이유로 그런 경험을 할 수밖에 없었다면 분명히 거기서 배우는 것이 있을 것이다. 이제 나는 죽음이 항상 저기에 있으면서 모든 것을 끝낼 준비를 하고 있다고 생각한다. 죽음은 부르지 않아도 오고, 우리에게 물어보거나 기다려 주지도 않고 우리를 데려간다. 이렇게 새로운 날을 선물한 신에게 그 어느 때보다도 더 감사드렸다. 이제 나에게 '하루 더'는 없을 것이고, 매일 매일이 사는 것이고 기억하는 것이라는 생각이 들었다.

카누 작업에 박차를 가하면서, 우리들의 인생과 꿈을 위해서 매우 중요한 것을 아주 잘 만들고 있다는 느낌이 왔다. 신은 우리에게 삶의 기적을 주셨고 우리는 그것을 가지고 기적을 만들고 있는 중이다.

마침내 칸데가 돌아왔다. 우리는 영원히 끝나지 않기를 바라는 포옹을 했다. 나는 4일간 그녀 없이 혼자 지냈고 또 그녀가 무척 필요했다. 서로가 무척 그리웠다.

살지 않는 것에 대한 두려움

오늘 엔진 장착에 성공했으니 내일 떠날 것이다. 마침내 영국인 두 명과, 카누를 몰기 위해 어렵게 구한 원주인 두 명과 같이 여행을 떠날 것이다.

칸데는 영국인들과 함께 식료품 구입을 담당했다. 지금까지 우리가 묵었던 막사 주인은 디젤 천 리터를 선물했다. 이 정도면 대서양까지 갔다가 돌아오기에 충분한 양이었다. 이제 라마리나를 출항하는 일만 남았다.

"알다스 선장님, 작별인사하러 왔습니다. 내일 떠납니다."

"카누 몰 선원은 구했어요?"

"네, 저들입니다."

원주민들을 가리키면서 내가 대답했다.

"서류들 한번 봅시다. 허면, 앞으로 일어날지도 모를 일에 책임을 지겠습니까?"

"네."

"죽음이 안 두려워요?"

"나는 살지 않는 것이 두렵고, 이 삶을 살지도 않았는데 죽음이 도착할까 두렵습니다. 지금 꿈을 좇아가고 있다 보니 부활했다는 느낌이 듭니다. 나는 살았었지만 삶이 없는 삶을 살았습니다. 죽음은 고통을 주지 않기 때문에 죽음이 두렵지는 않습니다. 살지 않는 삶이 고통스럽습니다."

"최고의 여행이 되기를 바랍니다. 페루와 접경지역인 로카푸에르테에 가면 해군파견대 들르는 것 잊지 마십시오."

라마리나를 떠날 때 강 옆에 있는 동판을 봤는데 거기에는 프란시스코 데 오레야나라는 사람이 1542년에 태어났으며, 이 지점에서 15명의 군인들과 함께 뗏목을 타고 대서양까지 여행을 해서 아마존을 최초로 항해한 사람이 되었고, 대서양에 도착해서는 스페인까지 항해하기 위해서 직접 소형 배를 만들었다고 기록되어 있었다. 오레야나의 용기는 나에게 힘이 되었다. 그는 분명히 해양지식과 무기를 가지고 있었지만 어디로 가야 하는지, 어떤 바다나 육지 괴물을 만날지 몰랐고, 이 세상 끝에 도달할 건지도 몰랐다. 만일 오레야나가 4백 년 전에 항해를 했다면 우리는 내일 할 수 있을 것이다.

막사에 도착하니 송별 만찬이 준비되어 있었다. 우리는 여기 노동 자들과 3개월 동안 많은 경험을 공유하며 가까이 지내왔다.

파티가 시작하자마자 마르셀로가 도착했다. 우리를 보려고 장례휴 가를 하루 앞당겨 돌아온 것이다.

"나하고 동생한테 잘해줘서 고마웠어."

"내가 고맙지. 자네 동생의 죽음은 나한테 헛되지 않았어. 내 말이 조금 이기적으로 들리겠지만 나한테 많은 것을 가르쳐 주고 갔어. 인 생이란 너무나 깨지기 쉽고 어느 한순간에 잃어버릴 수 있다는 것을 이제야 깨달았어."

"여기서 몇 년 더 지내면서 돈 좀 벌어가지고 여행을 계속하는 게 어때?"

막사 관리자인 앙헬이 제안했다.

"아니요, 우리는 인생의 놀라운 순간에 있습니다. 시작하는 데 무 척 힘들었고 지금은 모든 것이 조금씩 조금씩 우리에게 주어지고 있 어서 멈추지 말고 계속 가야 합니다."

"그렇지만 자네들 행운이 다 끝났을 수도 있잖아. 이것은 확실한 돈 이고."

"나는 운명을 믿지 않습니다. 모든 것이 우리한테 유리하게 돌아가 는 것은 어떤 큰 이유 때문인 것 같습니다."

"그렇다면 아무리 좋은 조건을 가지고도 자네를 잡을 수는 없겠 네."

"인생은 멈추지 않고, 시간은 아무도 기다려 주지 않고, 인생은 강 처럼 흘러가고, 나는 삶과 그리고 그 흐름과 함께 있어서 삶을 멈추고 싶지가 않습니다. 반장님 제의에 감사드립니다. 내가 쓸모 있는 인간이라는 생각이 들어서 기분이 좋습니다. 그러나 나는 계속 가고 싶고 무엇보다도 내 자신한테 도움이 되는 사람이 되고 싶습니다. 반장님 제안은 무척 끌리지만 항상 눈앞의 이익에 관심을 갖다 보니까 우리가 갈 길에서 멀리 떨어진 곳으로 가게 되었습니다."

아마존과 브라질

Amazonas
y
Brasil

여기까지:
11,793km
8개월 보름째

Boa Vista

Coca
Leticia
Rio Amazonas
Sta. Rosa
Tabatinga
Manaos
Iquitos

아마존

강한 말

모두 탑승

출항일이다. 몇 시간만 있으면 카누를 묶어 놓은 밧줄을 풀고 아마존 항해를 시작할 것이다. 아마존이라는 말이 매우 강하게 울렸다! 파타고니아, 아프리카, 에베레스트, 카리브처럼. 이런 종류의 단어들은 발음하는 것만으로도 존경심이 우러난다. 칸데와 나는 항해를, 그것도 차를 싣고서 해본 적이 없어서 이번 항해가 매우 기대되었다. 물론 선장이 된 적도 없었지만 그런 기분이 들었고, 영원히 선장이 될 것이다.

출발점으로 가기 전에 칸데와 함께 마을을 돌면서 작별인사를 나누었다. 마을 사람 누구도 이렇게 뜻 깊은 날이 마침내 도착했다는 사실을 믿을 수 없어 했다. 줄에 묶인 카누에서도 작별인사는 이어졌고, 마을에서 많은 사람들이 마지막으로 우리를 보기 위해 왔다.

우리 배를 만드는 데 많은 도움을 준 하이메가 그레이엄을 싣기 위해 낡은 견인차를 운전했다. 우리 차가 바닥에서 뜨더니 낡은 줄들에 매달렸다. 작업이 매끈하게 이어지지 않고 견인차 엔진이 두 번이나 꺼지고, 거기다가 하이메가 나한테 차를 바닥에 내려놓으려면 1미터 공중에서 떨어뜨려야 한다는 농담을 해서 나는 긴장이 되었다. 그레이엄이 안전하게 카누에 안착할 때까지는 숨도 못 쉬었다.

우리가 자기들 마을의, 자기들 가족의, 자기들 삶의 일부분이라는 것을 느끼게 해준 마을 사람들에게 눈물과 진한 포옹으로 작별인사를 한 번 더 했다.

우리가 카누에 오르려고 할 때 목소리 하나가 우리를 멈추게 했다.

"작별인사 한 번 더 합시다."

흰 양복으로 멋을 낸 알다스 선장이었다. 나한테 포옹을 하면서 낮은 소리로 말했다.

"나는 미래의 뱃사람과 작별합니다. 마나오스에 도착하면 당신은 영원한 뱃사람이 될 것입니다."

"나도 이런 모자 하나 살 겁니다."

그가 쓰고 있는 선장 모자를 가리키며 내가 말했다.

놀면서 가까이 다가가다

친구들은 모두 우리가 더 이상 자기들을 볼 수 없을 때까지 팔을 흔들었다. 나는 반 바퀴 돌아서 심호흡을 하면서 카누와 승무원들과 우리의 새로운 시대를 눈으로 훑어봤다. 날씨가 무척 좋았다. 설사 그렇지 않았더라도 똑같이 느꼈을 것이다. 아무쪼록 신과 아마존의 도움으로 우리가 재미있는 여행을 할 수 있기를 바라며!

원주민 중 한 명인 브라울리오가 엔진과 키를 맡았고 또 다른 원주민 클레베르는 선미에서 나무와 모래톱을 피하면서 방향을 가리켰다.

칸데는 두 영국인들, 제임스와 뱬과 함께 짐을 정리하고 나는 돌아가는 엔진을 점검했는데 뜨거웠다. 어떻게 된 영문인지는 모르겠지만 우리는 완벽한 팀이었다.

두세 시간 가다 보니 멀리서 헬리콥터 한 대가 보였는데, 한참 동안 우리를 쫓아오더니 어느 순간 우리 가까이에 왔는데 에콰도르 군대 소속인 것을 알 수 있었다. 잠시 후에 빠른 속도로 달리는 보트들도 봤는데 역시 군인들이 타고 있었고 우리 곁을 한두 번 지나갔다.

세 시간 후에 전에 들렀던 파냐코차라는 작은 촌락에서 멈췄다. 강가에는 군용보트 두 대가 묶여 있었고 얼굴에 위장색을 칠한 무장군인들이 많이 있었다.

"지금 훈련 중이십니까?"

무슨 일인지를 몰라 군인 한 명에게 물었다.

"아닙니다. 콜롬비아 게릴라들을 찾고 있습니다. 석유회사 막사에 들어가서 열 명을 납치했습니다. 여덟 명은 미국인들이고 한 명이 벨기에인, 또 한 명은 아르헨티나인입니다. 인질들을 회사 소유 헬리콥터에 태우고 국경까지 데리고 갔습니다."

"아, 게릴라들이 더 있을 거라고 생각합니까?"

"지금 수색 중입니다."

나는 칸데와 함께 영국인들에게 군인들이 분주하게 움직이고 있는 이유를 통역해 줬고, 군인들과 같이 코카로 돌아가고 싶은지 물어보았다. 그들이 우리와 같이 계속 여행하고 싶다고 대답해서 우리는 그 지역을 잠시 돌아다니기로 했다.

원주민 아이들이 우리를 보자마자 가까이 다가오더니 지난번에 자기들한테 과자를 준 우리를 다시 만나게 된 것을 행복해했다.

"마르틴이다, 마르틴과 칸데가 온다!"

원주민 아이들이 소리쳤다. 지난번에 방문했을 때는 아이들한테 내 이름을 마르틴이라고 말했다. 그때는 파냐코차에서 3일간 머무르면서 라파엘과 콘테로스가 해야 했던 여행을 이용해서 이곳에 도착했었다.

지난번에 방문했을 때는 첫째 날부터 원주민들에게 가까이 다가가기 위해 노력해야만 했다. 그들은 수줍음을 많이 타서 질문을 하면 살짝 웃는 게 대답의 전부였고, 그리고는 우리를 외면하였다. 아이들도 우리가 가까이 다가가면 마찬가지였다. 그래서 우리는 놀이를 통해서 그들 곁에 다가가기로 했고 어릴 적에 놀았던 '썩은 계란' 놀이를 가르쳐 줬다. 아이들이 금방 반응을 보이며 활짝 웃으니 어른들도 왜 그렇게 웃는지 궁금해하며 관심을 가지고 놀이판에 껴서 재미있게 놀았고, 결국 우리를 받아들였다.

다음 날 우리는 결혼식 파티에 초대받고 가서는 놀랐다. 그들의 음악, 춤, 음식…… 음식은 사냥해서 잡은 동물들을 최근 15일 동안 훈제를 한 건데, 악어와 원숭이와 사슴 고기도 있었다. 내 옆에 앉아 있는 사람한테는 원숭이 팔을 대접했는데 그것을 먹는 모습이 어린아이를 씹어 먹는 것 같았다. 손가락까지 사람하고 닮았다! 마실 것으로는 유카로 만든 치차라는 술이 나왔다. 여인들이 유카를 씹어 항아리에 뱉어서 뚜껑을 덮어 놓으면 유카가 균하고 섞이면서 발효가 되어서 술이 되었다. 그 파티에서 또 우리의 관심을 끈 것은 결혼식이 신랑신부가 중심이 되는 것이 아니라, 신랑 가족이 신부 가족에게 딸을 자기 집안으로 보낸 것에 대한 감사의 표시로 마련한 자리였다는 것이다. 신랑 가족 구성원들은 전부 다 — 부모, 형제들, 사촌들, 조부모, 먼 친척들 ── 새로 들어오는 식구를 어떻게 대해야 하는가에 대한 충고를 얻기 위해서 신부 가족들과 가까워져야 했다. 파티는 사람들이 술에 취해 떠들다 그 자리에서 잠드는 걸로 끝이 났다. 우리는 음식을 남기는 것이 안 좋아 보여서 남은 음식을 야자수 잎에 싸서 가져왔다.

오늘 이 새로운 방문에 그들은 생선을 준비해서 우리를 초대했다. 우리는 두 시간쯤 있다가 밤을 보내기에 좋을 만한 장소를 찾기 위해 다시 출발했다.

시작

우리는 강물을 따라가기도 하고, 거슬러 올라가기도 하였다. 강의 폭이 처음에는 2백 미터였는데 갈수록 점점 좁아져 15미터 되는 곳을 지나갔다. 나무 하나가 강을 가로막고 있어서 더 나아가지 못하고 멈추었다. 엔진에서 이상한 소리가 나서 끄려고 했는데 멈추지가 않았다. 가까이 가서 살펴봐도 원인을 알 수가 없었다. 버튼을 누르지 않았는데도 시동이 걸리면서 엔진이 작동했다. 브라울리오가 내 지시를 기다리고 있어서 엔진을 끄고 자동연결을 해제하라고 했다. 이제부터는 출발할 때마다 배터리를 껐다가 켜야 될 것 같았다.

첫날밤은 수천 가지 소리가 들리는 밀림에서 보내기로 했다. 나무숲 위와 아래와 강에는 생명들이 숨어 있었다. 어떤 사람은 위험을 못 보고 어떤 사람은 본다.

"오늘은 우리 모험 시작에 정말 잘 어울리는 날이군요."

제임스가 나한테 말했다.

"네, 내 인생 처음으로 항해하는 날치고는 그리 나쁘지 않네요."

내가 대답하자 당혹해하는 그의 표정이 보였다. 그는 내가 항해에 대해 아무것도 모른다는 것을 몰랐던 모양이었다. 내가 알고 있는지 물어본 적도 없었다.

다음 날 계속해서 하류를 따라갔다. 우리는 앉아서 주변의 경이로운 경치를 바라보았다. 출발할 때부터 나는 카누 끝에 자리 잡고 발로 물을 튀기면서 주변을 감상할 수 있었다. 그러나 엔진을 살피러 가기 위해 이런 환상적인 순간들을 중지해야만 했다. 뱃머리에서 선미까지는 길이가 20미터였고, 도착하면 엔진 온도계를 제일 먼저 봤고, 이때 빨간 눈금이 체크되어 있으면 재빨리 엔진을 끄기 위해 디젤엔진 연결 장치를 닫고 한눈팔고 있는 브라울리오에게 소리쳤다.

"엔진 다 태우고 우리를 밀림 한복판에 있게 할 작정이야? 내가 카누를 되돌려 주기를 바라는 거야? 엔진이 다 타면 어쩌려고 그래?"

내가 이렇게 고함을 치면 브라울리오는 내 얼굴을 피해서 앞만 바라봤다.

"브라울리오, 우리를 데려다 줄 이 엔진을 잘 관리해야 돼."

"저기 좀 보시는 게 좋겠습니다."

브라울리오가 강에 쌓여 있는 엄청난 나무와 가지들을 가리키면서 내 말을 중단시켰다. 그곳은 물길을 따라 우리가 지나가야 할 지점이었다. 브라울리오는 키를 움직였지만 엔진 없이는 별 도움이 되지 않았다.

"부딪치면 우리는 날아갑니다."

"시동 다시 켜!"

그에게 명령했다. 그러나 엔진이 너무 과열되어 있어서 시동을 다시 켤 수가 없었다.

"이 밧줄을 이쪽 끝에 묶어."

클레베르에게 지시하고 나는 둘살은 신경도 안 쓰고 강으로 뛰어들어 수영을 하기 시작했다. 다행히 우리는 강가에서 그리 멀리 떨어져 있지 않아서 나는 그쪽으로 다가가려고 애를 썼다. 나는 카누와 차와 그 밖의 것들을 잃어버릴까봐 두려웠다. 또 저 가지들과 나무들 사이에 뭐가 있을까 생각하니 온몸에 소름이 끼쳤다. 악어와 전기뱀장어가 항상 우글거린다는 것을 알면서도 나는 그곳으로 헤엄쳐 갔다. 그리고 가지나 다른 것 때문에 더 큰 불상사가 생긴다면 피라니아 떼들이 나를 책임질 것이다. 뭔가 미끈거리는 것이 내 발에 걸려서 다른 발로 건드려 보니 나무였다. 밧줄을 쥒자마자 나를 끌어당겼고, 겁에 질린 나는 화살처럼 빨리 헤엄쳐서 도망쳤다. 엔진이 식기를 기다렸다가 브라울리오와 클레베르가 살고 있는 원주민 마을로 향했다. 거기서 밤을 보낼 것이다.

밀림에서 태어나고 밀림에서 죽는다

브라울리오와 클레베르가 도착하면 오랫동안 못 본 자식이 돌아오는 것이라 식구들이 환대해 줄 거라고 우리는 생각했다. 그러나 그와는 정반대로 한 번도 떨어져 있지 않았던 사람 대하듯이 했다. 우리는 파냐코차에서도 이와 같은 모습을 봤다. 거기서도 부모들이 자식들에게 집착하지 않고 사랑의 마음을 잘 드러내지 않았다.

우리는 해안과 나란히 나 있는 길을 걸어갔다. 집들이 옹기종기 모여 있고, 밀림에서 자라는 것들로 만든 조그만 다리들이 잔잔한 강을 가로지르고 있었다. 이 마을은 그리 크지가 않아서 집집마다 다니면서 인사를 했다.

브라울리오가 조그만 관을 만들고 있는 사촌 한 명을 만나 케추아어로 이야기를 주고받고서 우리에게 말했다.

"한 살 반 된 아기 거랍니다. 지난주에는 여섯 살 된 아들을 땅에 묻었어요."

"무슨 일로요?"

제임스가 물었다.

"열병으로요."

브라울리오가 대답했지만 그들은 말라리아, 뎅기열 아니면 열이 나는 모든 병을 다 열병이라고 불렀다.

"왜 저들이 자식들한테 그렇게 집착하지 않는지 이제야 이해가 되네요. 언제라도 자식들을 잃을 수 있으니 너무 사랑을 쏟으면 고통이 훨씬 더 클 수 있잖아요."

칸데가 말했다.

브라울리오의 할아버지 집에 도착했다. 그는 샤먼이었다. 그는 지금 열병에 걸린 아이를 치료하고 있었지만 정확한 병명을 모르고 있었다. 아마존에서 죽음은 삶처럼 자연스럽고 일반적인 것이다. 태어나고 죽는데, 만일 그 사이에 삶과 사랑이 있을 수 있다면 더 좋다. 그들은 황열병, 말라리아, 광견병, 차가스병, 뎅기열, 독거미, 독사, 피라니아, 악어, 퓨마, 재규어, 개미, 아나콘다, 독가오리, 전기뱀장어, 거머리, 모기, 진드기 그리고 수천 가지 기생충과 더불어 산다. 의사도 없고 치료제도 없다.

이제 조금만 더 가면 밀림지역이라 아무런 의심 없이 계속 걸어갔는데 같이 가던 클레베르가 안 보였다. 밀림으로 들어가자마자 그늘 속에 우리만 있는 것 같았다. 나무가 너무 빽빽이 우거지다 보니 하늘도 안 보여서 실제보다 더 늦은 시간 같았다. 밀림이 우리 관심을 끌었기 때문에 바닥이 진흙투성이인 것도 아무런 문제가 되지 않았다.

바로 몇 분 전에 집에서 나왔는데 벌써 사람의 손길이 닿지 않은 순수한 땅에 들어섰다. 원주민들은 강 위에서 살면서 밀림에는 한 번씩 사냥하러 들어간다. 여기서는 똑바로 갈 수 없다. 숲이 너무 우거져서 겨우 몇 미터 앞밖에 볼 수 없기 때문이다. 온갖 색깔의 나무들이 다 있었는데, 그중에서 내가 살던 동네 농장에서 실내용으로 팔던 나무들이 있어서 알아볼 수 있었다. 차이가 있다면 여기 나무들에는 가격표가 붙어 있지 않다는 것이었다.

만일 나만 혼자 남겨 놓는다면 어디로 가야 할지, 심지어 태양이 어디에 있는지도 모를 거라는 생각이 들기 시작했다. 강 하나를 건널 때마다 강물이 꾸불꾸불 흘러가고 흘러왔기 때문에 그게 같은 강인지도 몰랐다. 그나마 우리가 침착을 유지할 수 있었던 이유는 클레베르가 이 지역 출신이라 밀림을 잘 알고 있기 때문이었다. 동물 발자국이 보였다. 재규어 발자국일까? 들소 발자국일까? 발자국이 많이 남아 있었지만 우리 소리 때문에 짐승들은 벌써 멀리 달아났을 것이다.

한 시간 정도 걷다 보니 우리 체력은 바닥이 났다. 신발은 끈적끈적한 진흙이 잔뜩 묻어서 무척 무거워졌다. 옷은 땀과 젖은 나뭇잎에 스치면서 다 젖었고, 나무와 가시덤불을 칼로 치고 나가다 보니 팔은 지칠 대로 지쳤다. 고요함 속에서 걸어가다 보니 밀림의 소리가 분명하게 들렸고, 원숭이가 우리를 피해서 나뭇가지 사이를 돌아다니는 소리와 우리의 출현을 경고하는 새소리와 긴장한 앵무새 소리가 들렸다.

실제 밀림 속은 정말로 아름다웠다. 나무, 풀, 꽃, 덩굴로 가득 찼다. 우리는 60미터가 넘는 세이바라고 하는 거대한 나무 부근에 있었다. 그 나무 몸통은 기둥처럼 생겼는데 우리가 에워싸지 못할 정도였다. 그 나무를 껴안으니까 큰 기쁨이 샘솟았다.

크고 아름다운 색깔로 눈에 확 띄는 나비가 칸데의 머리에 앉았다. 우리 모두는 나비가 놀라지 않도록 조용히 있었다.

"정말 예쁘다."

벤이 말했다.

"내 마누라니까 조금 기다려."

내가 농담으로 그에게 말했다.

"나는 나비보고 한 말인데……."

내가 농담으로 한 말을 진담으로 알아듣고 다시 분명하게 자기 생각을 밝혔다.

"이런 꽃을 거절할 나비는 없지."

내가 사랑스런 표정으로 대답하고, 칸데에게 포옹을 하려고 하니까 나비가 놀랐다. 그때 클레베르가 사방을 살피면서 안절부절못하고 있어서 신경이 쓰였다.

"위험한 짐승이라도 있는 것 같아?"

칸데가 놀라서 물었다.

"아니요, 아니요. 우리가 온 길을 모르겠어요."

그의 대답에 우리 모두가 입을 다물지 못했다.

"어떻게 그걸 모를 수가 있어?"

내가 소리를 질렀다.

"돌아가는 길 몰라?"

칸데가 거의 절망적으로 물었다.

"알긴 아는데, 확신이 안 서서……."

클레베르가 같이 가니까 우리는 안심을 하고 길에는 전혀 신경을 안 썼다. 나침반조차도 가져오지 않았다. 지금 불안한 것보다 더 심각한 문제는 길을 잃어버렸다는 것이다.

우리는 진흙에 남긴 발자국을 따라서 돌아가기로 결정했다. 그러나 짧은 시간에 벌써 발자국들이 떨어진 잎들에 가려 보이지 않았다. 그래서 우리가 오면서 칼로 잘랐던 나뭇가지들을 찾기 시작했다. 그러나 우리가 칼을 사용할 줄 몰랐고 우리의 녹색물결이 필요한 경우를 제외하고는 나뭇가지를 베지 말도록 해서 이것들도 많지 않았다. 우리는 불안감 속에 밀림에서 탈출할 방도를 찾으면서 조 편성을 했다. 잘린 나뭇가지나 발자국이 있는 곳까지 가서 거기서 한 명이 남고, 나머지 인원들은 부근에서 또 다른 표식을 찾고, 계속 그런 식으로 전진하자고 했다.

결국 강가에 도달하는 데 세 시간이 걸렸지만 우리 생각에는 더 걸린 것 같았고 갈 때는 한 시간밖에 안 걸렸다는 생각이 들었다. 멀리서 강이 보이자 우리는 집에 도착한 것처럼 마음이 놓였다.

특별한 일 없었습니다, 선장님

다음 날 강 하류를 항해하면서 조류에 카누를 거의 맡겼다. 속도를 올리면 엔진이 뜨거워져서 매우 천천히 갔다. 이러면 소음이 적게 나서 더 많이 볼 수 있었고 여행이 며칠 더 연장되어서 좋았다.

"열 받으면 안 돼. 계속 침착해."

엔진한테 말을 하면서 손바닥으로 툭툭 쳤다. 카누 앞쪽으로 가는데 채찍질 같은 소리가 들렸다. "이게 뭐지"라는 표정으로 브라울리오를 바라봤다.

"벨트가 끊어졌어요."

그가 매우 태평스럽게 말했다.

"아니, 엔진, 무슨 일이야? 네가 시동을 걸기 싫어해서 출발도 늦췄잖아. 그런데도 너는 매일 내 실력을 테스트하잖아. 나는 기계를 모르고 너도 나를 안 좋아해서 우리는 네가 뜨거워지지 않는 속도로 갔는데, 무슨 일이야? 벨트라니! 아마존 한복판 어디에서 벨트를 꺼낼 수 있는지 나한테 말 좀 해줄래?"

내가 엔진한테 말하고 있는 동안, 브라울리오는 내가 미쳤다고 생각하면서 나를 뚫어지게 봤다.

항해를 계속할 수 있는지 알아보기 위해 벨트의 기능이 뭔지를 살펴봤다. 배터리와 물 펌프가 벨트로 작동되는 것을 알아냈고, 따라서 멈출 수밖에 없었다. 그렇지 않다면 엔진이 또 다시 뜨거워질 것이다. 영국인들이 왜 배가 멈췄는지 보러 와서 벨트가 끊어졌다는 이야기를 듣고는 절망적인 한숨을 내쉬었다.

그때 차의 벨트를 사용해 보면 어떨까라는 생각이 떠올랐다. 그러나 이것은 매우 작을 뿐만 아니라 모양도 달랐다. 다시 그것을 자세히 살펴보니 내가 좋아하는 도구인 철사와 연결할 수 있을 것 같았다. 안돼, 작동이 안 될 거야. 벨트는 오랫동안 사용하지 않고 또 햇빛과 비 때문에 매우 말랐고 금이 가 있었다. 뭔가 도움이 될 만한 것을 찾아보려고 차로 갔다. 생각해봐, 상상해봐⋯⋯. 뭔가를 할 수 있어야 돼! 나한테 말했다.

스페어타이어! 타이어에는 튜브가 있다. 튜브를 링으로 잘라서 그 중에 한 개를 탄성벨트로 사용하면 어떻게 될까? 모두들 내가 타이어를 분해하고 칼을 잡고 튜브를 자르는 모습을 유심히 봤다.

"작동할지는 모르겠지만 더 잃을 것도 없잖아요."

그들에게 말했다.

"어떻게 튜브를 가지고!"

칸데가 나를 격려했다.

몇 분 뒤에 나는 새 '벨트'를 끼우고 시동을 걸었다. 물 펌프가 작동하는지 체크했다. 성공이다! 모두들 새로운 테스트에 성공했다는 기쁨에 소리를 질렀다.

오후에 에콰도르의 마지막 마을인 로카푸에르테에 도착했다. 많은 사람들이 부두에서 우리를 기다리고 있었다. 항만관리소에 서류를 제출했다.

"특별한 일 있었어요?"

"아무 일 없었습니다, 선장님."

"뭐 부서진 거나 불편한 것은 없었어요?"

"하나도 없었습니다, 선장님."

계속 여행하는 것이 걱정돼서 우리 여행을 저들이 중단시킬까봐 거짓말을 했다.

"카누가 도착할 때마다 부두에 사람들이 저렇게 마중 나옵니까?"

"아니요, 차 보러 온 거예요. 거의 모든 애들과 많은 어른들이 차를 본 적이 없어요."

그의 말을 들으니 우리 마을에 처음 왔던 서커스단이 기억났다.

우리를 뭐든지 도와주려는 멋진 가족의 집에서 자기로 했다. 딸인 켈리가 야수니 국립공원 책임자라서 우리는 두말하지 않고 거기를 여행하기로 했다. 카누에 필요한 것을 보충하고 다음 날 떠났다.

켈리는 가는 도중에 우리한테 그 공원은 굉장히 넓고 사람의 손길이 전혀 닿지 않은 곳이라 접근하기가 너무 어려워 공원관리인이 없고, 관광객이든지 사냥꾼이든지 간에 그곳을 방문하는 사람은 거의 없다고 말했다. 그녀가 해준 말이 전부 다 아름답게 들렸지만 그 환상적인 밀림 아래 석유가 묻혀 있어서 개발을 시작하기 직전이라는 말은 듣는 순간 서글펐다. 페루와의 국경을 지키는 에콰도르 군 초소를 지나가게 돼서 카누를 멈추고 서류를 보여주고 여행 목적을 밝혔다.

통관 절차가 다 끝나고 여행허가를 받았으나 페루에 들어가기 전에 우리 카누가 공원까지 이어지는 강에서 벗어나버렸다. 우리가 거슬러 올라가는 이 조그만 강은 두 나라 사이를 가로질러 가는데, 한쪽 강변은 페루고 다른 쪽은 에콰도르다. 많은 나무들이 우리 길을 뒤덮고 있었고, 분홍색 돌고래들이 새끼들을 데리고 우리를 따라왔다. 우리는 마지막 집에서 멈춰서 소형 카누를 빌렸다.

이 시간 이후로는 우리 자신들 말고는 어떤 사람도 볼 수 없을 거라는 것을 의식하면서 여행을 계속했다. 강을 따라 계속 올라가다가 지금보다 더 작은 지류를 타고 거대한 라구나까지 갔다. 그곳은 낙원이었다. 앵무새들이 하늘을 가로지르고 모든 색상의 새들이 우리의 호기심을 자극했다. 모든 것이 정말로 아름다워서 라구나 한복판에서 닻을 내렸다. 물론 우리 카누에는 닻이 없었다. 그러나 조류도 없었고

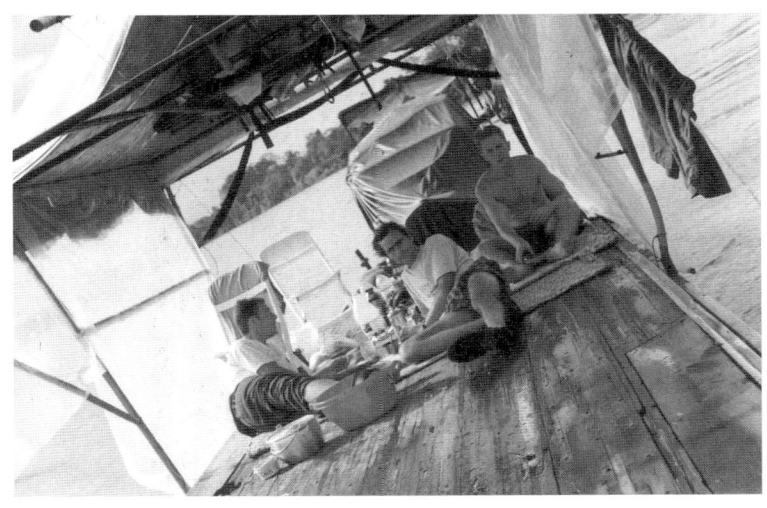

바람도 일지 않아서 카누가 움직이지 않았다. 물이 정말 예뻐서 몇 시간 동안 수영을 했다. 물이 황토색이라 손을 담그면 보이지 않을 정도였지만 우리는 개의치 않았다. 영감을 얻은 칸데는 그림을 그렸다. 밀림에서도 영국혈통을 간직해서 검은 우산을 챙겨온 벤 덕분에 영국인들은 작은 카누에 장비를 싣고 탐사를 떠났다. 우리는 다시는 볼 수 없는 오직 한 번뿐인 석양을 기다렸다. 붉은 하늘이 우리에게 영광을 주었다. 우리는 공원관리인의 집에서 자기로 결정했다. 이제는 버려진 집이지만 아직은 쓸 만했다.

시동을 걸었는데도 카누는 움직이지 않았다. 눈에 보이지 않는 조류가 우리도 모르는 사이에 우리를 데리고 가고 있었다. 만일 강에서 좌초하게 되면 비를 기다리면 되지만 라구나에서는 홍수를 기다려야 한다. 브라울리오는 경험을 살려 스크루와 키를 움직이기 시작했고, 많은 흙탕물을 일으키면서 카누는 겨우 앞뒤 좌우로 움직일 수 있게 되었다.

그렇게 해서 겨우 집으로 돌아올 수 있었는데, 그 집은 조그만 두 개의 강이 합쳐지는 지점에 위치하고 있어서 전망이 매혹적이었다. 도착하자마자 저녁거리를 장만하러 브라울리오와 낚시하러 갔다. 그는 많은 물고기를 낚았는데, 나는 겨우 낚싯바늘만 물에 적시고 미끼로 물고기들 배만 채워줬다. 어제는 조그만 물고기 한 마리를 잡았는데 끔찍하게 생긴데다가 앞을 못 보고 비늘도 없고 끈적끈적한 점액으로 둘러싸여 있었다. 비쩍 말랐고 혐오스럽게 생겨서 그 입에서 낚싯바늘 꺼내기가 불가능했다. 신기하게도 나는 그 지역원주민들이 먹지 않는 유일한 물고기를 낚은 것이다.

브라울리오는 낚싯바늘에 물고기 미끼를 조금 끼워서 강물에 던지기만 하면 피라니아가 엄청나게 올라왔는데, 나는 빈 낚싯바늘만 계속 걷어 올렸다. 피라니아는 잡으면 머리를 재빨리 자르고, 그 다음에 낚싯바늘을 빼내야 한다고 충고했다. 그렇지 않으면 손가락이 잘릴 수 있다고 했다. 비록 브라울리오가 모두가 충분히 먹을 수 있을 만큼의 물고기를 잡았지만, 내일 아침에 먹을 물고기는 내가 직접 잡고 싶어서 어두운 밤까지 낚시를 하기로 마음먹었다. 물고기들이 첨벙거리고 뛰어오르는 소리가 들렸다. 그럴 때마다 낚싯줄이 흔들려서 들어 올려보면 빈 낚싯바늘뿐이었다.

"물고기 좀 있어요?"

제임스가 물었다.

"물고기는 많은데 잡히는 놈은 하나도 없어요."

내가 화가 나서 대답했다.

"나 좀 줘보세요."

그에게 낚싯줄을 넘겨줬다. 2분이 채 지나기도 전에 줄이 탱탱해지는 것을 느꼈다. 그가 줄을 당기면서 나에게 도움을 청해서 같이 당기다 보니 뭔가 큰 것이 걸렸다는 느낌이 왔다. 그 물고기를 거의 물밖으로 끄집어냈을 때 물고기가 아닌 것 같은 물체가 굉장히 크게 첨벙거리는 소리를 내서 브라울리오에게 랜턴을 가지고 와서 도와달라고 소리쳤다. 세 명이서 끌어올린 것은 엄청나게 큰 가오리였다. 제임스는 무척 행복해했고 모두들 그 가오리를 강으로 다시 돌려보내려고 했지만 안타깝게도 가오리는 이미 낚싯바늘을 삼켜서 그 바늘이 그의 뱃속에 걸려 있었다. 가오리는 힘들게 새끼 두 마리를 낳지만 금방 죽어버렸다. 모두가 슬픈 침묵에 빠졌고 제임스의 기쁨은 괴로움으로 바뀌었고 나는 그 물고기를 잡은 어부라는 비난을 받지 않은 것에 감사했다. 결국 우리는 아침 식사용으로 잡은 물고기들을 다 놔주고 맛있는 가오리 요리로 저녁을 먹었다.

저녁을 먹고 나서 브라울리오와 칸데와 나는 소형카누를 타고 노를 저어서 라구나를 구경했다. 우리는 악어가 보고 싶었는데 여기가 최상의 지역이었다. 라구나에서 시작되는 조그만 강을 올라가자 매우 천천히 떠내려가는 잡초들로 만들어진 아주 큰 플로팅 아일랜드와 마주쳤다. 비록 이쪽 강변에서 저쪽 강변을 다 뒤덮고 있었지만 우리는 헤쳐나갈 길을 찾아서 계속 전진했다.

라구나에 도착하니 훨씬 더 커보였고, 어둠 앞에서 모든 것이 달랐다. 동물들의 움직이는 소리가 끊임없이 들리고, 소리도 달랐고, 물은 생명을 얻은 것 같았다. 한참 동안 밝게 빛나던 달이 구름 뒤에 숨으면서 우리는 깜깜한 어둠 속에 갇혔다. 소형 카누는 나무속을 파서 만들기 때문에 깨지기 쉬운데다가 우리가 타고 있는 카누는 낡아서 몇 군데가 깨져 있었는데, 거기로 물이 들어와 나는 어둠 속에서 조용히 물을 퍼냈다.

브라울리오는 두 손을 입에다 갖다 대고 황소울음 같은 낮고 센 소리를 냈다. 그가 그 동작을 멈추자 라구나 전역에서 그와 비슷한 소리들이 들렸다.

"무슨 소리를 낸 거야?"

"암컷악어가 발정기 때 내는 소리예요. 우리가 들은 소리는 수컷들의 대답이고요."

"그렇게 많아?"

브라울리오는 우리에게 보여 주려고 랜턴으로 악어들을 찾았다. 붉은 점을 보면서 가까이 다가갔다. 악어의 충혈된 눈이 물 위로 드러났다. 악어의 큰 머리를 자세히 보려고 놀라움과 두려움 속에서 조금씩 조금씩 가까이 다가가니 여러 마리가 물속에 있었다. 우리는 태어난 지 겨우 며칠 된 새끼악어를 잡았다가 다시 물에 놔줬다. 더 많은 생명체들을 보려고 강변을 따라가면서 랜턴을 여기저기 비추었지만 우리에게 보이는 것은 랜턴 불빛뿐이었다.

악어가 많이 있다는 사실을 알고 나니 칸데와 나는 긴장되면서 불편함을 느꼈다. 반짝이는 물 위에서 움직임이 감지돼서 그쪽으로 랜턴을 비추는데 브라울리오가 동물 이름을 외치면서 말했다.

"이건 독사인데요, 불빛을 따라온 겁니다."

노로 뱀을 들어 올려 멀리 집어던졌다. 몇 초간의 침묵 뒤에 이제 돌아갈 시간이 됐다고 브라울리오에게 말했다. 그의 요구대로 랜턴을 끄고 노 젓는 소리만 들리는 고요함 속에서 카누의 방향을 바꾸었다.

얼마 지나지 않아 우리는 어떻게 빠져 나왔는지도 모른 채 조그만 강에 들어섰다. 브라울리오는 어둠 속에서도 사물을 보는 능력이 있는 것 같았다. 물론 실제로는 그렇지 않았지만 어쨌든 길눈이 밝았다. 라구나를 무사히 벗어났다는 안도의 한숨을 내쉬고 있는데 갑자기 카누가 물 위로 들리면서 흔들렸다. 크게 첨벙거리는 소리가 들리고 카누가 다시 물 위로 내려앉았다. 그러나 이번에는 물이 가득 찼다. 랜턴을 켜고 브라울리오의 얼굴을 비춰 보니 그의 얼굴은 이제 갈색이 아니라 백지장처럼 하얗게 되었다. 그의 눈은 동굴에서 나온 것 같았다.

"저게 뭐야?"

칸데가 떨며 말했다.

"잘 모르겠는데 악어일 거예요."

브라울리오가 대답하면서 그 어느 때보다도 더 빨리 노를 저었고, 나는 정신없이 물을 퍼냈고, 칸데는 본능적으로 칼을 쥐었다.

몇 미터 나가지도 못했을 때 플로팅 아일랜드가 우리 진로를 막아서 아무리 애를 써도 뚫고 지나갈 길을 찾을 수가 없었다. 브라울리오는 잡초와 나뭇가지가 적은 곳으로 빠져나갈 생각이었으나 카누가 정지하면서 더 나갈 수가 없었다. 있는 힘껏 카누를 후진하면서 랜턴으로 강변을 비춰 보니 잡초와 나뭇가지로 뒤덮인 바다라 칼 없이는 자르고 나가기가 어려웠다. 거기다가 우리는 거기에 다가가는 것이 무서웠다. 우리는 어떻게 할 것인지 몇 분간 생각하면서 가슴을 좀 진정시키려고 했다. 깊은 숨을 들이마시면서 우리들 폐에 깨끗한 공기를 넣어 주고 우리들 피에 산소를 공급했다. 좀 정신을 차리고 나서 탈출 방법을 모색했다.

"우리는 칼 한 자루가 있으니 플로팅 아일랜드의 잡초와 나뭇가지를 자르면서 전진할 수 있을 거야. 그러기 위해서는 손을 물에 담가야

해. 저기에 악어들이 있는 것은 우리 모두 알고 있는 사실이고, 우리가 악어한테 놀라는 대신에 우리가 악어들을 놀라게 해야 돼.”

“어떻게요?”

긴장한 칸데가 물었다.

“브라울리오는 노를 가지고 리드미컬하게 물을 두드리고, 칸데는 양동이를 가지고 똑같이 하면 돼. 그리고 우리 셋이서 동시에 입으로 소리를 내는 거야. 전부 리드미컬하게 하면 어떤 동물도 나타나지 않을 것이고 그러면서 우리는 필사적으로 물에서 빠져나가는 거야.”

우리는 브라울리오가 지나가려고 했던 그 지점으로 다시 돌아왔다. 칸데와 브라울리오가 목소리와 악기로 리듬을 만들어 낼 때 나는 나뭇가지를 자르기 시작했다. 우리가 하고 있는 모습을 보니 두려움은 사라지고 웃음소리가 터져 나왔다.

“만일 영국인들이 우리를 찾으러 나섰다면 이 소리를 듣고 집으로 도망칠 거예요!”

칸데가 말했다.

“와오라니 인디언들이 우리를 만나면 우리한테 악마가 씌었다고 생각하고 죽일지도 몰라요!”

브라울리오가 웃으면서 말했다. 그렇게 웃고 리듬 소리를 내면서 우리는 행복하게 그 섬을 빠져나갔다.

켈리가 만드는 맛있는 생선튀김 냄새에 잠을 깼다. 피라니아는 뼈까지 익혀서 먹기 때문에 좀 더 오래 구웠다. 오늘 프로그램은 완전히 물 바깥 여정으로 이루어졌다. 우리는 브라울리오를 선두로 해서 밀림 속을 걷고 싶었다.

"먹을 것을 찾아 아마존에 사냥 가는 자는 다른 생명체의 먹잇감이 될 수 있습니다."

브라울리오가 우리에게 경종을 울리는 의미로 말했다. 밀림을 지나가면서 식물들의 이름과 그 쓰임새에 대해 가르쳐 주었다. 우리에게 수액을 맛보게 하려고 넝쿨을 하나 잘라서 거기서 흘러나오는 달콤한 액을 맛보게 했다. 그리고 야자나무를 자르더니 그 안에 들어 있는 야자순을 맛보라고 줬다. 그러나 가장 큰 놀라움은 작은 나뭇가지들이 일종의 매듭모양을 하고 있는 어떤 조그만 나무에 다다랐을 때였다. 그 가지들을 열어 보니 그 안에서 조그만 개미들이 당황해서 떼를 지어 나오는데 그 수가 엄청났다.

"맛보세요."

브라울리오가 권했다.

"개미를?"

이구동성으로 물었다.

"네, 레몬 맛이 나서 레몬 개미라고 합니다."

브라울리오가 그 개미들을 맛보면서 설명했다. 우리도 다른 매듭들을 열고 혓바닥으로 개미들을 입을 넣은 다음 간지러움과 레몬 맛을 느꼈다. 우리는 개미하고 그 유충도 먹었다.

밀림을 걷는다는 것은 무척이나 매력적인 일이었다. 원숭이, 거북이, 큰부리새를 봤고 또 동물들의 많은 발자국을 보고서 아무리 그 동물들이 우리 앞에서 모습을 감추어도 밀림 속에 실제로 있다는 것을 알 수 있었다.

… 느낌이 든다

지금까지는 강을 거슬러 올라갔으니 이제부터는 내려가야 했는데, 신기하게도 강물이 아래로 흐르는 대신에 올라오고 있었다.

"어떻게 강물이 반대로 들어오지?"

브라울리오에게 물었다.

"나포강 상류에 틀림없이 비가 왔을 겁니다. 그러면 강 수위가 올라가고 지류로 흘러들어 갑니다."

내 몸 상태가 좋지 못했다. 목이 뻣뻣하고 마음이 약해진 것처럼 의욕이 없었다. 시간이 지나면서 컨디션이 더 악화되더니 서 있을 때도 오로지 눕고 싶은 생각밖에 안 들었다.

밤이 찾아오고 아무것도 볼 수 없을 정도로 깜깜했지만 적어도 우리는 나포강에 도착했다는 것만으로도 기뻤다. 우리는 나포강 가까이에 있고, 이제 물 밑에 나무도 훨씬 적어서 잠시 누워서 쉬려고 하니까 브라울리오가 소리쳤다.

"키가 없어졌어요! 키를 잃어버렸어요!"

"어떻게 키가 없어질 수가 있어? 키 없이 카누를 어떻게 운전해? 그것은 마치 산길을 운전해 가다가 갑자기 핸들이 떨어져서 손에 있는 것과 같은 거야."

"분명히 나무에 부딪혀서 잃어버린 겁니다."

"어떻게 하지! 우리는 닻도 없는데……. 하나 있으면 얼마나 좋을까!"

이렇게 말하면서 나는 집에 도착하면 엄청나게 큰 닻을 하나 사서 비행기 여행할 때도 가지고 다닐 거라는 생각을 했다. 브라울리오가 속도를 줄이기 시작했다.

"전속력으로!"

그에게 소리쳤다. 가속기를 최대한으로 당기니 엔진이 포효를 했다. 브라울리오는 내가 무슨 생각을 하는지 궁금해하며 나를 바라봤다. 사실은 아무 계획도 없었다. 단지 물살에 끌려가다가 충돌하는 것만은 피하고 싶었다. 거기다가 카누를 통제하지 못하면서 페루 군 초소를 지나가는 것은 위험할 수도 있었다. 그것도 밤에 멈추지 않으면 우리한테 발사할 수도 있을 것이다. 그래서 나는 전속력으로 전진해서 강변에 부딪히든지, 아니면 햇빛을 찾아 물 위에 있는 나뭇가지들하고 충돌을 하는 방법을 택했다. 짧은 순간에 천 가지 생각을 했다. 나뭇가지에 충돌해서 차가 완전히 부서지고 우리가 다치는 상상까지 했다.

"모두 엎드려!"

강가에 닿기 전에 내가 소리쳤다. 나도 모르겠다. 신이 알아서 해주시겠지!

누군가가 우리를 앞으로 밀어주는 느낌이 들었고, 제동도 그리 나쁘지 않았고, 부러진 나뭇가지 소리도 들리지 않았다. 카누가 완전히 정지해서 고개를 들고 랜턴을 켜니 우리 카누 일부분이 물 밖으로 나와 겨우 6미터 정도 되는 조그만 해변 위에 있었다. 오른쪽, 왼쪽으로는 나무들하고 가지들만 보였는데 우리가 있는 곳에는 아무것도 없었다. 우리는 놀라고 만족스런 표정으로 서로를 쳐다봤다. 나는 카누를 묶기 위해 밧줄을 가지고 해변으로 뛰어내리면서도 내 앞에서 벌어진 일을 믿을 수가 없었다. 또다시 기적이 일어난 것이다.

긴장을 풀고 몇 분 뒤에 임시방편으로 판자하고 줄하고 칼로 키를 만들어 로카푸에르테까지 겨우 갈 수 있었다.

아침에 일어날 때마다 더 어지러워서 힘들었다. 브라울리오와 클레베르는 칼과 철사로 훨씬 더 조정이 쉬운 키를 만들었고, 그동안의 엄청났던 아드레날린에서 휴식을 취하고 있었다. 칸데는 내 걱정을 하고 있었고 혹시 열병에 걸리거나 곤충한테 물린 게 아닌가 싶어 두려워했지만 나는 열은 없었고 단지 어지럽기만 했다. 완전히 수평으로 누워 있을 때는 상태가 아주 좋았지만 잘 때 베개도 벨 수가 없었다. 꼼짝하지 않고 위만 쳐다봤다. 만약 이런 자세로 죽어서 관에다 넣고 묻는다면 어떤 기분일까? 하고 싶은 일들이 많아서 아직은 죽을 때가 아니다. 지금까지 살아오면서 모았던 모든 물질들을 나는 이제 더 이상 갖고 있지 않고, 그것들을 가지려고 참 많은 시간을 허비했다는 생각이 들었다. 이제 나에게 남은 것은 마음뿐이어서 거기에 어떤 마음들이 들어 있는지 알아야 했다. 내 마음속에는 하고 싶은 일들과 항상 이루고 싶었지만 삶이 나를 다른 길로 끌고 가서 실현하지 못한 꿈들이 남아 있었다. 나는 사랑하는 사람들에게 애정을 보인 적이 별로 없었고 충분치 않았고 지금은 이미 늦었다는 느낌이 든다.

"의사한테 가볼까요?"

칸데가 말했다.

"응."

내가 생각에서 깨어나면서 대답했다.

의사는 탈수증이라고 말하면서 나트륨을 처방해 줬다. 카누로 돌아오니 브라울리오가 자기만의 처방법으로 나를 치료했다. 내 등에 잎을 얹고 연기를 피우며 치료를 했다. 그리고서 키가 다 만들어졌다고 알려줘서 그것을 시험해 보려고 그와 클레베르와 함께 나갔다. 우리가 잃어버린 것보다 작동하기가 훨씬 더 무거웠지만 그래도 쓸 만했다.

로카푸에르테로 돌아와서 클레베르가 카누를 묶으려고 하다가 잎들 사이에 가려져 있던 나무에 발이 끼여서 아프다며 비명을 질렀다.

밤이 되자 나는 몸 상태가 많이 호전되었고, 브라울리오는 자기 치료 덕분이라고 생각했다.

새로운 나라, 페루를 가기 위한 새로운 날이 왔다. 클레베르만 제외하고는 모두들 준비가 됐다. 퉁퉁 부은 다리로 일어나서 의사한테 데리고 갔다.

"이 마을에 겨우 이틀 계시면서 저를 두 번씩이나 찾아오십니까?"

의사가 조금 놀란 투로 말했다.

클레베르는 뼈에는 아무 문제가 없었지만 안정이 필요했다. 더 이상 우리한테 아무 도움이 될 수 없다는 것에 아쉬워했고, 자기 지갑 때문에 더 가슴 아파하며 우리에게 작별인사를 했다. 그러나 칸데와 내가 우리만 남겨두고 떠나지 말라고 부탁을 하자, 그는 무척 행복해하며 한걸음에 카누에 올라탔다.

소유권이 없는 땅

이제 우리는 강을 따라내려 가면서 국경을 지나고 있다. 페루 국경 마을이자 군사지역인 판토하에서는 아주 아름다운 방식으로 우리를 맞이할 준비를 하고 있었다. 우리가 카누를 타고 계속 여행하는 데 필요한 모든 입국 절차를 간편하게 처리해 주었다. 도로가 없는 국경지역에서 차에 관한 서류를 어떻게 처리하느냐가 우리의 가장 큰 걱정거리였는데 이 마을에는 세관이 없으니 다음 마을에 가서 처리하면 된다고 알려주었다.

이 조그만 마을을 떠나 좀 더 앞으로 나갔다. 해질 무렵 소형카누에 그물을 싣고 가던 젊은이를 만났다. 브라울리오에게 엔진을 끄라고 지시할 때 그 젊은이가 우리 옆을 지나가면서 인사를 했다.

"오늘은 가정집에서 민박을 합시다."

내가 칸데와 영국인들에게 말했다.

젊은이가 카누를 타고 우리에게 다가와 잡은 물고기를 주어서 고맙게 받았다. 브라울리오와 클레베르가 우리가 그 젊은이 집에서 자고 싶어 한다고 케추아어로 말하자, 그는 우리가 몇 명인지 신경도 안 쓰고 승낙했다.

그의 집에는 누나와 두 동생들이 같이 살고 있었고 부모님은 '강 하류'로 여행 중이라고 했다. 오로지 그 지역에서 자라는 것들로 만들어진 집은 강 가까이에 있어서 홍수에 대비해 말뚝을 박고 그 위에 지어졌다. 집에 부엌만 하나 있고 방이 없었고 식당도 당연히 없었다. 벽은 허리 정도의 높이였다. 잘 때는 해먹을 매달았다가 아침에 풀었다. 장식품은 하나도 없고 꼭 필요한 것만 있었다.

부엌 바닥에는 흙이 담긴 통이 하나 있었는데 거기에 불을 피우고

그 위 천장에다 고기와 생선을 매달고 훈제를 시켰다. 칸데가 쌀을 가져와서 고기와 같이 나눠 먹었다. 저녁은 매우 맛있었다. 호박껍질로 만든 접시에 담아서 쪼그리고 앉아서 먹었다. 음식은 손으로 먹었다. 만일 포크와 나이프가 있다면 접시가 필요할 것이고, 접시가 있다면 식탁이 필요할 것이고, 식탁이 있다면 의자가 필요할 것이다. 이것들을 다 가지고 있다면 식당이 필요할 것이다. 그러나 지금처럼 밥을 먹으니까 우리는 훨씬 편안하게 밥을 먹고 더 가까워졌다.

브라울리오는 우리가 이 집에서 자도 아무 문제가 없다고 말했다. 모두들 여행을 해야 하고 길거리에 있는 아무 집에서나 쉬어야 하기 때문이라고 했다. 그래서 여행객들이 이 땅의 주인들이냐고 물었더니 브라울리오가 말했다.

"사람들은 자기가 원하는 곳에, 원하는 때에 자기 집을 짓습니다. 땅에서 결실이 열리지 않으면 다른 땅을 찾습니다."

"그럼 버려진 집들은 어떻게 되는데?"

"얼마 안 가서 다시 땅의 부분이 되고, 몇 년이 지나면 밀림의 일부가 됩니다."

"아니, 그럼 사람들이 집을 짓는 땅은 누구 거야?"

"땅은 어느 누구의 것도 아니고, 당신이 땅에 속하는 겁니다. 당신은 땅에서 왔고 땅으로 돌아갈 겁니다. 당신이 당신의 몸에서 보는 모든 것은 땅에서 빌려온 것이고, 언젠가 다시 땅에게 돌려줄 겁니다. 당신이 태어나기 전에 땅은 이미 존재했고, 당신이 떠나간 후에도 계속 존재할 겁니다. 신은 당신에게 삶을 즐기라고 그리고 땅의 아름다움을 즐기라고 삶의 기적을 내리신 것이지, 그것들의 주인이 되라고 그렇게 하신 것은 아닙니다. 당신한테 어울리는 역할을 맡으십시오."

그는 빙그레 미소를 지으며 잠시 말을 멈추었다.

"땅이 그 역할을 보고 웃습니다."

"누가 이런 것을 다 가르쳐 줬어?"

"할아버지한테 배웠어요. 할아버지는 또 할아버지한테……."

브라울리오는 일어나서 자기 해먹 걸 곳을 찾았다. 자러 가기 전에 모두 강에서 목욕을 했는데 어두워지기 시작하면서 넓은 강물 속으로 들어갔다.

칸데 손을 잡고 조그만 해변을 걸었다. 우리는 앉아서 여기서 살고 싶은지, 살 수 있는지 생각했다. 땅의 소유에 대해 브라울리오가 한 말을 곰곰이 생각해 봤다. 우리 가족은 시골 사람들이었고, 거기서 땅의 소유는 매우 중요했다. 더 많이 가진 자가 가장 멋있고 존경을 제일 많이 받는다. 그래서 땅을 지키고 더 많이 차지하려고 인생을 바친다. 우리 할아버지는 전에는 미개인들의 땅이었던 산의 두 번째 소유주였고, 그보다도 먼저 첫 번째 소유주가 된 사람이 있었다. 진짜 '미개인'들은 누구인가? 팜파스를 자유롭게 지나갔던 사람들인가, 아니면 땅에 철조망을 치고 거기에 갇힌 사람들인가? 우리는 얼마나 엄청나게 변한 문화 속에서 살고 있고, 삶과 삶을 둘러싸고 있는 모든 것에 관한 시각들이 얼마나 다른가! 우리가 사는 동안 얼마만큼 길을 걸을 수 있고, 무슨 자유로 원하는 것을 좇을 수 있을까! 칸데와 세상을 보러 나왔고, 세상은 자기 모습을 보여주면서 우리와는 다른 문화와 언어를 가지고 다른 삶의 방식으로 살아가는 사람들을 소개해줬다. 분명히 그들은 우리하고 달랐다. 그러나 우리 몸은 땅에서 나왔고 영혼은 신에서, 그리고 각자의 영혼에 신이 꿈과 사랑을 담았다는 것은 모든 인간들의 공통된 생각이라는 것을 깨달았다.

우리는 항상 해가 지면 조금 있다가 바로 자러 갔고 해가 뜨기 전에 잠자리에서 일어났다. 오늘은 빗소리에 눈을 떴다. 순간적으로 엄청나게 오더니 금방 그쳤다. 머리를 들어서 보니 많은 원주민들이 모여 있었고, 그중에 몇 명은 카누 위에 앉아 있었다. 저기서 뭐하고 있는 거지? 우리 것을 다 훔쳐가고……. 이런 생각을 하면서 일어나 카누 쪽으로 갔다. 그러나 가면서 생각하니까 이 사람들한테는 사유재산이라는 개념이 없다는 것이 생각났다. 그러니 카누는 그들이 앉기에 적당한 공간이었던 것이다. 그리고 이들은 필요한 것은 다 가지고 있고, 물건을 모을 필요가 없기 때문에 훔친다는 개념도 존재하지 않았다. 이런 생각들을 하다 보니 그들의 방문이 부담스럽지 않았고 도리어 호기심이 생기면서 카누에 오르니 그들이 활짝 웃으며 내가 이해 못하는 말로 인사를 했다. 나는 그들을 일일이 다 쳐다보며 미소를 짓고 고개를 숙였다. 사실 내가 왜 고개를 숙인 건지는 모르겠지만 그게 내 천성이자 버릇이었다. 아무도 내 물건을 건드리지 않았고 그냥 앉아서 차를 보고 있었다. 조금 있다가 칸데가 도착해서 한 명 한 명에게 인사를 했고, 그들은 내가 했던 동작을 따라서 고개를 숙이며 인사했다. 칸데도 그들을 따라 했다. 인사가 다 끝나고 칸데는 머리를 빗기 위해 빗을 찾으러 차로 갔다. 짧은 앞머리에 단정하게 머리를 빗은 그들 앞에서 머리가 엉망인 칸데는 조금 창피하였다. 그레이엄 문을 열자 모두들 웃었고 마지못해 경적을 누르자 그들은 폭소를 터뜨리고 시끄럽게 떠들어댔다. 그들의 행복한 반응에 신이 난 내가 차에 올라 시동을 걸었더니 그들은 처음에는 놀라워하더니 금방 웃었다.

승무원들

바나나하고 파파야로 아침을 먹고 길을 나섰다. 떠날 때부터 출발 시간을 정하지 않았고, 또 어디로 가는지 몰랐기 때문에 매일 도착하고 싶은 지점도 정해놓지 않았다. 에콰도르에서 얻은 지도들은 에콰도르만 표시되어 있었고 또 우리는 그 지도가 이해가 안 됐기 때문에 지도와 우리가 있었던 지점을 연결시킬 방법이 없었다.

브라울리오와 클레베르는 강의 이쪽 지역을 항해한 적이 한 번도 없었지만 전혀 긴장하지 않고 있었다. 강폭은 점점 넓어졌고, 앞으로 나갈수록 굴곡이 심해졌다. 섬들이 많다 보니 물길이 그 사이에서 갈라져서 우리는 어디로 계속 가야 할지 몰랐다. 한쪽 물길을 타면 빙 둘러 갈 수 있고, 다른 물길을 타면 똑바로 갈 수 있었다. 그러나 이 두 물길은 결국 넓은 강을 이룰 건데 어디로 가든 무슨 상관이 있을까! 카누 끝에 있는 내 자리에 앉아서 승객들에게 집중하기 위해 경치

보는 것을 멈췄다. 영국인들은 참 놀라웠다. 어떤 일에라도 만반의 준비를 다 하고 절대로 불평불만을 갖지 않고 여행 즐기는 데만 신경을 썼다. 항상 독서를 했으며, 심지어 편하게 앉아서 읽으려고 접이식 의자와 쿠션까지 가지고 왔다. 벤의 말은 완전 토박이 영국식 발음이라 나는 잘 못 알아들어서 제임스에게 통역을 부탁하는 일이 잦았다. 그러면 벤은 화를 내면서 스페인어로 말했다.

"나는 정통 영어를 쓰는 사람입니다. 진짜 영어를요."

내 대답은 항상 똑같았다.

"네, 그렇지만 나는 못 알아듣겠어요."

벤은 자기 아버지와 할아버지처럼 군인이어서 항상 똑바로 앉고 깔끔하게 밥을 먹고 우리가 강물로 밥을 할 때는 자기 타이머로 시간을 조절했다. 그가 가지고 다니는 두 개의 큰 배낭에는 필요한 게 다 들어 있었다. 자외선 차단제, 화상 연고, 항균 연고, 방충제 그리고 각종 알약이 있었다. 그 외에도 텐트와 해먹, 모기장, 유니언 잭과 검은 우산을 가지고 다녔다. 그리고 경우에 따라 오후가 되면 음악을 틀곤 했다. 오늘 나한테 질문을 했다.

"특별히 좋아하는 음악 있어요?"

"클래식이요."

클래식 음악을 듣고 싶은 마음과 그를 애먹이고 싶은 마음이 섞이면서 그렇게 대답했다.

"특별한 거요?"

"네, 차이코프스키 교향곡 6번이요."

나는 그가 더 이상 그런 질문을 못하게 대답했다. 그러나 그는 내가 주문한 곡을 틀어주면서 나의 기를 완전히 꺾어 놓았다.

제임스는 완전히 다른 스타일이었다. 런던 거리에서 일하는 바텐더 타입이었다. 일기 쓰는 것도 벤하고는 정반대로 하루 걸러 쓰고, 그 일기도 칸데한테 빌린 낱장 종이들을 묶어서 만든 거였다. 그의 배낭은 매우 작았는데 짐들을 잘 정리하면 더 작아질 수도 있었다. 그가 가지고 온 물건 중에서 아마존에서 쓰일 만한 것은 하나도 없었다. 에콰도르에 도착했을 때 그는 추운 산으로 갈 생각으로 점퍼와 모자와 스타킹을 가지고 있었다.

제임스는 사이버 카페에서 칸데가 올렸던 포스터를 읽으며 특히 '아마존 횡단 모험여행 같이하실 분을 찾습니다'라는 표현을 좋아했다. 그걸 보고 그는 바지 하나를 줄이고 해먹을 사서 모임 장소인 코카로 온 것이다.

그는 모기장 사오는 것을 깜빡해서 매일 아침마다 모기한테 물린 자국으로 뒤집어썼고 벤이 모기장은 벌레뿐만 아니라 공수병을 옮기는 박쥐로부터도 보호된다고 말해서 그를 놀라게 했다. 그러나 사실대로 말하자면 벤과 칸데와 나는 모기장이 있었는데도 작은 벌레들한테 물려서 항상 피가 날 정도로 긁었고, 그러면서 몸에 알코올을 바르면 벌레에 안 물린다는 사실을 터득했다. 브라울리오와 클레베르는 벌레와 짐승 퇴치법을 알고 있어서 잘 때 모기장이 전혀 필요 없었다. 그 비결은 매일 밤 자기 전에 온몸에 디젤을 바르는 거였다. 만일 이것이 선택사항이라면 우리는 차라리 모기를 선택했을 것이다.

우리 여섯 명은 각기 맡은 역할이 있었다. 예를 들어, 비가 오면 제임스는 카누에서 물을 퍼내고, 벤은 마시고 요리할 물을 담당했고 덮개 정리도 맡았다. 칸데는 빗자루 책임자인데 바로 지금도 빗자루를 가지고 여기저기를 청소하고 있고, 제임스 가까이 가면 심각한 얼굴로 인상을 쓰면서 빗자루로 바닥을 치면서 영어로 말했다.

"나는 이 보트의 음탕한 여자다!"

이 말은 글자 그대로 '나는 이 토트의 창녀다'라는 뜻이다.

"뭐라고요?"

제임스가 모르는 척하면서 심각하게 말했다.

"나는 이 보트의 음탕한 여자다!"

그녀가 무서운 표정으로 대답하면서 또다시 빗자루로 카누 바닥을 쳤다.

"당신은?"

충격받은 표정으로 제임스가 다시 물었다. 칸데가 처음에는 영어로, 그 다음에는 스페인어로 재차 대답했다. 벤도 전혀 이해를 못하고 입을 벌린 채 그녀를 바라봤다. 듣고 있던 내가 설명을 해줬다.

"여보, 비츠(bitch)가 아니라 위츠(witch)라고 해야지. 비츠는 창녀라는 뜻이고, 위츠가 마녀라는 뜻이야."

내 말이 끝나자 영국인들은 웃느라 정신이 없었다. 칸데는 어디로 숨어야 할지 몰라 물에 뛰어들어 사라지고 싶어 했다. 그녀는 자기가 보트의 창녀라고 말하고 제임스가 무슨 말이냐고 다시 물었을 때, 더욱더 자신 있게 말했던 것이다.

이 에피소드는 농담의 시발점이 되었다. "신용카드도 된다면 얼마입니까?"라고 그들이 칸데에게 묻자, 그녀는 빗자루를 쥐더니 그들 머리에 휘둘렀고 그들은 덮개로 도망갔다.

강 안에 있는 섬

엔진에서 날카로운 소음이 들려서 웃음소리가 중단됐다. 매일 일어나는 일이라 이번에는 또 무슨 일인지 보러 엔진 쪽으로 갔다. 몇 달 전부터 70살이 넘은 차를 타고 아무 문제 없이 여행해 왔는데, 반면 아무것도 없는 넓은 강을 흘러가는 이 카누에서는 매일 해결해야 할 문제가 생겼다. 임시변통으로 만든 벨트는 항상 여섯 시간에서 여덟 시간까지는 쓸 수 있었는데, 오늘은 너무 팽팽해져서 배터리가 터진 것이다. 우리가 고칠 수 있을까 보려고 끄집어냈지만 손을 쓸 수가 없어서, 배터리가 소모되지 않게 하기 위해 하루에 한 번씩 엔진을 끄고서 여행을 계속해야만 했다.

강을 보려고 제일 앞에 있는 내 자리로 돌아왔다. 강물이 커브길을 돌 때마다 밀림은 다른 모습으로 나타났다. 그때마다 카누를 탄 원주민들, 이 강변에서 저 강변으로 날아가는 큰 앵무새들, 하상 변경으로 강에 떨어지는 나무들을 볼 수 있었다. 경치들은 시시각각으로 달랐고, 페루의 이쪽 지역은 인간의 발길이 거의 닿지 않은 곳이었다.

벤의 요청으로 강 중간에서 목욕을 하려고 멈추고 닻을 내렸다. 지금은 닻이 구비되어 있다! 쇳조각들을 모아 밧줄로 묶어서 닻으로 사용한 것이다. 물로 뛰어들었는데 물이 허리까지만 와서 놀랐다. 그래서 강 한복판에서의 수영 모험은 어린아이들 장난으로 바뀌었다.

우리는 카누를 놔두고 지금 막 생기고 있는 섬까지 헤엄쳐 갔다. 매우 부드러운 모래섬이었고, 식물들은 최근에 자라기 시작한 아직 어린 것들이었다.

우리에게 멈추라고 신호를 한 어떤 가족이 선물한 사탕수수, 파인

애플, 야자수 순, 아보카도를 먹으며 하루의 남은 시간을 강가에서 마음껏 즐기기로 했다. 선물에 대한 보답으로 빈 플라스틱 통 몇 개하고 밤에 사용하는 램프에 필요한 디젤 등을 주었다.

나는 왜 그렇게 우리한테 호의를 베푸는지 이해가 안 갔다.

"우리가 여행 중이기 때문입니다."

브라울리오가 대답했다.

밤이 되어서 카누를 강가로 옮기고 나무에 묶어 놓으니까 닻으로 정박시켰을 때보다 더 안심이 되었다. 갑자기 퍼붓는 세찬 비를 맞으며 원주민들을 태운 세 척의 카누가 다가왔다. 그 모습이 무척 신비로웠다. 아마존은 비 오는 것까지 아름다웠다. 빗방울들이 밤색 강물에 떨어지면서 또 다른 색깔을 입히고, 하늘은 회색 구름으로 뒤덮이고, 모든 것이 시원해지면서 세 척의 카누는 한 폭의 세밀화가 되었다.

몇 명은 임산부와 아이들이었다. 우리 카누에 접근하자마자 허락도 받지 않고 올라왔는데 우리도 이제는 이런 모습이 전혀 아무렇지 않았다. 그들은 브라울리오와 이야기를 조금 나누었다. 이야기하는 것보다 자기들끼리 있는 것이 더 필요한 것 같았다. 과자를 주니까 기쁘게 받았다.

어린애 한 명이 조그마한 손에 새끼 원숭이 한 마리를 가지고 있었는데, 그것을 '주머니 원숭이'라고 부른다고 브라울리오가 말해줬다. 분명히 이 이름은 어떤 외국인이 붙여줬을 것이다. 원주민들은 주머니가 필요 없으니 이것이 달린 옷을 입지 않기 때문이다.

칸데와 영국인들은 카드놀이를 시작했고, 원주민들은 웃으며 그 모습을 흉내 냈다. 그들은 벤이 라디오를 켜자 즐거워하며 라디오에 관심을 보였고, 흘러나오는 음악을 따라서 조금 흥얼거렸다.

아이들은 덩치가 크고 순박했다. 옷은 배만 겨우 가리고 있었다. 집을 지으려면 장소를 정하고 그 지역에서 나는 재료들로 짓는다. 먹는 것은 강과 밀림과 땅이 다 해결해 준다. 항상 가족들끼리 걸어 다니고 항상 같이 지내고 항상 행복하다. 그들이 무척 부러웠다.

"거의 석기 시대 사람들이네요. 문명사회에 대해서는 아무것도 모릅니다."

벤이 나한테 말했다.

"이 미개인들은 도시에서 생존할 수 있을 테지만 우리들은 밀림에서 그렇게 못할 겁니다."

나는 대답을 하면서 그들에게 최대한의 존경심을 가졌다.

차 안으로 자러 갔다. 커튼을 닫고 모기장을 치기 전에 차 유리를 내렸다. 편안했고 기분이 좋았다. 강물의 움직임이 우리를 흔들었고, 우리는 새들 소리를 들었고, 한 번씩 신기한 돌고래의 거친 숨소리도 들렸다. 다음 날 아직 동이 완전히 트기 전에 우리는 웃음소리와 속삭이는 소리에 눈을 떴다.

"밖에 사람들이 있는 것 같아요."

칸데가 말해서 커튼을 열어 보니 원주민들이 강가에 많이 모여서 우리를 바라보고 있었다. 내가 차문을 열고 나가 모습을 보이니 그들은 더 웃었다. 이상한 사람들이 이상한 물건을 가지고 와서 이 지역을 돌아다닌다고 말하는 것 같다는 생각이 들 때 그들이 우리를 보러 왔다. 강가에서 소설을 읽는 사람처럼 우리가 하루를 시작하면서 아침식사를 어떻게 준비하는지 자세히 살폈다. 아이들도 어른들처럼 눈을 크게 뜨고 우리의 동작 하나도 놓치지 않고 바라봤다.

내가 차에 다가가는 모습도 놓치지 않고 봤다. 차의 배터리를 카누의 엔진에 연결시키자는 생각이 떠올랐다. 전압이 달랐지만 어떻게든 엔진이 작동될 수 있게 궁리를 했다. 행복한 마음에 그레이엄에 다가가서 손바닥으로 한번 툭 치면서 말했다.

"이제 나한테 문제 그만 일으키고 내 문제들 좀 풀어봐."

모두가 하나다

강물의 느린 속도에 거의 맞춰 계속 강을 내려갔다. 갑자기 비가 오기 시작했고 빗방울이 떨어지는 것을 보면서 얼마나 높은 곳에서 오는 걸까 생각해 봤다. 구름이 되기 전에 어디서 올까? 이제 6천 킬로미터 이상의 긴 여행을 하면 바다에 도착할 것이다. 그러나 칸데가 바로 지금 냄비에 물을 조금 받아서 끓이려고 불에 올려놓았다. 그렇다면 적어도 이 빗방울들은 바다에 도착하지 못할 것이다. 그 전에 먼저 우리 수프에 있을 것이고, 그 다음에 우리 몸에서 피와 합쳐지고 우리의 일부분이 될 것이며, 마침내 우리 신장 중의 하나가 이것들을 밖으로 내보내면 이것들은 강으로 되돌아가서 바다까지 계속 여행을 할 것이다.

우리 주위에 있는 이 나무들도 언젠가는 수명이 다해 쓰러질 것이며, 그 몸은 다른 나무들의 양분이 될 것이며, 그 물질은 다른 생명의 일부분이 될 것이다. 같은 물질이 서로 다른 생명들에 있을 것이다. 내 몸은? 내 몸의 어느 정도가 다른 생명들의 일부분이었던 물질들로 이루어졌을까? 도대체 내 몸은 몇천 번이나 다른 생명체들의 몸을 거쳤을까? 우리 모두는 생명의 고리로 연결되어 있다. 세상은 나 없이 존재해 왔고, 나 없이 존재할 것이다. 나에게 주어진 이 짧은 인생에서 내가 세상을 위해서 할 수 있는 건 무엇이고, 내가 즐길 수 있는 건 무엇일까? 내가 무엇을 할 수 있을까? 아마 현재를 사는 것일 것이다. 내가 미래에 대해 유일하게 알고 있는 것은 나는 언젠가는 존재하지 않는다는 것이기 때문이다. 오늘 나는 존재하고, 그리고 존재하기 때문에 내가 지금 하고 있는 일을 하는 것이다. 내 꿈을 이루며 살고 있고, 내가 사랑하는 것을 하며 살고 있다. 나는 두려움은 없다. 삶을 살 때, 그리고 삶은 끝이 있다는 것을 아는 것이 삶을 살게 하는 원동력이 될 때 죽음은 두렵지 않게 된다.

"괜찮아요?"

눈물을 흘리는 나를 보고 칸데가 물었다.

"정말 행복해."

그녀에게 말을 하고 팔을 벌리니 그녀가 나를 사랑스럽게 껴안았다.

"내 인생에서 최고의 순간들 중 하나는 당신과 함께 이 여행을 하며 우리의 꿈을 붙잡고……."

오늘은 어느 가족의 집에서 멈췄다. 흰개미 둥지로 닭을 키우고 있었다. 스페인 정복 이후 많은 것들을 빼앗아 가기 위해 백인들이 여기

에 도착한 이후로 5백 년 이상이 지났다. 그때부터 정복자들이 원주민들에게 남긴 것 중에서 유익한 것은 닭뿐이었다.

우리는 생선 메뉴를 다른 고기를 바꾸고 싶은 마음이 간절해서 물물 교환을 제안했다. 감자, 양파하고 닭 한 마리를 바꾸자고 했다. 그 가족은 제의를 받아들였고 우리는 매우 빠른 닭 한 마리를 잡느라고 30분 이상을 달렸다. 새로운 메뉴를 가지게 되어서 행복했지만 그 닭을 희생시키는 데 너무 많은 힘이 들었다. 닭털을 다 벗기고 보니 뼈만 앙상했지만 우리는 그것을 먹었다.

몇 시간 뒤에 항해를 하고 있는데 제임스가 갑자기 해먹에서 뛰어내리더니 강으로 뛰어들었다. 카누의 한쪽 옆을 겨우 붙잡았는데 꼭 미친 사람 같았다.

"무슨 일이에요? 머리에 흰개미가 가득 들어찼어요?"

내가 물었다.

"아니요, 설사가 나서요."

"흰개미를 먹인 닭을 먹지 말라고 했잖아요. 이제 당신 몸에는 흰개미들이 꽉 차 있을 거예요."

통과증 1번

실제로 지금 우리가 어디에 있는지 모른다. 도착하려면 아직 멀었는지 아니면 가까이 온 건지 전혀 모른다. 내 인생에서 처음으로 내가 어디에 있는지 정확히 모른다. 내가 지금 페루, 아마존, 나포강에 있다는 것은 말할 수 있지만 정확히 어디에 있는지는 모른다.

브라울리오가 그 지역 사람들에게 물었지만 항상 손으로 표시했고 그 대답도 다 달랐다. 우리에게 별로 중요하지는 않지만 이키토스는 꼭 들르고 싶었다. 마라논강 위에 있는 그 마을을 가기 위해서는 강을 거슬러 올라가야 했다.

이키토스까지는 3일이 더 걸렸다. 마라논강과 나포강이 만나서 아마존을 만든다. 그 합류 지점에 거의 다다랐을 때 우리는 자축하기 위해 100%의 아마존 강물로 뛰어들었다.

더 많은 배들과 사람들을 보기 시작하면서 문명세계로 돌아왔고, 살아남았고, 우리 힘으로 우리한테 일어났던 모든 일들을 해결했고, 우리가 환상적인 팀을 구성했고, 같이 많은 것을 배웠다는 것이 무척 기뻤다. 그러나 이것이 모험의 끝이고, 이제 헤어져야 한다는 것이 슬펐다.

"멈추세요."

페루 해안경비대 보트에서 확성기로 우리한테 요구했다.

"이키토스에 오신 것을 환영합니다. 페루에 오신 것을 환영합니다."

그들이 카누로 올라오면서 말했다. 그들도 우리가 여행하고 있다는 것을 알고 있었고 우리가 무사한 것을 보고 기뻐하며 항구까지 안내했다.

컨테이너를 실은 똑딱선들을 미는 바지선들이 보였다. 우리 카누를 큰 바지선들 사이에 매어 놓고, 차를 카누에서 내리기 전에 서류 절차를 마치기 위해 세관으로 향했다.

"안녕하세요. 우리는 에콰도르에서 왔고, 차를 배에서 내려 여행을 계속하기 위해 자동차를 신고하러 왔습니다."

담당자는 심각한 표정으로 미간을 찡그리면서 우리를 봤다.

"농담이시죠?"

"아닙니다."

"여기는 관광 자동차는 없고 에콰도르에서 오는 길도 없고 다른 지역에서 오는 길도 없습니다. 단지 배나 비행기로 올 수 있습니다."

"네, 그렇습니다. 우리는 에콰도르에서 카누로 오면서 1928년형 자동차를 가지고 왔습니다."

"라미레스, 이 사람들이 19… 차를 가져왔다는데, 몇 년이라고 말했지요?"

"1928년요."

칸데가 대답했다.

"네, 그렇습니다. 에콰도르에서부터 1928년형 자동차를 통나무배에 실어서 가지고 왔습니다."

"카누에다가요."

칸데가 정정했다.

"그게 그거죠."

"우리를 믿지 않으시는 것 같네요."

칸데는 중얼거리며 서류 사이에서 자동차 사진을 꺼냈다.

"이 차입니다. 차를 내려서 브라질로 계속 가려면 하차시키기 위한 서류들이 필요합니다."

칸데가 담당자에게 사진을 보여주면서 말했다.

담당자는 자기한테 농담하는 거라 생각하면서 그녀를 곁눈질로 봤다.

"이게 차라면 가까이서 보고 싶군요."

"그러시죠. 우리를 따라오십시오."

그는 직원 두 명을 더 데리고 나섰다.

차를 보자 세 사람은 멍한 표정으로 고개를 갸우뚱거리면서 차에서 눈을 떼지 못했다.

"농담하시는 줄 알았는데, 정말 죄송합니다. 그러나 우리는 한 번도 차 서류는 처리해 본 적이 없어서, 리마에 연락해서 어떻게 해야 하는 건지 알아보겠습니다. 오후에 다시 오십시오."

우리는 카누 승무원들과 함께 이키토스를 걸어 다니다가 피자를 먹으려고 멈췄다. 여기에 있는 것이 정말 행복했지만 이별은 점점 가까워지고 있었다.

"나는 아프리카, 벨리즈, 그린란드에서 군 생활을 했습니다."

벤이 말했다.

"그러나 이번 여행은 내 생애 최고의 모험이었습니다."

"네, 사실 우리 모두에게 그랬습니다."

제임스가 말했다.

"15일간의 여행이 정말 환상적이어서 나는 마나오스까지도 당신들과 여행을 계속하고 싶지만 리마에서 며칠 있어야만 합니다. 당신들이 그리울 겁니다."

"나도 그리울 거예요. 진짜 그럴 거예요. '마녀' 잊지 마시고, 편지 주세요."

칸데가 자기가 실수한 것을 이번에는 웃으면서 말했다.

"벤, 만일 우리나라가 포클랜드 전쟁처럼 또다시 당신 나라하고 전쟁을 치른다면 나를 죽이러 올 거예요?"

내가 물었다.

"아니요."

"우리 부모님하고 형제들을 죽일 거예요?"

"절대로 안 그럴 겁니다."

"그럼 어떻게 할 거예요? 전부 다 내 형제들인데……. 군대에서 탈영할 거예요?"

내 질문이 곤란했던지 그는 아무 대답도 안 했다. 그는 자기가 탈영할 수 없을 거라는 것을 알고 있었다.

"상황을 해결하려고 전쟁을 벌이는 국가는 상황을 더 복잡하게 만듭니다. 만일 당신 나라와 우리나라 사이에 문제가 있다면 그 문제를 해결하면 되는 것이지, 우리끼리 서로 죽인다고 해결되는 것은 아닙니다."

밤이 되자 우리는 영국인들과 작별인사를 나누었다. 그들은 쿠스코로 여행을 떠나면서 다시 우리를 보러 오고 편지를 쓰겠다고 약속을 했다. 슬픈 이별은 눈물로 끝이 났다.

라그란 로레타나

다음 날 견인차가 와서 차를 내리고, 세관에서 차 앞유리에다 '통과증 1번'이라는 표를 붙였다. 세관 직원들만 놀란 것이 아니라 그 도시의 거리마다 사람들이 놀라서 웅성거렸다. 우리는 사람들을 태우고 다니는 스쿠터와 이상하게 생긴 버스와 자전거 택시로 혼잡한 이키토스를 돌아다녔다.

마나오스로 어떻게 갈 수 있는지 알아야 했다. 카누로 갈 수는 있지만 그렇게 하려면 강을 따라 한참 내려가다가 그 다음에 강물을 거슬러 올라가야만 했다. 만일 내려가면서 문제가 많이 생긴다면 거슬러 올라갈 때는 브라울리오와 클레베르라 하더라도 훨씬 더 많은 문제가 생길 거라는 생각이 들었다. 그래서 배편을 알아보기로 했다.

키토에서부터 강은 더욱더 바다 같은 모습을 띠었다. 우리가 정박한 항구는 매우 잘 지어졌고 편의시설이 잘 갖추어져 있는 신 항구였다. 그러나 돈을 내야 했고 모든 종류의 통제가 있었다. 거기는 대기업 선박들만 하선하여서 우리는 개인 보트들이 많이 드나드는 마수사 항구로 갔다. 우리는 차를 타고 머리에 짐을 이고 오가는 사람들로 붐비는 진흙투성이의 길로 들어갔다.

강에 도착했을 때 인간 개미집을 봤다. 소지품을 들고 여행하기 위해서 기다리고 있는 사람들, 물건만 가지고 온 사람들 그리고 배에서 내리는 사람들이 있었다. 더럽고 진흙투성이인 강 주변 언덕 위에 배

한 척이 다른 배 끝에 묶여 있었다. 선미에는 판자들이 놓여 있었고, 거기로 짐꾼들이 오르내리면서 짐을 싣고 내리고 하였다. 등에 지고 가는 짐이 그들 몸무게보다 더 무거워서 그들이 지나갈 때마다 폭이 좁은 판자들은 휘어졌다.

짐꾼들은 서비스를 제공하려고 달리는 우리 차 발 디딤판에 올라탔다. 서로 우리를 먼저 봤고, 우리가 자기들하고 계약했다고 말하면서 서로 밀쳤다. 우리가 앞으로 계속 가는 동안 다른 짐꾼들이 동시에 달리면서 따라왔다. 차를 멈추자 짐꾼들이 가격을 제시했지만 아직 우리를 데려다 줄 수 있는 배가 있는지도 몰랐고, 또 어떻게 데려다 줄 수 있을지도 몰랐고, 짐꾼들이 필요할지 아닐지도 몰랐다. 어쨌든 그들은 계속 가격을 제시했고 우리는 이 기회를 이용해서 브라질로 가는 배가 어떤 거냐고 물었다.

"라그란 로레타나가 오늘 떠납니다. 그것이 브라질에 도착하는 유일한 배입니다. 만일 그 배를 놓치면 약 보름 정도 기다려야 합니다."

우리는 얇은 판자를 통해서 라그란 로레타나로 올라갔다. 배의 주인들은 두 명의 형제들이었는데, 다른 사람들이 큰 엔진을 분해해서 정비하는 모습을 유심히 보고 있었다.

"브라질에 가려고 하는데 우리 좀 데려다 줄 수 있습니까?"

"이제 거의 다 준비됐습니다."

두 형제 중에 한 명이 말했다.

"우리 두 명하고 짐이 조금 있습니다."

그에게 강 주변 언덕 위에 있는 차를 가리켰다.

"저게 뭡니까?"

강 주변 언덕은 매우 가팔라서 햇빛에 비치는 차를 제대로 볼 수가 없었다.

"매우 오래된 차인데 우리를 아주 멀리 데려다 주고 있는 중입니다."

"어디서 왔습니까?"

"역시 멀리서 왔습니다."

내가 대답했다.

"당신들의 도움이 필요합니다. 우리는 칸델라리아와 허먼이라고 하는데, 아르헨티나에서 왔고 지금 알래스카까지 여행하려는 꿈을 실현하고 있는 중입니다. 도와줄 수 있습니까?"

칸데가 알론소의 마술적인 단어들을 이용해서 그에게 물었다.

"네, 물론이죠. 그런데 어떻게 도와드릴까요?"

"가격 면에서 도와주십시오. 에콰도르에서 돈이 다 떨어져서 일을 해서 조금 벌었는데, 그 얼마 안 되는 돈으로 마나오스까지 가야 합니다."

칸데는 계속 부탁했다.

"우리는 차를 운반한 적은, 더군다나 저렇게 오래된 차를 운반한 적은 한 번도 없습니다. 저 차가 갑판 위에 있으면 참 멋있을 것 같으니 두 분 운임만 받고 차는 공짜 손님으로 모시겠습니다."

감사의 표시로 두 형제를 껴안았다. 이제 남은 일은 차를 어디에, 어떻게 놓을지 결정하는 것이었다.

"실례되는 질문일지 모르겠는데 왜 이런 일을 하십니까?"

우리에게 물었다.

"여러 가지 이유가 있겠지만 그중에서도 가장 큰 이유는 나중에 우리 무덤 위에 있는 비석에 생년월일과 죽은 날짜만 적혀 있는 것이 싫어서입니다. 그건 마치 우리 인생에 대해 할 말이 단지 이것밖에 없는 것 같아서요. '여기 삶을 살다가 간 사람이 잠들다'라는 글이 적힌 비석을 갖고 싶습니다."

강 주변 언덕 위에서 브라울리오와 클레베르와 작별인사를 했다. 영국인들이 주고 간 돈을 그들에게 임금으로 지불했다. 그들은 일당 2달러만 달라고 우겼지만 우리는 4달러를 주었다. 마치 우리 형제들인 것처럼 아쉬워하며 그들에게 작별인사를 했다. 그들은 우리에게 많은 것을 가르쳐 줬고, 그들이 없었다면 아마존 항해 모험은 성공하기 힘들었을 것이다. 그들에게 정말로 고마운 마음을 가지고 있다.

모두가 한 번만에

라그란 로레타나의 엔진이 완전히 분해되어 있는 것을 보니 오늘 출발할 것 같지는 않았다. 무거운 부품들을 실은 밴이 도착하고, 그것들을 사람들이 어깨에 짊어지고 배에 오르는 것을 봤다. 기름얼룩이 묻고 반바지에 슬리퍼를 신었거나 아니면 맨발인 걸 보니 기술자들 같아 보이지는 않았다. 배는 승객들로 가득 차 있었는데, 그들도 우리들처럼 전문가들의 움직임에 호기심을 보였다. 놀랍게도 배는 겨우 세 시간만 지연되고 나서 출항 준비를 다 마쳤다. 엔진 조립이 끝나자마자 차를 승선시킬 수 있는 지점에 배를 위치시키기 위해 시동을 걸었다. 그레이엄은 강 주변 언덕의 다른 편에 있었고, 라그란 로레타나에게 길을 터주기 위해 다른 배들을 이동시켜야 했다. 벌써 밤인데 어떻게 차를 실을 수 있는지 도대체 이해가 되지 않았다. 우리는 아주 가파른 강 주변 언덕 위에 있었는데, 여기와 강물 사이에는 약 20미터 정도의 진흙이 있었다. 약 스무 명 정도의 짐꾼들이 돈 몇 푼 벌기 위해 그레이엄 부근에서 아직까지 기다리고 있었다.

긴 밧줄 두 개를 뒤범퍼에 묶었다. 차가 강 주변 언덕에서 떨어지지 않게 몇 명의 짐꾼들은 그레이엄을 잡고 열 명 정도의 짐꾼들이 줄을 잡기로 했다. 두 명의 짐꾼이 필요하면 바퀴에 끼워서 고정시킬 큰 나무쐐기 두 개를 가지고 있을 것이다.

진흙 위에는 판자를 깔았다. 나는 차에 올라타서 1단 기어를 넣고 강 주변 언덕 가장자리까지 다가갔다. 너무 가팔라서 밑을 내려다 볼 수가 없어서 칸데를 봤다. 그녀는 전진 촬영을 하면서 나한테 오케이 사인을 보냈다.

시동을 걸고 헤드라이트를 켜고 내려가기 시작했다. 백미러를 통해 밧줄로 차를 지탱하고 있는 사람들을 볼 수 있었고, 내 주변에 많은 사람들이 펜더를 붙잡고 있었다. 나는 고대 이집트 왕 파라오처럼 앉아 있었다. 모두들 소리 지르며 동시에 말했다. 매우 천천히 강 주변 언덕 끝에 도착해서 참았던 숨을 내쉬었다.

아직 끝난 게 아니었다. 그레이엄이 판자와 진흙 사이에 걸쳐져서 작동을 할 수가 없었다. 모두들 차를 잡고 한마음으로 "하나, 둘, 셋!" 이라고 외치면서 차를 들어 움직였다. 차가 몇 번이나 흔들렸고 그 안에 앉아 있던 나도 덩달아 흔들렸다. 그렇게 해서 일단 차가 판자 위에 똑바로 올라서자, 조금만 도와주니까 아무 문제 없이 갑판 위로 올리는 데 성공했다.

거기에 모여 있던 모든 사람들이 박수를 치면서 환호를 해서 나는 차에서 내려 감사함을 표했다. 짐꾼들은 수고비를 받았는데 그 액수

는 정해진 가격표도 없고, 그렇다고 그들이 요구하지도 않고, 주는 사람이 그냥 알아서 주는 거였다. 안색이 본래대로 돌아온 나는 차를 툭 쳤다. 그리고 배는 바로 출항했다.

모래 해변

라그란 로레타나는 2층으로 되어 있었다. 위층은 객실이 구분되어 있지 않고 천장에 수백 개의 해먹이 빽빽하게 매달려 있었다. 수하물이 가득 깔려 있는 바닥은 그림 같은 분위기를 연출했다. 아래층에는 식당, 화장실, 엔진, 두 개의 선실과 해먹들과 수하물들이 더 있었다. 우리 차는 선미에 놓여 있었다. 그 옆에 돼지들, 닭들, 바나나 송이들이 있었고, 바람 쐬러 나온 사람들은 그케이엄 발 디딤판에 편하게 앉아 있었다.

승객들의 요청에 따라 바지선은 여러 군데에서 멈췄다. 하선하는 사람도 있고 승선하는 사람도 있었다. 몇몇 시골 마을에 멈췄을 때는 잠깐씩 산책도 하였다.

"도구 좀 빌려 주시겠습니까?"

차창으로 말이 들렸다. 나는 아직 자고 있어서 대답하는 데 시간이 걸렸다. 머리를 내밀어 보니 한 남자가 또다시 질문을 했다. 도구들을 보여주니 도구들이 너무 작고 몇 개 없어서 실망하는 눈치였다.

"뭐 하시게요?"

"배 엔진을 분해하려고요. 고장이 난 것 같네요."

젊은 기술자가 말했다. 나는 그가 뭘 하는지, 어떻게 분해하는지 보려고 내려갔다. 그가 작업을 하는 동안에 15마력 엔진이 부착된 소형 구명보트를 내려보냈다. 놀랍게도 이 보트와 조류 덕분에 우리 배는 강을 따라 천천히 움직였다. 배가 멈출 수 없었기 때문에 다음과 같은 일이 일어났다.

"배에 탈 사람 있어요?"

배에서 마을을 향해 소리를 질렀다.

"네, 있어요."

강가에서 소리가 들렸다.

"배에 탈 사람이 있으니 보트 하나 보내주세요."

마치 우리가 다른 시대에 와 있는 것 같았다. 고함을 치니 다른 마을들에서도 승객들과 화물을 실을 보트들을 보내 달라는 소리가 들렸다. 노 젓는 보트 몇 대가 우리 배 쪽으로 오더니 우리 보트에 줄을 묶고서 우리가 강을 따라 내려가는 동안에 승객들과 화물을 배에 싣기 시작했다.

잠시 후에 기술자가 헤드커버 가스켓 부분에서 기름이 새어나와 가스오일하고 섞이는 것을 알아내고서 나한테 접착제를 요구했다. 그것을 고치기 위해서 페인트통을 하나 잡더니 편편하게 펴서 잘라 붙였다. 필요하거나 적당한 도구 하나 없이…….

"더 이상 시간 낭비하지 말고 시험가동 해보시죠."

나는 우리가 어디에 있는지 자세히 보면서 말했다. 그들이 시동을 걸자마자 배가 전속력으로 움직였다.

"자, 이제 버티지 못하면 터지는 거다!"

두 형제 중 한 명이 말했다.

"그래, 전속력으로 나가자."

다른 형제가 믿을 수 없다는 내 표정을 보면서 말했다.

여행한 지 벌써 5일이 지났다. 그 시간 동안 그림을 그리고, 그림 액자를 만들고, 글을 많이 썼다. 우리가 했던 일들을 돌이켜 보니 최근 보름간, 사실은 최근 6개월간 우리가 살아왔던 모습에 우리 스스로 놀랐다. 어느 날 우리가 겁도 없이 시작한 여행의 종착점이 어디일지는 알 수 없지만 그것은 우리 인생에서 최고의 결정이었다. 집에 있을 때는 이 모든 것을 이루리라고는 상상도 못했지만 아직도 해야 할 일이 많다는 것도 상상하고 싶지 않다. '나는 나의 출발을 알고 신은 나의 귀가를 안다'는 말을 떠올리며 살짝 미소 지었다.

15일째 브라질 국경에 도착했다. 칸데와 함께 우리의 도착을 축하했다. 그러나 계획이 조금 변경되었다는 통보에 우리의 즐거움은 중단됐다.

"우리는 브라질로 갈 수 없습니다."

"그럼 우리는 어떻게 하죠?"

칸데가 당황하며 물었다.

"산타 로사에서 페루 쪽에 내려줄 수 있습니다."

"그게 정확하게 어디 있는데요?"

내가 물었다.

"브라질과 콜롬비아 강변 앞이지만 강의 다른 쪽입니다."

"그럼 어떻게 건너가라는 겁니까? 헤엄쳐서요?"

내가 화가 나서 말했다.

"저도 모르겠습니다. 원하신다면 이키토스로 데려다 주겠습니다."

우리는 그 말을 믿을 수가 없었다. 출항하기 전까지는 간다고 하더니 갑자기 브라질로 갈 수 없다고 통보하고, 갑자기 서류가 없다고 말하면서 연료 밀수까지 했다.

우리는 놀라움에서 벗어나기도 전에, 우리가 승선하기 위해서 사용했던 바로 그 판자들을 이용해 이 지역에서 나는 재료들로 지어진 집 여섯 채 정도가 모여 있는 부락 앞의 모래 해변에 내렸다. 밤이었다. 강의 저쪽 편에서 많은 불빛이 보였고 매우 가까이에 도시가 있었지만 거기로 갈 수가 없었다. 우리는 그레이엄 발 디딤판에 앉았다. 썰렁한 해변에 개 한 마리가 나타나 우리를 환영했다.

"어떻게 할까요?"

칸데가 물었다.

"나도 모르겠어. 하는 데까지 해 봐야지. 일단 자고 내일은 새로운 날이니까 내일 생각해 보자."

삼중 국경

해변에 동이 트니 그곳은 실제로 해변이 아니라 하천 부지였다. 비가 오면 강물이 불어날 거라서 우리는 차를 끄집어내려고 하였으나 길이

278

나 다른 차량도 하나 없고, 심지어 하천 부지에서 벗어날 수 있는 방법도 없었다.

우리는 페루, 브라질, 콜롬비아의 삼중 국경지역에 있었다. 택시 엔진을 장착한 조그만 카누를 타고 브라질의 타바팅가로 갔다. 상당한 규모로 사람들의 이동이 많은 항구가 하나 있었다. 이틀 뒤에 마나오스로 출항하는 배가 정박해 있었다. 그 배를 놓치면 다음 배를 탈 때까지 약 2주를 기다려야 하니 강을 건널 방법을 급히 찾아야 했다.

사장님 한 분이 차가운 책상 뒤에서 나를 맞이하였다. 그에게 우리의 여행과 왜 강을 건너야 하는지에 대해 이야기했다. 그는 조그만 똑딱선 한 척을 가지고 있어서 우리 여행에 안성맞춤이었지만 우리가 가진 돈보다 더 많은 3백 달러를 요구했다. 헤어질 때 그는 내 전화를 기다리겠다고 말하면서 그것이 강을 건널 수 있는 유일한 방법이니 다른 방법은 더 찾지 말라고 했다.

강 위에서 매우 예쁜 카페를 운영하는 한 사람이 자기가 보유하고 있는 큰 뗏목을 사용하라고 했다. 그 뗏목은 지금 우리 차가 있는 곳에 있었다. 그러나 문제는 우리가 뗏목을 다시 그 장소에 되돌려줘야 한다는 것인데, 그러기에는 뗏목의 크기나 강물의 역류 때문에 어려웠다.

그렇게 아무 성과도 없이 하루가 지나가고 밤이 찾아왔다. 칸데를 부르러 가기 전에 인터넷으로 메일을 확인하러 콜롬비아의 레티시아로 걸어갔다.

메일함을 여는 순간 놀랐다. 남아프리카공화국, 우루과이, 미국, 멕시코, 캐나다에서 이런저런 방법으로 우리의 여행 소식을 들은 새 친구들이 보낸 메일들이 엄청나게 쌓여 있었다. 물론 그중에는 악성메일도 들어 있었다. 에콰도르를 떠난 이후로 가족들하고 연락이 끊겨서 그들은 소식 오기를 손꼽아 기다리고 있었다. 그들은 우리가 아마존에 있다는 사실조차 몰랐다. 그들이 불안해할까봐 알리지 않았는데 분명 불안해하고 있는 것 같았다. 그래서 칸데의 여동생인 발레에게 안부 인사를 썼다.

"우리는 잘 있어요. 나는 콜롬비아에, 언니는 페루에서 차하고 같이 있어요. 우리는 브라질에서 만날 거예요."

인터넷 카페에서 나오면서 곰곰이 생각해 보니 이 메일을 보면 더 걱정할 것 같았다. 내일 그들에게 다시 메일을 써서 우리 상황을 더 분명하게 알려줘야겠다.

페루로 돌아왔다. 내 사랑은 아이들한테 둘러싸여서 같이 그림을 그리고 있었다. 그녀의 말에 따르면 내가 콜롬비아에 갔을 때 그림을 그리기 시작했는데 이 아이들이 수줍어하며 주위에 몰려들었고, 조금 있으니 믿음을 보이며 그림에 색칠을 했다는 것이다. 이 아름다운 순간에도 불구하고 앞으로 어떻게 해야 할지에 대한 확신이 없다 보니 불안한 마음을 떨치지 못한 채 자러 갔다. 비가 올까? 차라리 푹 쉬고 내일 계속 찾아봐야겠다.

이번에는 칸데한테 같이 가지고 부탁했다. 먼저 콜롬비아로 가서 선박회사에 직접 도움을 청하러 항만관리소로 갔다. 기꺼이 도와주고 싶지만 강물 흐름이 변경되어서 선착장이 말랐고 배들이 움직일 수 없게 되어서 도와줄 수가 없다고 그들이 말했다. 그러면서도 우리 여행에 지대한 관심을 가지면서 어떻게 하든지 도와줄 방법을 찾아보겠다고 약속했다. 그들은 우리와 같이 브라질로, 항구로 가서 찾고 물어보고 했지만 해결책은 나타나지 않았다. 그나마 얻은 소득은 내일 오후 2시에 마나오스로 떠나는 배가 있다는 사실이었다.

조금 허탈한 마음으로 페루로 돌아왔다. 가고 오면서 그 짧은 시간에 그렇게 많은 나라들을 건너가 본 적이 없었다. 여기서는 국경 초소가 없기 때문에 서류를 보여줄 필요가 없다. 지금 가장 중요한 문제는 마나오스로 가는 게 아니라 차를 여기서 움직이는 거였다. 비가 온다면……. 조금 초조해졌다. 그러나 만일 이런 일이 여행 초반에 일어났다면 우리는 불안한 정도가 아니라 미친 사람처럼 행동했을지도 모른다. 마음을 진정시키려고 강가를 따라 걸었고, 칸데는 아이들이 졸라서 같이 그림에 색칠을 하면서 놀았다.

한 남자가 5, 6미터 정도 되는 카누에서 감자를 봉지에 담고 있었다. 그를 바라보고 있었다. 우리가 타고 왔던 똑딱선으로 도착한 감자들은 세금을 안 내기 위해 조금씩 조금씩 브라질로 넘어갔다.

"한 봉지 무게가 얼마나 됩니까?"

"한 40킬로그램에서 50킬로그램 나가요."

"몇 봉지나 실을 수 있습니까?"

"한 20봉지나 25봉지, 그 정도."

"그렇다면 약 천에서 천이백 킬로그램은 되겠군요. 만일 카누 두 척을 연결해서 판자를 깔고 그 위에 차를 올리면 어떻게 될까요?"

갑자기 그런 생각이 나서 질문했다. 그는 아무 말도 하지 않고 그레이엄을 바라보고 있었다. 이곳의 모든 사람들처럼 그도 우리 문제를 알고 있었다.

"잘 모르겠소. 괜찮을 것 같긴 한데 혹시 무슨 일이 생기면……. 이 카누는 내가 가지고 있는 유일한 것이고 이것이 없으면 나는 아무 일도 못하게 돼요. 게다가 카누 한 척을 더 구해야 하는데 선뜻 나설 사람이 있을지 모르겠소."

"다른 카누를 구하려면 누구하고 이야기를 해야 하지요?"

나는 그의 아들과 이야기를 하려고 갔다. 그의 아들은 매우 흥분하면서 내일 강이 잔잔해지면 일찍 시도해 보자고 말했다. 그리고 자기 아버지도 꼭 설득시키겠다고 자신했다.

오늘 밤은 잠들기가 쉽지 않았다. 두 척의 조그만 카누 위에 차를 싣고 강을 건넌다는 생각에 마음이 차분해지지 않았다.

차 밑에서 잤던 개들이 짖는 소리에 눈을 떴다. 아버지와 아들은 벌써 강변에 두 척의 카누를 가지고 와 있었다. 우리는 집집마다 돌아다니며 카누들을 연결하고 차를 그 위에 올리는 데 필요한 판자를 빌려달라고 부탁했다. 마을 사람들이 밧줄을 가지고 나타났다. 준비를 다 마치자 산타 로사를 처음 밟은 유일한 차와 작별인사를 나누기 위해 조그만 마을의 모든 사람들이 모여들었고, 아이들은 생긋 웃으며 칸데에게 인사를 했다. 그녀는 서류와 카메라와 우리한테 남아 있는 얼마 안 되는 돈을 가지고 다른 카누로 갈 것이다.

차를 올리기 전에 비용 물어보는 것을 잊지 않았다.

"30달러, 괜찮아요?"

"세상에! 갑시다."

우리가 있는 강가는 땅이 단단하고 평평했고, 두 개의 판자를 들 것처럼 이용하니 차를 카누에 쉽게 올릴 수 있었다. 사람들이 힘을 합쳐서 밀어주니 두 척의 카누는 물에 떴다. 우리는 작은 엔진의 시동을 걸고 크루즈를 시작했다. 처음 30~40분간은 긴장했는데 아무 문제 없이 잘 가니까 조금씩 마음이 놓이기 시작했다. 강까지 우리를 도와주는지 우물물처럼 잔잔했다. 조용했다, 너무 조용했다.

부에노스아이레스에서 한 친구가 헤어질 때 한 말이 생각났다.

"나는 네가 아무 문제가 없는 편안한 여행이 아니라, 가는 도중에 발생하는 문제들과 맞서면서 힘을 키울 수 있는 그런 거친 여행을 하고 오기를 바란다."

모든 문제들은 다 해결책이 있고, 항상 답은 존재하는데 그것을 찾아내는 것이 힘들다는 것을 조금씩 조금씩 배웠다. 우리는 문제에 초점을 맞출 것이 아니라 그것을 어떻게 풀 것인가에 집중해야 한다. 문제를 찾을 필요는 없지만 문제를 갖지 못하면 우리 자신을 극복할 수 있는 좋은 기회를 잃어버리게 된다. 문제가 없는 안전한 삶은 단조롭고 싱겁다.

브라질 쪽 강가에 도착했을 때 사람들이 놀란 눈으로 우리를 쳐다봤고, 어디서부터 오는지 알 수 없는 두 척의 조그만 카누 위에 그렇게 오래된 차가 실려서 밀림에 도착하는 것을 보고는 입을 다물지 못했다.

메인 항구에는 이런 소형 배들을 정박할 곳이 없어서 거기로 내려

가지 않고 그 지역 산물을 싣고 다니는 카누들이 정박하는 곳으로 갔다. 우리는 또다시 진흙투성이의 강 주변 언덕 앞으로 왔다. 금방 짐꾼들이 나타나서 동시에 포르투갈어로 말했다. 그들의 말을 전혀 못 알아들었다. 많은 짐꾼들이 도와서 진흙 위에 판자를 깔고 차를 카누에서 내렸다. 모두가 힘을 합쳤다. 많은 짐꾼들이 칸데가 촬영하고 있는 카메라 가까이에서 자세를 잡았다. 갑자기 그중의 한 명이 그 촬영이 내셔널 지오그래픽에 보낼 거라고 말을 해서 모두들 사진 촬영에 참여하고 싶어 했다. 우리 차를 내리는 데 도와주었던 그 사람들이 가파른 언덕을 오르는 데 도와주며 밀고 또 밀었다. 나는 또다시 파라오가 되었다.

이제 평평하고 통과할 수 있는 땅으로 올라온 우리는 레티시아 항구관리소에 희소식을 전하러 갔다. 그들은 기꺼이 도와주겠다며 우리와 타바팅가 항까지 같이 가서 선장하고 이야기해서 최상의 가격으로 배를 구해줬다.

"정말 감사드립니다."

"천만에요. 우리가 더 고맙죠."

어머니의 마음

'어머니의 마음'은 나무로 만들어진 3층짜리 배인데 스페인 범선처럼 생겼다. 출항 준비를 다 끝낸 배 위에 있으니 마음이 무척 편안해졌고, 앞으로 항해할수록 넓어지는 강을 앉아서 보고 싶었다. 5일 후면 우리는 마나오스에 있을 것이다. 해가 지자마자 피곤에 못 이겨 차 안에서 편안하게 잤다.

　일어나서 보니 배가 항해 중이 아니라 해안에서 나뭇가지들 사이에 정지해 있었는데 부러진 가지들이 갑판에 흐트러져 있었고, 갑판은 젖어 있었다.

　"무슨 일입니까?"

　내가 물었다.

　"아무 소리 못 들었어요? 태풍이 치고 높은 파도가 들이닥쳐서 급히 해안에 정박해야 했습니다. 아무 설명도 못 들었습니까?"

　한 승무원이 놀란 표정으로 잠이 덜 깬 승객에게 말했다. 그 승객이 나였다.

　이 배는 라그란 로레타나와는 달리 사람들이 요구하는 데서 멈추지 않고 조그만 마을에서만 멈췄다. 우리는 그곳에서 며칠간 돌아다니고 싶었지만 배는 우리를 기다려 주지 않았다.

　한 번은 '열병'에 걸린 젊은 여자가 배에 타서 두 개밖에 없는 선실 중 한 곳에 그녀를 격리시켰다. 불쌍한 그 여자는 상태가 무척 안 좋아서 온몸이 다 아프다 보니 고통을 참지 못하고 그때마다 비명을 질렀고, 그 가족들은 어떻게 해야 그 고통을 줄일 수 있을지 몰랐다. 다양한 치료 방법을 알려주는 아주머니들이 많이 있었지만 안타깝게도 하나도 효과가 없었다.

조그만 항구에 정박했을 때는 행상인들도 올라오고, 높은 배를 강으로 다이빙하기 위한 트램펄린으로 이용하는 아이들도 올라왔다. 사람들은 선상에 있는 차를 신기한 눈으로 봤고, 브라질 사람들은 외향적인 성격이다 보니 성가실 정도로 질문을 많이 했다. 그 질문에 일일이 대답하다 보니 우리도 현지 언어를 조금씩 배우게 되었다.

선주는 항해 중에도 배 공사를 진행했다. 위에 한 층을 더 올리는 공사 때문에 목수들이 분주히 움직였다. 이쪽저쪽으로 계속 뛰고 놀면서 승객들에게 웃음을 선사하고 동전을 받는 아이들도 있었다. 부엌에서는 냄비 소리와 요리사들의 끊임없는 노랫소리가 들렸다. 하루에 세 번의 식사를 준비했는데 먹고 싶은 만큼 먹을 수 있었다. 대부분의 승객들이 해먹에 누워 있는 위층에는 음악과 대화와 맥주가 있었고, 밤에는 춤을 췄다.

이것은 단순히 승객들과 화물을 실어 나르는 배라기보다는 기쁨의 유람선 같았다. 우리는 살도 좀 쪘고 그리고 춤, 노래, 포르투갈어도 배웠다. 처음에는 단지 구경꾼에 지나지 않았던 우리를 그들은 특별 손님처럼 받아들였고, 우리는 행복해하며 이런 상황을 즐겼다.

이제 마나오스에 도착하려면 이틀 남았다. 선주가 남은 여정에 대해 언급하였다.

"베네수엘라로 가는 길은 원주민 보호구역을 통과하게 되는데, 밤에는 어느 누구도 지나갈 수 없을 정도로 아주 위험한 지역입니다. 사망자와 행방불명된 사람들이 있습니다. 아마존에서 가장 위험한 원주민들입니다. 아무리 금이 묻혀 있다 하더라도 거기에 들어가서 금광을 찾거나 사금을 캐는 사람은 없습니다."

그 말을 들으니까 먼 서쪽에서 새로운 여행이 우리를 기다리고 있다는 생각이 들었다. 갑자기 배가 땅에 박힌 것처럼 멈췄다. 우리를 포함해서 많은 것들이 바닥으로 쓰러졌고, 해먹에 있던 사람들은 심하게 흔들렸다.

"배가 모래톱과 충돌했습니다."

한 승무원이 상황 설명을 하면서 칸데를 일으켜 세웠다. 그리고 다른 승객들을 보러 갔다.

부엌에서는 이제 노랫소리가 아니라 욕이 들렸다. 음식들이 냄비와 함께 전부 바닥에 엎어졌다.

한 시간 이상 바닥에 박혀 있는 동안 엔진들이 떨리고 흔들리더니 가까스로 모래톱에서 빠져나올 수 있었다. 그러자 선주는 마치 아무 일도 일어나지 않은 것처럼 그 원주민들에 대한 이야기를 계속했다. 처음에는 원주민이라고 하더니 지금은 야만인이 되었고, 사상자도 늘어났다. 다른 승객들도 그의 이야기에 가담하면서 행방불명된 사람들의 숫자는 세 배로 늘었다.

"당신들은 거기를 지나가셨습니까?"

그런 기분 나쁜 이야기의 진의를 파악하기 위해 내가 물었다.

"아니요, 그렇게 들었어요. 그래서 가고 싶지 않아요."

우리가 가는 지역들에 대한 위험한 이야기들을 항상 들었다. 그러나 그 이야기들은 그 지역에서 살았던 사람들의 입에서 나온 것이 아니라서 진실성이 결여되어 있었다. 이야기들은 입에서 입으로 전해지면서 확대 재생산된다. 그래서 우리는 모르는 것에 대해서 두려움을 갖는 것이다.

마나오스에 도착하니 내 눈을 의심하지 않을 수 없었다. 먼저 배들의 숫자가 엄청났다. 강은 배, 바지선, 보트, 카누, 우리 배와 같은 범선들로 가득 차 있었다. 게다가 거대한 흑강과 위압적인 아마존의 만남은 마치 합쳐질 수 없는 물과 기름처럼 검은 색과 밤색 사이에서 완벽한 선을 그려내고 있었다.

항구는 만선이라 우리 배를 정박시킬 곳이 없어서 다른 배에 묶고, 또 그 배는 다른 배에 묶여 있고……. 그렇게 해서 부두 위에까지 배들이 쭉 연결되어 있었다. 다른 승객들은 각자 짐을 챙겨서 배와 배를 연결시켜 놓은 판자를 통해서 해안에 도착했지만 우리는 차를 움직일 수가 없어서 '어머니의 마음'이 부두에 정박할 수 있는 내일까지 기다려야 했다.

그레이엄을 배에 남겨두고 이 거대한 도시를 돌아다녔다. 마나오스는 고무 덕분에 세상에서 가장 풍요로운 도시가 됐으며 그 시대의 영광은 항구, 오페라 극장, 교회와 관공서 같은 건물들에서 아직까지 남아 있었다. 우리는 말할 수 없이 매력적인 이 장소들을 다 돌아봤다.

단단한 땅

다음 날 범선에서 차를 내리는 모습을 현대적인 유람선을 타려고 가는 관광객들이 빙 둘러서 봤다. 다들 놀라는 모습이었다. 한 관광객이 이런 여행은 돈 많은 사람들이나 할 수 있는 거라고 말을 해서 우리가 가지고 있는 전 재산인 40달러를 그들에게 보여주자 그들은 더욱더 놀랐다.

우리가 가진 돈으로는 가솔린 40리터도 살 수 없었기에 여행을 계속하기 전에 돈을 좀 더 벌어야 했다. 장사를 할 만한 곳을 찾아 돌아다녔다. 모든 거리마다 노점들이 다닥다닥 붙어 있었다. 우리도 수예품 파는 사람들 사이에 자리를 잡고 그림을 진열했다. 그러나 오후 내내 겨우 원주민 수예품 두 개만 팔았다. 그 지역 사람들은 너무나 가난해서 그림하고는 거리가 아주 멀었다.

밤에 많은 관광객들이 찾는 한 레스토랑 앞에 서 있었다. 입구에 '잡상인 금지'라고 쓴 큰 종이가 붙어 있었지만 우리는 들어가기로 했다. 우리는 앉아서 탄산수만 한 병 시키고서 주위를 둘러보며 이상적인 고객을 찾기 시작했다. 그때 내 뒤로 두 번째 탁자에 앉아 있는 부부가 칸데 눈에 들어왔다.

지금까지 살아오면서 이런 장사를 한 번도 안 해봤기 때문에 너무 창피해서 가서 팔 수도, 그냥 가만히 있을 수도 없었다. 그러나 돈이 필요하니…….

"저 사람들은 분명히 살 거니까 빨리 가 봐요."

칸데가 말했다.

"못 하겠어. 창피해 죽을 것 같아."

"왜 못해요? 당신이 판매 담당자잖아요?"

"제발 당신이 가서…….."

내가 애원했다.

이렇게 머뭇거리다가 시간이 지난 후, 칸데는 용기를 내어 놀라워하는 내 앞에서 그림을 감싸 안고는 벌떡 일어났다. 그리고 그 탁자로 가서 하는 이야기를 나는 들을 수가 있었다.

"안녕하세요? 1분만 앉아도 괜찮겠습니까?"

칸데는 놀란 관광객 부부 앞에서 엉터리 영어로 물었다. 그들이 그렇게 하라고 했다.

"제 이름은 칸델라리아이고 제 남편은 허먼이라고 하는데 저희는 아르헨티나에서 왔어요. 당신들은 어디서 오셨습니까?"

"이탈리아에서 왔어요."

"저희는 이 차로 여행 중인데 지금 마나오스를 들렀습니다."

그들에게 사진을 보여주면서 이야기했다.

"밖에 있는 차요?"

"네, 바로 그 차입니다. 기름값 좀 벌려고 제가 그리고 제 남편이 액자를 만든 그림을 팔고 있습니다. 원하신다면 좀 보여드릴 수 있는데요."

그들은 서로 쳐다보더니 어깨를 들썩이며 말했다.

"보여 주세요."

그들은 그림들을 보더니 그것들과 우리의 이야기를 무척 마음에 들어 하며 우리를 자기들 탁자로 초대했다. 대화가 끝나고 우리와 헤어지는 그들의 손에는 그림이 두 점 들려 있었고, 우리는 가솔린 80리터를 살 수 있는 가능성을 가지게 되었다. 이 판매를 시작으로 우리는 더 많은 관광객들에게 그림을 팔 수 있었다.

"당신은 이제 국제적인 화가가 됐어."

칸데의 그림들이 여러 나라로 갈 것이라 내가 이렇게 말했고 우리는 여행을 계속할 준비를 마쳤다.

"그림을 팔았을 뿐만 아니라, 무엇보다도 내성적인 내가 사람들한테 다가가서 그림을 팔 때 느끼는 부끄러움을 이겨냈다는 것이 정말 뿌듯해요."

　토요일이나 일요일에는 거리에 차들이 못 들어오게 차단하고 노점 상들은 세금을 내고 장사를 할 수 있지만 빈자리가 하나도 없다고 수예품 장사꾼들이 우리에게 말해줬다. 그래도 칸데는 수예품 전시 탁자를 가지고 가서 담당자에게 우리의 상황을 이야기했다. 담당자는 우리가 장사할 수 있는 조그마한 공간을 마련해 주고, 세금을 받지 않고 그녀에게 인사하고 가버렸다. 나는 너무 창피해서 노점에 있고 싶지 않았지만 칸데가 같이 가자고 졸랐다. 거기에 5분 정도 있다가 먹을 것 좀 사오겠다고 말했다. 오후에 다시 그녀에게 돌아오니 그녀는 매우 슬픈 표정으로 자기가 번 2달러를 보여 주었고, 동시에 자기의 소심한 성격을 극복했다며 무척 행복해했다. 다음 도시까지 갈 가솔린을 살 돈이 충분히 모여져서 우리는 마나오스와 작별했다.

브라질

붉은 땅

야만인들의 땅

단단한 땅, 붉은 땅 위를 달리고 있다. 한 달간의 항해 끝에 강은 나를 선장으로 만들어 주었다. 나는 아직 선장 모자도 없고 배도 없지만 계속 선장이고 영원한 선장이다.

밀림 위로 난 길을 달렸다. 수많은 나무들이 잘리면서 흘린 피로 붉게 물든 길을 달렸다. 나무들은 아직 굴복하지 않았고 상처를 회복하고 싶어 했다. 길을 내면서 인간이 관심을 적게 가진 곳에서 밀림은 다시 빠르게 자라나고 있었다.

몇 시간 뒤에 무서운 원주민 보호구역에 도착했다. 입구에 경찰 바리게이트가 쳐 있고 경고문들이 붙어 있었다.

'통행 시간' '앞으로 몇 킬로미터 동안 주유소 없음' '어떠한 경우라도 정차 금지' '사진 촬영 금지' '이 지역에서 어떤 것에도 손대지 말 것' '보호구역 주민들을 존중할 것' '보호구역 주민들의 삶을 존중할 것'.

"안녕하세요?"

경찰인지, 공원관리인인지 정확히 구분이 안 되는 사람이 말했다.

"연료는 충분하세요?"

그렇다고 대답했다.

"응급 사항이 아니면 멈추지 마-시고, 원주민들과 접촉하지 마십시오."

"그들은 위험한가요?"

"아니요."

그는 귀찮다는 듯이 대답했다.

"그들이 삶의 방식과 스타일을 바꿀 수가 있으니 접촉해서는 안 된다는 겁니다."

"미안합니다. 사람들이 겁을 줘가지고요. 그들이 야만인들이라고 들었습니다."

"야만인들도 있지만 그들은 아닙니다."

그는 쓰레기 담을 봉지를 주고는 우리와 헤어졌다.

거대한 보호구역은 광활했다. 얼마 안 가서 가슴을 다 드러내고 길을 가는 원주민들과 마주쳤다. 그들은 가던 길을 멈추고 우리를 쳐다봤다. 그들의 땅에는 인간들이 마음속에 품고 있는 이상한 것들이 침략한 길이 가로질러 있었다. 그들은 무슨 생각을 할까?

'저 작은 물체 안에 갇혀 있는 불쌍한 사람들, 어디로 그렇게 급히 갈까?'

보호구역을 떠나는 순간 야만인들이 누군지 깨달았다. 길 양쪽의 밀림은 불에 타서 검게 그을려 있었다. 그렇다, 우리가 야만인이었다.

우리들 꿈의 엔진

우리는 호라이마에 있었는데 이 주의 75%가 원주민 보호구역이거나 국립공원이었고, 황금과 다이아몬드가 풍부하게 매장되어 있었다. 보아비스타에 들어가는 것은 금광을 찾는 사람들의 세계로 들어가는 것이다. 많은 광물이 발견되면서 이 도시는 하룻밤 사이에 성장하였다.

우리는 돈을 벌어야 했다. 기름값이 너무 비싸서 그림 판 돈은 금세 다 날아갔다. 그림 한 장을 팔면 가솔린 25리터에서 30리터를 살 수 있었는데, 그걸로는 겨우 150킬로미터 갈 수 있었다.

사람들이 가장 많이 모이는 아구아스 광장에 가서 팔아보라고 주위에서 권했다. 여러 색깔의 물 분수들이 아주 경쾌한 음악에 맞춰서 춤을 추고 있었고, 장사꾼들도 많이 있었다. 다행히 우리처럼 그림을 파는 사람은 없었다. 그들은 경쟁하는 것을 싫어했고, 다른 사람이 자기와 같은 상품을 팔아도 전혀 신경 쓰지 않았다. 탁자를 펴고 그 위에 에콰도르 밀림 지역의 수예품들과, 칸데가 그리고 내가 액자를 만든 작품을 펼쳐 놓았다. 우리 뒤에다 차를 주차시켜 놓으니까 사람들이 관심을 보이더니 급기야 TV방송국 프로그램 팀까지 왔다. 우리가 펼쳐 놓은 물건들 앞에서 인터뷰를 하는 도중에 부인 한 명이 오니까 카메라맨들은 우리가 장사하는 기회를 놓치지 않고 촬영을 했다. 부인이 물었다.

"이 그림 얼마예요?"

"60헤알(브라질 화폐 단위)입니다."

나는 그림에서 눈을 떼지 않으면서 매우 친절하게 대답했다. 카메라맨들이 계속 찍었다. 우리 모두 그녀가 그림을 사주기를 기대했다. 그러면 우리뿐만 아니라 인터뷰에도 도움이 될 것이다.

"그럼 말고 액자만 얼마예요? 이 액자에 딱 맞는 사진이 한 장 있어서요."

방송국 사람들이 웃었고, 칸데는 그 여자를 잡아먹을 표정이었다.

"부인, 액자만 팔지는 않습니다."

내가 만든 액자가 자랑스러워서 진짜로 그것만 팔고 싶었지만 그랬다가는 칸데가 나를 절대로 가만두지 않을 것이다.

우리 곁으로 가까이 오는 사람들의 목걸이, 팔찌, 반지와 금이빨이 번쩍거렸다. 사방이 황금이었고. 심지어 광장의 기념탑도 금광의 광부들을 위해 세워졌다.

"이게 몇 그램입니까?"

한 젊은이가 수예품 하나를 가리키면서 물었다. 우리 대답을 기다리면서 지갑이 아니라 가방에서 황금 조각들을 꺼냈다. 우리는 금 시세를 몰랐고 그 무게를 어떻게 재는 건지도, 또 진짜인지 가짜인지 구분할 줄도 몰랐다. 복잡한 것이 싫어서 그에게 돈으로 지불해달라고 부탁했다. 그러자 며칠 동안 수염도 안 깎고 목욕도 안 한 남자가 우리에게 금 시세를 알려줘서 그 들을 받을 수 있었다. 우리가 여행 중이니까 다른 곳에 가서 더 비싼 가격으로 팔 수 있을 거고, 또한 우리가 가지고 있는 것을 전부 다, 심지어 차까지도 팔아서 금으로 바꾸어놓는 것이 최고일 거라고 그는 설명해 줬다. 그렇게 하면 엄청난 수익을 올릴 수 있을 것이라고 확신한 그 남자는 금에 대한 자신의 열병을 우리에게 전염시키려고 무지 애를 썼다. 가까이서 그의 말을 관심 있게 듣고 있던 또 다른 사람이 끼어들었다.

"내가 만지는 것은 금으로, 심지어 더 값어치 나가는 걸로 바뀝니다. 나는 금으로 된 친구들이 있고, 이 세상의 모든 황금보다 더 귀한 아내와 아들이 있습니다. 당신들은 금으로 된 차, 어떤 값비싼 금속과도 바꿀 수 없는 꿈이 있지 않습니까? 그렇게 귀한 것들을 가지고 있으면서 왜 황금을 찾습니까? 왜 값어치가 훨씬 덜 나가는 것을 위해서 그것들을 잃어버리려고 합니까? 많은 사람들이 자신들의 고귀한 인생을 황금에 대한 탐욕으로 바꿉니다. 만일 당신들이 이 인생을 황금으로 바꾼다면 그것은 황금이 당신들을 바꾸었기 때문이고, 그리고 황금이 당신들을 바꾼다면 당신은 황금 1그램의 값어치도 안 되는 사람이 됩니다."

수염을 안 깎은 사람이 빤히 쳐다보더니 가버렸다. 의용소방대 옷을 입은 남자는 남아서 우리 말동무가 되었다.

"엄청나게 많은 황금이 들어갔던 집들이 재로 바뀌는 것을 내가 얼마나 많이 봤는지 당신들은 모를 겁니다. 지금 당신들이 하고 있는 것은 우리 중 많은 사람들이 실현하지 못한 꿈입니다. 우리는 때와 기회가 오지 않았다고 말하면서 그것들이 지나가는 것을 보기만 합니다. 꿈을 이룬다는 것은 인간이 가질 수 있는 최고의 행운이니 무슨 일이 있더라도 꿈을 따라가세요. 그 꿈은 당신 마음속에 간직하고 있기 때문에 아무도, 죽음조차도 그것을 빼앗을 수 없을 겁니다."

의용소방관은 우리 주위의 많은 황금들이 우리를 열병에 빠트리려는 바로 그 순간에 때맞춰 나타나서 찬 물수건 같은 완벽한 말로 우리 머리의 열을 식혀주기 시작했다.

"저기서 보는 사람들 전부 아세요?"

"아니요, 전부 처음 보는 사람들인데요."

"네, 그럴 겁니다. 그런데 무엇이 저들을 기다리는지 아세요?"

"아니요, 모릅니다. 뭔데요?"

"바로 죽음입니다. 저렇게 황금을 찾는 사람들은 황금만 찾으면 꿈을 이룬 거라고 생각하죠. 그러면서 자신들이 꿈으로, 꿈을 위해, 꿈 덕분에 살 수 있다는 사실을 잊게 됩니다. 황금을 찾는 일은 절대로 끝나지 않아요. 그것을 찾더라도 충분하다고 생각지 않기 때문에 더 찾는 겁니다. 더 이상 찾지 못하면 어떤 일이 벌어지는지 아세요? 꿈을 이루지 못한 것이 전부 다 황금을 찾지·못해서 그런 거라고 책임을 돌립니다."

우리가 자기를 존경의 눈빛으로 쳐다보고 있음을 감지한 소방관은 말을 중단하고 숨을 한번 내쉬었다.

"우리 인생에는 귀한 것이 세 가지 있습니다. 첫째는 인생 그 자체고, 둘째는 꿈이고, 셋째는 죽음입니다. 하나의 기적 없이는 다른 두 개도 가질 수 없을 겁니다. 꿈은 인생의 보물이라 꿈 없이는 어떤 것도 의미가 없으며, 죽음은 비록 인생의 끝이지만 우리들 꿈의 엔진입니다. 죽음은 우리들에게 인생을 살면서 단 한 순간도 낭비하지 말라고 경고하기 때문입니다."

느껴지는데 보이지 않는다

어젯밤 광장에서 알게 되었던 어떤 가족의 집에서 아침을 맞이했다. 아침을 먹고 있는데 젊은 부부가 문을 두드리며 우리에 대해 물었다. 자기들은 베네수엘라에서 온 헤라르도와 도르카스라고 소개하면서 지금 남아메리카 모든 국가들을 돌아다니고 있는데 특히 각 수도들을 아주 특별한 방법으로, 단지 도보로만 여행하고 있다고 했다.

"여러 나라 스티커가 붙어 있는 차를 보고, 세상을 돌아다니는 정신

나간 사람들이 우리 말고 또 있다는 것을 알았어요.”

우리는 여러 가지에 대해 이야기를 나누면서 우리가 비슷한 점이 참 많다는 것을 알게 되었고, 같이 이야기를 더 나누고 싶어서 우리 출발을 하루 연기했다.

“걸어서 여행을 하는 이유는 자연을 주의 깊게 볼 수 있어서예요. 우리도 뭔가를 하고 싶다는 생각이 들었지만 우리가 가지고 있는 것은 우리뿐이어서, 각 나라를 걸어서 여행하면서 한 걸음 한 걸음 뗄 때마다 자연에 대한 사랑의 씨를 뿌리기로 했어요.”

우리는 길을 가며 경험했던 환상적인 일들, 발견한 것들, 우리가 찾아낸 우리의 진정한 모습, 우리가 본 것들, 그 주위에 살고 있던 사람들 그리고 특히 우리가 체험한 가장 큰 변화에 대해 이야기를 계속했다.

“나는 어떻게 계속 길을 가야 할지, 그리고 우리가 도착할 곳이 어디일지 모르겠어요. 그러나 우리를 위해서 그 모든 것을 준비해 둔 존재가 있는 것 같아요. 그렇지 않다면 우리가 도착하는 곳마다 항상 누군가가 우리를 기다리고 있다는 것이 어떻게 가능하겠어요?”

헤라르도가 내게 수사적 질문을 했다.

“우리 운명이 다 미리 쓰여 있는 게 아닐까요?”

“그럴 수도 있겠죠. 그러나 서명은 내가 합니다. 만일 쓰여 있는 것에 서명을 하지 않으면 그것은 아무 쓸모가 없습니다. 최근에 한 사람이 서명을 해서 그것을 획득했습니다.”

그가 대답했다.

“우리한테도 그와 같은 일이 일어나서 모든 것을 얻고 있어요. 우리가 쉴 곳을 찾을 때 항상 누군가가 나타나서 자기 집으로 초대했어요.

차를 수리할 일이 생기면 기술자와 부품이 나타났어요. 왜 사람이 살고 있지 않은 곳에서는 차가 한 번도 고장이 안 났을까요? 이걸 어떻게 설명해야 하죠? 왜 우리가 여행할 때는 항상 날씨가 좋았을까요? 우리에게 안 좋은 일은 별로 없었고, 멈출 때마다 좋은 사람들을 만났습니다. 충고가 필요할 때는 반드시 어떤 사람이 나타나서 도움이 되는 말을 해줬습니다. 왜 이런 모든 일들이 우리한테 일어났을까요? 왜 우리한테 그렇게 많은 행운이 찾아왔을까요?"

내가 말했다.

"누구한테나 한두 번은 행운이 찾아오지만 매일은 아닙니다. 나는 그것을 행운이라고 부르지 않습니다. 우리 집안은 신앙심이 굉장히 깊지만 나의 무신론을 바꾸지 못했습니다. 집안에서 강요하면 할수록 내 거부감은 더 심해졌습니다. 그러나 길을 걸으면서 나는 바뀌었습니다. 목이 마를 때는 누군가가 굴을 가지고 나타났고, 배가 고프면 누군가가 먹을 것을 주었고, 피곤하고 지치면 누군가가 잘 곳을 제공했습니다. 오늘 하루를 보내고 나서 우리가 하는 일에 행복해하며 우리를 도와주기 위해 천사들을 보내는 누군가가 있다는 생각이 들었습니다. 이제 그들을 믿습니다. 그러나 우리 주위에 있는 천사들은 우리가 상상하는 것처럼 날개가 달린 흰옷을 입은 천사들이 아니고, 사람의 모습을 하고 있고 숫자도 수십만 명이나 됩니다."

그는 말을 할수록 목소리에 에너지가 넘쳤다.

"나를 보세요. 사제처럼 보이지 않나요? 베네수엘라에서 떠나기 전에 우리가 교회에서 결혼했을 때 우리 가족들은 믿지를 못하고 거의 기절했어요."

그가 이야기했다.

"우리가 부탁하는 걸 다 들어주는 것 같아요."

"네, 신은 항상 다 주세요. 그러나 진심으로 찾는 사람에게만 주시고, 앉아서 부탁하고 기다리는 사람의 청은 들어주지 않으세요."

도르카스가 덧붙였다.

"신이 있다면 우리가 왜 볼 수 없을까요?"

칸데가 물었다.

"신을 보시잖아요. 이 경치에서, 저 나비에서, 모든 사람에게서, 모든 사물에서……."

"네, 그렇지만 신은 왜 모습을 드러내지 않아요?"

"사랑이나 행복을 느껴본 적 없으세요? 영혼은 존재하지만 보이지 않습니다. 내가 기분이 좋을 때는 여기에 매우 예쁜 것이 있는 것 같아요."

도르카스가 두 손을 자기 가슴에 갖다 댔다.

"그리고 놀랄 때는 가슴이 조그맣게 되는 것 같아요. 내가 느끼는 그것은 해부책에는 없지만 분명히 내 몸의 일부고, 내 몸의 다른 장기들과 연결되어 있습니다. 신도 그와 같습니다. 본질적인 것은 눈에 보이지 않습니다."

"바람을 본 적 있으세요? 더위는요? 추위는요? 당신은 그것들을 못 보지만 두려움이나 사랑이나 삶처럼 느낄 수 있습니다. 태양 주위를 움직이고 이 우주 안에서도 움직이는 이 세계를 당신은 보지만 이 움직임을 느끼지는 못합니다. 당신이 보는 것이 다 존재하는 것이 아니고, 안 보이는 모든 것이 다 존재하지 않는 것이 아닙니다."

헤라르도가 덧붙였다.

우리는 헤어지면서 포옹을 하고 그들은 부모님 주소를, 우리는 우리 집 주소를 가르쳐 주었다. 우리끼리만 남게 되자, 우리의 느낌에 대해 몇 시간 동안 칸데와 이야기를 하면서 마음속에 있는 매우 예쁜 감정을 나눌 수 있었다. 놀랍게도 우리는 길을 걸으면서 우리와 똑같은 경험을 하고, 그리고 똑같은 힘을 느낀 두 사람과 마주쳤다. 이 만남은 헤라르도가 말한 것처럼 우연이 아니었다.

'우리를 위해서 그 모든 것을 준비해 둔 존재가 있다.'

초원의 목동들

밀림을 조금씩 뒤로 하면서 우리는 이제 아프리카에서 볼 수 있는, 끝이 안 보이는 초원을 지나고 있다. 길에서 벗어나 산이 없는 이곳에서 고대 문화를 살던 선조들이 거석에다가 그려 놓은 그림을 보러 갔다. 거기로 가기 위해 어느 넓은 농장으로 들어가서 들소들을 모는 목동들에게 물어보았다. 길이 매우 아름다워서 우리는 경치에 넋을 잃었다. 유리처럼 맑은 강이 바로 앞에서 흐르면서 우리보고 뛰어들어오라고 초대를 했다. 강의 반대편 저 멀리서 원주민 보호구역이라 통행을 금지하는 팻말이 보였다. 우리는 한참 동안 물놀이를 하다가 거석을 보지 않고 목동들 집으로 돌아가기로 했다.

다시 돌아가려고 차가 있는 곳으로 갔다. 가는 도중에 칸데가 사진을 찍겠다고 졸랐다. 이 말은 자기를 촬영하기 좋은 곳에 내려주고 나는 왔던 길을 되돌아갔다가 오라는 뜻이었다. 여느 때처럼 그녀가 원하는 곳에 혼자 놔두고 커브길을 돌 때까지 왔던 길을 계속 돌아갔다. 몇 분 후에 내가 카메라 렌즈에서 완전히 사라졌다. 백미러로 그녀를 보니 바지를 흔들고 다리를 긁으면서 뛰었다.

"왜, 무슨 일이야?"

"많이 흔들려서 다시 촬영해야 해요. 서 있던 곳에 개미집이 있었어요!"

항상 그런 식이었지만 칸데가 없었다면 우리 삶을 기록한, 그렇게 많은 사진이나 비디오는 없었을 것이다.

우리를 다시 보자 목동들은 맛있는 양고기 스튜를 대접했다. 가족은 부모와 두 명의 자녀가 있었는데, 일꾼 한 명도 같이 살고 있었다. 그들은 말할 때나 제스처를 취할 때 항상 미소를 지었다. 다음 날 이웃 농장에 일하러 갈 때 우리보고 같이 가자고 했다. 말을 타고, 하루 동안 그들의 삶을 살아볼 수 있을 것 같아서 기꺼이 그들의 초대를 받아들이고, 맑은 밤하늘 아래에서 자기 위해 차에 잠자리를 준비했다.

도대체 무슨 일이 일어났는지, 차가 좌우로 심하게 흔들려서 잠에서 깼다. 머리를 창문 밖으로 빼다가 목덜미를 범퍼에 문지르는 혹소(등에 큰 혹이 있는 소)와 부딪혔다. 겁을 주려고 소리를 지르자 소가 동작을 멈추고 크고 긴 뿔이 달린 얼굴을 천천히 돌리더니 나를 자세히 보면서 질문하는 것 같았다.

"무슨 일이야?"

나는 그를 보며 대답했다.

"미안합니다, 혹소님. 그냥 가시지요. 불편하게 해드릴 생각은 없었습니다."

마침내 그 혹소는 조용히 돌아갔다.

아침을 먹은 후에 우리는 그리 크지 않은 말을 탔다. 앞에 펼쳐져 있는 광활한 초원을 가로질러 가는 발자국을 따라갈 것이다. 이른 아침인데도 벌써 더웠고, 개들은 줄을 지어 우리를 따르다 뭔가를 찾으며 무섭게 달리다가 혓바닥을 축 늘어뜨린 채 돌아와서는 말들의 그림자 밑으로 갔다.

우리는 전속력으로 출발하였지간 곧바로 내 말이 날뛰기 시작했다. 개들이 전부 짖기 시작했고, 내가 탄 짐승은 짐 무게를 줄이기 위해 나를 땅바닥으로 내리꽂으며 흙을 엄청 먹게 했다. 목동들은 걱정 어린 표정으로 말에서 내렸지만 나를 코더니 웃음을 터뜨렸다. 우리는 다시 말에 올라탔고, 그렇게 빨리 말에서 떨어진 것이 처음은 아니라고 달리면서 그들에게 말했다.

주변에 나무들이 여기저기 흩어져 있었지만 끝이 없는 사바나의 전망을 다 가리지는 못했다. 다양한 종류의 풀과 관목들이 많이 있었고, 때때로 개미핥기와 같은 큰 짐승도 만났는데 그러면 개들은 크게 짖기만 하였다.

한참을 달리다가 어느 집 앞에 도착했는데 가족들이 나와서 활짝 웃으며 말에서 내려 쉬고 가라고 하면서 맛있는 생과일주스와 과자를 내왔다. 우리 모두를 위해서 새 말을 준비해 놨다고 말했다. 그 집안의 한 남자가 매우 친절하게 자기가 하는 일을 전부 다 보여줬는데 그중에서 우리는 아주 통통한 새끼 돼지들을 많이 봤다.

"전부 다 아주 통통하네요."

내가 그에게 말했다.

그는 조금의 주저함도 없이 한 마리를 잡더니 내가 말릴 틈도 없이 바로 죽이고서, 자기 부인에게 가지고 가서 요리하라고 했다. 내 말 한마디 때문에 새끼 돼지는 목숨을 잃었지만 가우초(아르헨티나와 우루과이의 팜파스에서 유목 생활을 하는 목동)에게는 큰 기쁨을 줬고, 그의 노동 덕분에 우리는 조금 뒤에 아주 맛있는 음식을 먹을 수 있었다.

음식을 먹고서 말을 타고 가축을 찾으러 두 명씩 짝을 지어 산으로 들어갔다. 우리가 찾은 것은 큰 혹소였는데 우리가 탄 말보다 키가 더 컸다. 조금씩 조금씩 소들을 몰아 다른 소들과 함께 결집시켜서 높낮이가 고르지 못한 나무로 짠 외양간까지 몰고 갔다. 여기서는 발정기의 암소들을 수송아지들에게서 떼어내는 작업을 했다. 갑자기 흙먼지가 일면서 목동 한 명이 화가 나서 자기에게 달려오는 암소 때문에 놀라서 달려나왔다. 모두들 외양간 나무에 매달린 그를 보고 웃었다. 그에게 무슨 일이냐고 물었다.

"땅이 뜨거워 몸이 타는 것 같아서요."

그는 진짜 이유를 숨기고 싶어서 괜히 농으로 대답했고, 이에 우리는 다들 웃었다.

오후에도 일은 계속 이어졌다. 불에 달군 쇠로 가축에 낙인을 찍고, 코뚜레를 꿰고, 개가 짖고, 목동들은 고함지르고, 말을 달리고, 수송아지를 타고, 넘어지고, 부딪히고, 웃고……

이런 놀라운 여정 앞에서 정말 행복했다. 조금의 일탈이 우리를 이렇게 생동감 넘치는 곳으로 데리고 와서 우리는 좀 더 성장했고 그리고 그들의 삶을 가까이서 즐길 수 있었다.

쳐다보면 수줍어하며 고개를 숙이는 사람들, 악수할 때 손을 세게 잡지 못하는 사람들, 말이 별로 없는 사람들을 알고 나니까 그들의 이런 모습에는 악의가 전혀 없다는 것을 깨닫게 되었다. 많이 읽지도 않았고, 세상에 대해 많이 알지도 못하고, 다른 곳을 많이 가보지도 않았고, 정확한 낱말들을 사용하지 못하고, 자신의 생각을 설명할 줄도 모르고……. 이런 것들 중에서 나쁜 것은 하나도 없다.

그러나 이런 것들을 할 줄 아는 사람들은 존중하지를 않는다. 도와주지 않는 것이 나쁜 것이다. 고개를 더 숙이는 사람들, 인사할 때 손을 세게 잡지 않는 사람들, 다른 곳을 많이 가보지 않은 사람들, 단어 공부를 많이 하지 않은 사람들은 나쁜 짓을 하지 않는 사람들이고 더욱더 존경받는 사람들이고 더욱더 도와주는 사람들이다. 그렇다. 그들이 좋은 사람들이다!

경이롭게 펼쳐지는 붉은 노을이 풍경의 색깔을 바꿀 때 우리는 돌아왔다. 온종일 다른 사람들의 일을 도와주고, 그들은 우리에게 기억할 만한 하루를 살게 도와주고 나서 한 줄로 쭉 늘어선 지친 말들을 타고 마치 그들의 기수들이 된 것처럼 한마디 말도 하지 않고 집으로 왔다.

어제 말을 탄 것 때문에 아침에 일어나니 온몸이 다 쑤셨다. 어제 떨어진 것이 이제야 통증으로 다가왔다. 아침 식사 때 아픈 엉덩이를 조금씩 벤치에 닿게 하면서 천천히 앉는 우리 모습을 보고 그 집의 가족들은 우리의 나약함을 놀렸고, 우리는 그들의 웃음에 전염되었다.

Venezuela
Trinidad y Tobago

베네수엘라와
트리니다드토바고

여기까지:
15,570km
10개월째

Isla Margarita   Trinidad y Tobago

Güiria

Maracaibo   Caracas

Mérida

Ciudad Bolívar

Santa Elena

베네수엘라
별들을 통해서

다이아몬드의 땅

오후 6시라 베네수엘라 세관은 이미 닫혀 있었지만 우리에게 들어가라고 하면서 다만 서류 만드는 일이라면 월요일에 다시 와달라고 부탁하였다.

베네수엘라에서 여행을 시작하자마자 좋은 소식을 접하게 되었다. 우리는 주유기를 조심스레 바라봤다. 기름을 가득 채우는 데 3달러 20센트가 찍혔다. 쾌재를 불렀다. 세계에서 가솔린값이 가장 비싼 브라질에서 지금까지 돌아다니다가 이제 막 그 나라에서 나왔는데, 지금은 세계에서 가장 싼 나라에 와 있다. 베네수엘라 여행자들이 추천해 준 대로 산타엘레나 시청으로 바로 가서 페드로를 찾았다. 그는 우리를 보자마자 무슨 도움이 필요하냐고 물었다.

"당신이 매우 친절하신 분이라고 세상 사람들이 다 이야기하던데요."

이 말에 그는 매우 기쁜 표정을 지었다. 우리는 월요일까지 여기서 지내야 해서 숙소를 알아봐 주면 고맙겠다고 했다. 그는 잠깐 기다리라고 하고 나가더니 잠시 뒤에 이 도시 방문 기념증서와 호텔 3일 숙박권을 주었다.

우리가 기뻐하며 차 세운 곳으로 가보니 발 디딤판에 한 사람이 앉아 있었다. 그가 우리를 보고 말했다.

"제 형한테 이런 차로 운전을 배웠어요. 저는 우루과이인입니다."

우리는 오랫동안 보지 못한 형제인 것처럼 세게 껴안았다.

"이렇게 조그만 도시 산타엘레나에는 75개국에서 온 사람들이 있습니다. 그들 모두가 당신들이 하고 있는 일에 경의를 표할 것입니다. 환영합니다. 혹시 도움이 필요하시면 당신들을 도와줄 수 있는 사람들을 제가 알 수도 있으니까 연락주십시오."

"고맙습니다. 우선 차 정비부터 해야 되는데……. 마지막으로 에콰도르에서 손 봤거든요."

"지금 딱 떠오르는 사람이 있는데 75살 된 페루인으로, 기술자 20명을 합쳐 놓은 것보다 차에 대해 더 잘 알아요. 오늘 밤에 저녁 드시러 갈 곳이 없으면 제가 초대해도 괜찮겠습니까? 뭐 좋아하세요?"

"이곳 전통 음식 같은 거요."

칸데가 대답했다.

"아레파!(베네수엘라, 콜롬비아, 파나마에서 주식으로 먹는 옥수수 빵) 저를 따라오세요."

사는 법을 안다고 생각하지 마십시오

일찍 일어났다. 칸데는 오늘 그림을 팔러 갈 것이고, 나는 그 자동차

310

기술자한테 갔다가 오후에 다시 만나기로 했다.

황량한 대지 위에 차곡차곡 쌓인 폐차로 둘러싸인 이동식 집 한 채가 눈에 띄었다. 주위에 시설물이나 오두막 하나 없는 걸로 봐서 우루과이 친구가 말해준 곳과 일치했다.

그 남자는 내가 자기 앞에 차를 세우기 전부터 나를 봤다. 그의 표정은 행복 그 자체였다. 내가 차에서 내리자마자 그가 말했다.

"어릴 적부터 아버지가 운영하는 카센터에서 이런 차로 정비를 배웠죠."

그는 그레이엄의 후드를 열었다.

"배전기는 델코 레미에서 만든 거고, 점화플러그는 오토라이트……."

그는 보기만 해도 척척 다 알았다.

"여기서 브레이크오일이 새고, 브레이크에 붙어 있는 모래를 깨끗이 씻어낼 겁니다."

마치 악기를 연주하는 연주자처럼 그의 손은 모든 부품들을 하나하나 스치고 지나갔고, 그러면서 그는 그것들을 자세히 살펴봤다.

"안녕하세요, 허먼이라고 합니다."

몰아지경에 빠져 있는 그를 깨우며 말했다.

"아이고, 미안합니다. 아직 인사도 안 했네요."

그랬다. 그는 인사도 하지 않았다. 그래서 무안스러워했다. 그는 말한마디 건넬 틈도 주지 않고 바로 작업에 들어갔다. 그를 도와주려고 했더니 부품들을 씻고 연장 찾는 일간 시켰다. 그때 한 사람이 자기 차를 찾으러 왔다가 부품 하나가 아직 도착하지 않았다는 말을 듣고는 그냥 갔다. 고객이 돌아가자 그가 말했다.

"사실 부품은 다 가지고 있었는데 이런 진짜 차에서 일하는 기쁨을 빼앗기고 싶지 않아서 거짓말한 겁니다."

뜨거운 태양 아래서 온종일 그 사람 옆에서 지냈다. 그는 나이가 많았지만 장난감을 가지고 노는 어린아이 같았다. 그가 그레이엄 부품을 하나하나 분해하면서 그 기능에 대해 열정적으로 설명을 해주어서 많이 배울 수 있었다.

"모든 것이 실용적이고 매우 논리적이네요."

그가 작업하는 것을 보면서 말했다.

"아니요, 전부 그렇지는 않습니다. 이건 인생과 같아요. 인생에서는 모든 것이 전부 다 논리적이거나 실용적이지 않고, 이진법으로 갈 수도 없습니다. 사랑, 신비주의, 종교, 재능, 에너지, 힘처럼 우리가 느낄 수 있고 경험할 수 있지만 설명할 수는 없는 것들이 수천 가지 있습니다. 차들도 마찬가지입니다. 한 번씩 비논리적으로 계속 갈 때도 있고, 또 비논리적으로 멈출 때도 있습니다. 당신도 차나 그 밖의 것들로 문제가 생긴 적이 있었나요?"

"그것들을 문제라고 해야 할지 모르겠습니다. 저는 차라리 테스트라고 부르고 싶네요. 하나씩 생길 때마다 해결책이 나타났는데 바로 나타날 때도 있고 시간이 좀 걸릴 때도 있었지만 안 나타난 적은 없었어요. 게다가 테스트가 생길 때마다 그럴 만한 이유가 있었어요. 그 이유를 알 때마다 우리한테 주어진 테스트가 고마웠습니다. 그런데 우리한테 무엇이 많이 일어났는지 아십니까? 테스트에 집중하면 할수록 그 이유를 알아내기가 힘들었습니다."

그 사람은 후드 아래에서 얼굴을 들지도 않은 채 나한테 질문하고 대답을 들었다.

"제가 이 여행에서 배우고 있는 것은 앞으로 제가 살아가는 동안에 많은 도움이 될 것 같습니다."

"그럴 겁니다."

이제는 머리를 들고 나를 바라보며 마치 아들한테 하는 것처럼 말했다.

"사는 법을 안다고 생각하지 마십시오. 낮이 밤으로 바뀌는 것처럼 삶은 끊임없이 변화한다는 것을 매일매일 살면서 배우게 됩니다. 오늘은 이전에는 존재하지 않았고, 당신은 어제의 당신도 내일의 당신도 아닙니다."

그가 잠시 말을 중단했고 나는 아무 말 없이 그저 고개만 끄덕이며 그의 말에 동의했다.

"차 고장 안 났어요?"

"아니요, 왜요?"

"기화기가 막혀 있어서요."

그가 관을 불며 나한테 그것을 보여줬다.

"여기까지 어떻게 오셨는지 모르겠네요."

이 말을 하고서 그는 다시 차에 집중하며 많은 부품들을 분해하고 다시 조립했다. 그리고 나는 그의 신호에 맞춰 시동을 걸었다. 완벽하게 작동했고 소리는 훨씬 더 부드러워졌다.

"얼마 드려야 합니까?"

"이런 차에서 일할 수 있는 즐거움을 줬으니 내가 당신한테 지불해야 될 겁니다. 자, 어서 가세요."

호텔로 돌아오니 칸데가 매우 행복한 표정을 짓고 있었다.

"나한테 얼마나 좋은 일이 일어났는지 당신은 모를 거예요. 그림이 엄청 많이 팔렸어요! 시청에 가져갔더니 거의 전부 다들 하나씩 샀어요."

"우리 차가 새 차가 됐으니 새 친구가 한 명 생긴 거야."

이게 도대체 뭐야?

산타엘레나에서 3일간 지내면서 우리는 여러 집에서 식사를 했는데, 전부 이 지역의 전통 음식인 아레파를 맛보여 주었다. 그 음식이 무척 맛있어서 칸데는 그 조리법을 적어서 직접 만들어 봤다. 베네수엘라 전통 음식을 만들 줄 알게 되었으니 이제는 떠날 시간이 된 것이다.

가솔린을 주입하고 있는데 진흙이 잔뜩 묻은, 폐차 일보 직전의 지프차가 왔다. 거기서 한 남자가 내리는데 차하고 얼마나 처지가 비슷한지 이빨 하얀 것만 구분이 될 정도였다.

"야, 제기랄, 끝내준다! 이게 무슨 차야?"

그가 우리 차 펜더를 주먹으로 치면서 소리를 질렀다. 그것과 똑같은 질문을 다른 사람도 해서 우리가 대답해 주고 있는 중이었다. 방금 도착한 사람이 우리 말에 끼어들었다.

"내가 이 차 살게요, 얼마예요? 내가 살게요."

그는 무척 단호했다.

"파는 게 아닙니다."

"안 파는 게 어디 있어요? 돈만 내면 되지."

그는 목에 차고 있던 가죽 주머니를 꺼냈다.

"나는 지금 광산에서 오는 길이요. 내가 얼마나 수지맞았는지 보시오."

그는 손을 펼쳐 깨진 유리 조각 같은 것들을 보여줬다.

"자, 다이아몬드요! 여기 이것은 에메랄드고. 이것으로 당신 차와 다른 차들을 다 살 수 있소. 얼마나 원해요? 말해 봐요."

"미안합니다만 팔지 않습니다. 저도 당신처럼 이 차를 갖고 싶습니다."

"제기랄! 당신, 굴러 들어온 복을 찬 거야."

그는 주변을 둘러보며 화가 나서 돌아갔다. 그가 소리를 질러 모인 사람들이 그가 잡은 행운에 감탄하는 대신에 그가 차를 못 사는 것을 보고 비웃었다.

잃어버린 세계에서

조그만 마을을 떠나 세상에서 가장 큰 국립공원 중의 한 곳인 그란 사바나에 들어갔다. 날씨가 꽤 무더워서 땀 좀 식히려고 앞유리를 들어올리니 차 안은 길 냄새, 먼지, 뜨거운 열기와 날벌레로 가득 찼다. 우리는 항상 자연과 접촉했다. 우리는 에어컨은 없었지만 자연선풍기가 있어서 길에서 부는 바람을 즐길 수 있었고, 비가 올 때는 틈으로 들어오는 빗방울을 느낄 수 있었다.

달리다가 우리를 초대하는 것 같은 비포장도로로 들어갔다. 원주민 마을을 지나갔는데 다 똑같이 생긴 집들이 원을 이루고 있었다. 아이들이 우리를 보려고 뛰어나왔고, 그 부모들과 젊은이들은 옥 작업을 하고 있었다. 그들에게 인사하고 우리는 계속 길을 갔다.

이제 길은 작은 두 개의 발자국으로 바뀌었고, 그것들을 따라가다 보니 오르막 내리막이 심한 경치가 펼쳐졌다. 내리막에서는 침묵의 소리를 듣기 위해 엔진을 껐다. 다리가 없는 실개천에서는 바닥이 진흙이라 지나갈 수가 있었다. 몇 시간 동안 계속 운전하면서 이렇게 광활한 지역에서 물 위를 지나가는 즐거움을 누렸다.

밤이 찾아와서 야영하기 위해 차를 세웠다. 주변에는 아무도 없었고 끝없이 아름다운 지평선만 있었다. 풀 위에 침낭을 깔고 누워서 하늘을 바라보았다. 우리는 5성급 호텔에 있는 것이 아니라 수천 개의 별들이 온 사방에서 반짝이는 곳에 있다. 움직이는 별들을 찾으며 즐거운 시간을 보냈다.

달이 나타나기 시작할 때, 할아버지가 시골에서 그랬던 것처럼 나도 달을 바라봤다. 옛날에 우리는 달을 보러 나갔고, 할아버지는 달이 언제 차고 기우는지, 언제 파종하고 추수해야 하는지도 아셨다. 시인에게 영감을 주었던 바로 그 달이 사랑을 일깨운다. 밤의 경치인 달을 보기 위해 우리는 시선을 들어 올렸다. 최초의 인간의 눈은 내가 오늘 보는 것처럼 너를 바라봤을 것이다. 너는 인류의 보편적인 풍경이라 우리는 어디서든지 너를 볼 수 있다. 도대체 너는 얼마나 아름다워서 동물들까지 너에게 노래를 할까? 바다를 움직이는 달은 나를 움직이고 감동시킨다……. 칸데를 껴안고 개구리와 귀뚜라미가 연주하는 배경 음악을 들으며 이런 생각에 잠겼다가 잠이 들었다.

다음 날 동이 트면서 비치는 햇빛과, 차 앞유리에 비친 자신의 모습과 싸우느라 부리로 쪼고 있는 새소리에 우리는 눈을 떴다. 딱딱한 바닥에서 잤더니 온몸이 뻑적지근했지만 동이 트는 모습을 보니까 말할 수 없이 행복했다.

계란과 비스킷으로 아침을 먹으면서 생각해 보니 우리가 어느 길로 왔는지 명확하지가 않았다. 어젯밤에 잠을 자려고 길을 벗어나 실개

천 부근에……. 음식을 계속 씹으면서 우리가 지금 어디에 있는지를 알 수 있게 해주는 뭐라도 찾고 싶었다. 사람들이 이곳을 '잃어버린 세계'라고 하는데 우리가 바로 거기에 있는 것 같았다.

방향을 잃었다는 생각이 들었지만 나쁜 것 같지는 않았고, 그 전에는 더 많이 좌절하고 방황했기 때문에 이렇게 나 자신을 만나게 되니 더욱 기분이 좋았다. 지금까지 살아오면서 내가 어디에 있는지 정확하게 알고 있을 때도 많았지만 그럴 때마다 상실감이 더 컸다. 내 일은 월급 받는 것 말고는 나에게 아무런 의미가 없었고, 모든 것을 가까이에서 구할 수 있는 곳이지만 살고 싶지 않은 곳에서 살았고, 내 마음에는 안 들었지만 직업이 요구하는 옷을 어쩔 수 없이 입었고……. 내가 누구인지, 무엇을 할 수 있는지도 모른 채 상실감에 빠져 있었다.

나는 지금 방향을 잃었지만 상실감에 빠지지는 않았다. 나는 이제 내가 누구인지, 무엇을 할 수 있는지 알고 있다. 이제야 쿠스코에서 만났던 그 영국인 사진작가가 했던 말의 의미를 알게 되었다. 이제 앞으로는 돈은 얼마 못 벌더라도 내가 사랑하는 일을 할 것이다. 지금까지 어디에서 왔는지는 모르지만 어디로 갈 건지는 안다.

아침을 다 먹고 길이 있는 곳까지 갔다. 우리를 여기까지 데리고 온

발자국들을 봤다. 온종일 테푸이로 둘러싸인 개천 옆에 있었다. 꼭대기가 평평하고 기암절벽으로 이루어진 테푸이에는 수백만 그루의 나무들과 동물들이 살고 있다. 모든 식물들이 활기차고 생기가 넘쳤으며, 그곳의 에너지가 그 식물들을 더 튼튼하게 키웠다.

칸데는 그림을 그리기 시작했고, 나는 액자를 만들려고 종이와 나무를 잘랐다. 해가 질 때까지도 그곳은 조용했다. 아타카마 사막과 안데스와 아마존에서처럼. 고요한 침묵이 이 광활함을 지배하고, 나 자신이 단지 하나의 씨앗에 지나지 않는 너무나 작은 존재라는 것을 느끼게 한다. 수천 개의 별이 떠 있는 이 호텔에서 다시 잠을 잤다.

새 날이 밝아오고 우리는 다시 움직였다. 그러나 옥처럼 불그스름한 바위에서 떨어지는 폭포의 아름다움에 취해서 멀리 나아가지 못했다. 영감을 얻은 우리는 차를 세우고 다시 그림을 그리기 시작했다. 우리는 잃어버린 세계의 한복판에 있다. 그러나 간혹 한 번씩 지나가는 가족들을 만나기도 했는데 칸데가 그린 그림에서 우연히 자기들이 좋아하는 새들을 보고는 기뻐하며 기꺼이 그림을 사가는 가족들도 있었다.

크리스마스

가솔린값이 싸다 보니 우리는 많이 돌아다니고 싶었다. 그래서 카라카스 쪽으로 가기 전에 마르가리타 섬으로 방향을 틀었고, 집에서 멀리 떨어져서 처음으로 맞는 크리스마스와 새해를 보낼 계획을 세웠다.

섬에 도착한다는 것은 우리가 세계에서 그토록 가보고 싶었던 지역 중의 한 곳인 카리브를 처음 밟는다는 것을 의미한다. 차량과 짐을 가장 값싸게 운반할 수 있는 카페리를 타고 태양과 해변의 섬에 내렸다. 처음 며칠은 이탈리아 사람이 운영하는 모텔에서 잠을 잤고, 그 다음에는 어느 가족이 초대해서 크리스마스이브를 같이 보냈다.

집을 떠나 처음으로 맞는 크리스마스라 그런지 좋으면서도 어딘가 이상했다. 가족들이 모두 모이는 축제기간이라 그런지 고향이 그리웠다. 크리스마스이브 때 칸데는 가족들에게 전화하기를 학수고대하고 있었다.

"잘 계셨어요? 아빠, 메리 크리스마스!"

"메리 크리스마스. 지금 어디니? 우리 딸 정말 보고 싶다."

"지금 마르가리타 섬에 있는 어느 집에 초대받았어요."

조금 더 이야기를 하고서 장모님한테 전화를 넘겨줬다. 장모님은 딸에게 크리스마스 축복을 했는데 목소리가 좀 이상했다. 칸데가 장모님 목소리에서 뭔가 불안하고 이상하다는 것을 눈치 채자, 장모님은 딸이 가장 듣고 싶지 않았던 소식을 숨기지 않고 이야기해 줬다. 간암이 발견됐다는 것이었다.

칸데는 목소리가 잠시 떨리며 무슨 말을 해야 할지 모를 정도로 정신이 없었지만 울지 않으려고 애썼다.

"무슨 일이야?"

내가 물었지만 그녀는 전화에만 집중하고 있었다.

"종양들이 아주 작아서 화학요법으로 치료할 거래. 걱정 마, 다 잘
될 거야."

장모님이 딸의 걱정을 덜어주려고 말했다. 칸데는 장모님의 강한
모습에 놀랐다. 장모님은 물러서지 않고 항상 상황에 맞서서 의연하
게 투쟁했다. 그녀는 몇 번이고 생각했다.

'겁먹지 마. 엄마한테 힘을 줘. 엄마가 필요한 에너지, 좋은 에너지
를 줘.'

칸데는 목소리로 장모님을 껴안고 싶어서 다시 한 번 목을 가다듬
고 말했다.

"엄마, 좋아질 거예요. 비록 몸은 떨어져 있지만 엄마를 껴안고 지
켜줄게요. 며칠 전에 별들을 보면서 생각난 게 있는데요, 별을 보면서
서로 연락하는 거예요. 엄마하고 나하고 별들을 보면서 잘 자라고 인
사하는 거예요."

"참 좋은 생각이다. 정말 좋은……. 네가 무척 그립구나. 사랑해,
내 딸!"

모녀는 이런 아이디어에 만족하며 전화를 끊었다.

그러나 칸데는 내가 포옹을 하자 목소리가 떨리며 참았던 슬픔을
토해냈다. 떠나기 전부터 그녀는 두려움을 가지고 있었고 아직도 가
지고 있었지만 길이 연출해내는 놀라운 경관에 감춰져 있었던 것이다.
자기가 사랑하는 사람들과 같이 있지 못하는 상황에서 그들에게 무슨
일이 일어날지 모른다는 두려움, 그녀와 함께 그 두려움도 차에 같이
올랐다.

"어떻게 할까요? 돌아갈까요? 좀 기다렸다가 결정할까요? 여행을

계속할까요? 종양이 작지 않은디 나한테 숨기는 것이 아닐까요? 어떻게 하지요? 나한테 이런 일이 벌어지다니 믿을 수가 없어요.”

그녀는 머리를 이쪽저쪽으로 돌렸고 나는 차분하게 말했다.

“장모님은 괜찮아지실 거야.”

굉장한 에너지를 갖고 있고 신앙심이 깊은 칸데도 나약한 모습을 보일 때가 있었다. 칸데는 돌아가고 싶었지만 일단 첫 번째 치료 결과가 나올 때까지 기다려 봤다가 그 다음에 어떻게 할지를 결정하기로 했다.

폭풍이 아니라 평온을 찾아라

마르가리타 섬은 환상적이었고 우리를 가족처럼 맞이해 준 동향 사람인 찰리가 추천한 여러 해변을 돌아다녔다. 그가 소유한 파라도르(고성이나 수도원을 개조한 호텔)에는 해변 파라솔과 텐트 그리고 레스토랑이 갖춰져 있었고, 특히 가장 인상적인 것은 왕처럼 느끼게 해주는 서비스였다.

그가 일하는 것을 자세히 관찰해 보니 무척 헌신적이고 행복하게 일을 해서 그의 열정과 기쁨이 모든 호텔 직원들에게 전염되고 있었다. 그는 어떤 고객이라도 가리지 않고 똑같이 성심성의껏 친절하게 대했고, 모든 고객들에게 즐거움을 줬다.

“안녕하십니까? 고객님, 뭘 도와드릴까요?”

파라솔 아래에 앉아 있는 한 남자 손님에게 물었다.

“지금은 없고 이따가 필요하면 말할게요.”

손님이 인사도 하지 않고 퉁명스럽게 대답했다. 그리고 무언가 필요할 시간이 되자 아주 무례하게 찰리를 불렀다.

"저기, 여기 좀 와 봐요."

"네, 고객님. 말씀하십시오."

"조니 워커 블랙 한 잔 가져와요."

"죄송하지만 그것은 지금 다 떨어졌고 다른 종류가 있는데 괜찮으시다면……."

"나는 당신이 주고 싶은 게 아니라 내가 마시고 싶은 것을 마시고 싶어요."

내가 만일 종업원이었다면 그에게 바닷물을 한 잔 갖다 줬을 것이다.

"정말 죄송합니다, 고객님. 그것을 갖춰 놓지 않은 것은 제 불찰이니 저희가 갖고 있는 제일 좋은 위스키를 서비스로 내오겠습니다."

나의 놀라움 앞에서 찰리는 자신의 과실을 인정하고, 그에게 위스키를 대접하였지만 이 무례한 고객은 고맙다는 말 한마디 하지 않았다.

"찰리, 저렇게 무례하게 나오는데 어떻게 그렇게 대접할 수가 있어요?"

"저 사람이 무례하게 행동한다고 해서 나까지 그렇게 해야 할 이유는 없습니다. 나는 나니까 누가 불쾌하게 행동한다고 해서 내 존재의 모습이 바뀌는 것은 아닙니다. 만일 당신이 그 사람처럼 행동한다면 당신은 그보다 더 못한 사람이 될 수도 있어요. 왜 그렇게 합니까? 나는 이 일을 하면서 기쁨과 행복을 얻습니다. 왜 내가 그걸 잃어야 합니까? 왜 상대방을 따라 하려고 합니까?"

"그렇군요. 당신 말이 옳습니다. 그렇지만 그 손님은 당신한테 매우 무례하게 말했잖아요."

"누가 당신한테 욕을 하면 좋은 말로 대답하세요. 불에다 장작을 던지면 상황이 더 악화됩니다. 폭풍이 아니라 평온을 찾으십시오."

"그래도 계속 그러면…….”

"그에게 계속 이야기하는 것을 좋아하지만 다른 손님들 때문에 시간이 안 된다고 공손하게 얘기하세요."

이 날 남은 시간 동안 찰리는 많은 손님들을 대하면서도 밝고 자연스러운 미소를 잃지 않았다. 그때마다 나는 존경의 눈으로 그를 바라봤다. 누군가가 나하고 말다툼을 하려고 할 때마다 나는 싸움을 벌였고, 누가 나에게 기분 나쁘게 말하면 나도 똑같은 식으로, 어떨 때는 더 심하게 대답해서 나를 이기게 놔두지 않았다. 그러나 사실은 그 반대의 결과였다는 것을 이제야 깨달았다. 그들은 나를 자기들 수준으로 끌어내렸고, 나를 자기들보다 더 나쁜 사람으로 만들기 위해 내가 아닌 사람으로 만들었으니 그들이 이긴 것이었다.

밤이 되자, 우리의 새로운 친구는 자기 방을 우리에게 제공했다. 파라도르 위에, 카리브 해변 앞에 있는 이 꿈의 방에는 바다와 파도 소리가 넘쳐흘렀고, 우리는 그 자장가를 들으며 달콤한 잠에 빠져들었다.

신의 소망

새해가 밝아 와서 이틀 전에 우리가 들렀던 카페 주인 부부와 새해를 맞이하는 기쁨을 나누었다. 그날 밤 우리는 그의 집에서 묵었다. 그들에게는 세 살 난 아들이 있었고, 힌두 복장을 한 여인이 한 명 같이 있었다.

그녀의 행동거지, 목소리, 몸짓은 매우 차분했고 평화의 감정을 전염시켰다. 어떤 것도 그녀의 차분한 성격을 깨트리지 못했고, 마우 행복해 보였으며, 우리를 아주 따뜻한 포옹으로 맞아주었다. 자기는 뉴욕에 살며 자기가 믿고 있는 종교의 사원에서 일을 하고 있으며 지금은 휴가 중이라고 했다. 여기는 그런 사원이 없으니 그립지 않느냐고 내가 물었다.

"신은 어디에나 있고, 당신 안에도 있을 수 있습니다. 아니면 환자나 가난한 사람이나 어린아이나 갓난아기……. 당신이 다른 사람과 같이 있는 것처럼 신은 당신과 함께 있는 것입니다. 신은 사람들이 자기한테 기도를 하고, 자기를 돌봐 주고, 사랑해 주는 것을 좋아합니다. 그분은 당신이 다른 사람한테 이렇게 할 때 이것을 느낍니다. 당신이 다른 사람한테 가까이 다가갈 때마다 당신은 신에게 가까이 다가가는 겁니다. 신의 가장 큰 아픔이 뭔지 아십니까?"

"전쟁입니다."

내가 자신 있게 대답했다.

"전쟁도 신의 가슴을 무척 아프게 하지만 신이 직접 창조하신 인간 세계에서 상상도 못할 일이 벌어지고 있다는 것을 가장 가슴 아파하십니다. 그것은 매일매일 수백만 명의 아기들이 살해되고 있다는 사실입니다. 무방비의 아기들이 소리 한번 지르지도 못하고, 삶을 선택하지도 못한 채 살해당합니다. 아무리 신이 마음을 다 바쳐 그 아기들을 사랑하고 삶의 기적을 행한다 하더라도 그 아기들은 꿈을 갖지 못합니다."

"누가 아기들을 살해합니까?"

나는 도저히 상상도 안 되고 화가 나서 물었다.

"가장 슬픈 일은 그 살해범들이 누구인지 안다는 겁니다. 바로 그들의 부모들입니다. 편리해서, 돈 때문에 그리고 절대로 정당화될 수 없는 이유들 때문에 자기 아기들을 살해합니다. 자기 아기를 죽일 때 자기 신도 죽이는 겁니다. 신은 그 아기들 한 명 한 명 속에 다 있고, 그들을 사랑하기 때문입니다."

"혹시 낙태를 말씀하시는 건가요?"

"낙태, 살해, 학살……. 어떻게 불러도 정말 끔찍합니다."

바로 그때 그 집 애가 나타나서 우리 대화를 중단시키고, 잘 자라며 아주 기쁜 표정으로 우리를 껴안고 뽀뽀해 줬다. 한 아이가 퍼뜨리는 기쁨을 가지고 그 아이를 바라봤다.

잠자리에 누워서 눈을 감고 생각에 잠겼다. 낙태에 대해 한 번도 이런 식으로 생각해 본 적이 없었다. 원하지 않는 존재는 세상에 가져오지 않는 것이 최상의 진보라고 생각하는 문명사회의 논리 속에서 낙태는 정당성을 확보하고 있었는데, 그런데 신의 소망이라니? 뉴욕에서 온 여인과 이야기를 하고서 생각해 보니 낙태는 진보가 아니라 이 사회의 가장 큰 퇴행이었다. 아무리 원치 않은 자식이라도 분명히 우리에게 기쁨과 사랑을 채워 줄 생명체다. 나는 전혀 생각지도 않게 와서 삶의 최고의 놀라운 선물이 된 아이들을 많이 알고 있다. 예를 들어 나는 칸데를 가졌고 그녀는 자기 가족에게 놀라움이었는데 만일 그 가족이 그녀를 낙태해서 그녀의 생명을 앗아갔더라면 어떻게 됐을까? 상상만 해도 끔찍하다. 또한 나에게도 16년간 같이 산 예쁜 여동생이 한 명 있다. 그녀는 우리 가족에게 얼마나 큰 기쁨을 가져다줬는가! 엄마와 아기한테 매우 위험했다는 이야기를 들은 적이 있었다. 그러나 그것은 잠시뿐이었다. 나는 여동생이 없는 삶은 어땠을까 상상이 되지 않았다.

한 대 팔 때마다 기쁨 하나씩

성수기를 이용해서 아마존에서 가져온 목걸이하고 수예품들을 팔기 위해 매일 해변으로 나갔다. 나는 그림 팔러 나가는 것도 쉽지 않다는 것을 알았기 때문에 수예품 판매는 더 불가능했다.

"칸데, 당신이 가서 팔면 사람들이 사줄 거야."

내가 그녀를 설득했다.

"나 혼자는 싫어요. 자신 없어요."

"둘이 있으면 안 팔려. 자, 힘내!"

이렇게 우물쭈물하는 사이 한 시간이 흘렀다. 여자애가 우리한테 반지를 팔러 와서 칸데가 그 애한테 말했다.

"나도 물건을 파는데 용기가 안 나."

"용기를 보여주지 않는 사람은 못 팔아요. 힘내세요. 돈은 해변에 다 모여 있어요."

그 애가 해변에 있는 사람들을 가리켰다. 칸데는 그 애 말에 미소 짓고 용기를 좀 내서 사람들을 관찰하고는 밀짚모자를 쓰고 팔찌하고 목걸이들을 팔에 걸고 해변을 돌아다니려고 나갔다. 그녀를 보니 완전 히피 같았다.

나는 차 부근에 있었다. 한 젊은이가 다가오더니 다른 베네수엘라인들처럼 스스럼없이 말을 하기 시작했다. 잠시 후에 자기는 위성 TV 판매를 하는데 집집마다 문을 다 두드린다고 해서 우리가 팔러 나갈 때 느끼는 부끄러움에 대해 이야기했다. 그는 배꼽이 빠질 정도로 웃더니 구매 의욕이 없는 사람은 안 살 것이고, 구매 의욕이 있는 사람은 자기한테 물건을 보여주는 것을 무척 행복하게 여길 거라고 설명했다. '한 대 팔 때마다 서비스 하나씩, 한 대 팔 때마다 기쁨 하나씩'

이것이 그의 슬로건이었다. 칸레는 지금 해변에서 수예품을 팔고 있고, 나는 그녀가 그린 그림 파는 일을 맡았다고 그에게 말했다. 그가 그림을 보여 달라고 해서 보여줬더니 마음에 들어 하며 가격을 물었다. 내가 그림을 팔러 나간 것도 아닌데 그가 나한테 그림을 살 거라고는 생각할 수도 없었다. 그는 그림을 사지는 않고 단지 빌려달라고만 했다. 그는 그림들을 감싸 안고 레스토랑으로 갔다. 나는 그가 무엇을 하려고 하는지는 몰랐지만 그를 눈에서 놓치지 않았다. 정말 믿을 수 없었다! 그는 그림을 팔려고 이 탁자 저 탁자를 돌아다녔고, 결국 어떤 남자가 지갑을 열어 그림 한 점을 샀다. 베네수엘라 총각이 나한테 돌아와 말했다.

"보셨죠? 저는 한 남자를 행복하게 해줬습니다."

"자네가 행복하게 해준 사람들은 나하고 내 아내지."

"제가 더 기쁜데요. 자, 이제 힘내세요. 이 그림들 잘 팔릴 겁니다."

날아갈 듯 기쁜 나는 지금 일어난 일을 이야기해 주러 칸데를 찾아갔다. 그녀는 물건을 팔고 있었다.

"당신은 제가 지금 장사하는 줄 알고 물건값을 깎아달라고 하시는데, 저는 돈을 벌기 위해서가 아니라 꿈을 이루기 위해서 물건을 파는 겁니다."

사람들은 그녀가 하는 말을 자세히 들었다. 그리고 더 따지지도 않고 그녀가 요구하는 액수를 지불하였다.

바다 사람들은 모두 모험가들이다

마르가리타 섬을 떠나 두 가지 가능성을 가지고 육지로 돌아왔다. 하나는 카라카스로 가서 계획된 여정대로 움직이는 것이고, 또 하나는 여정보다 오른쪽으로 벗어나서 트리니다드토바고로 가는 것이었다. 우리는 후자 길을 택했다.

베네수엘라 끝에 있는 크지도 작지도 않은 구이리아 항구에 도착했다. 트리니다드토바고와 카리브의 다른 섬들로 가는 정기선을 유일하게 한 대 보유하고 있던 회사는 최근에 이 배를 팔았고, 새 선박이 몇 달 안으로 들어올 거라고 했다. 떠나는 배가 있다고 들었는데 이런 돌발사태가 생기니 낙심이 컸다.

"네덜란드에서 온 바다 사람이 한 명 있기는 한데……."

우리가 갈 수 있는 가능성을 설명하기 시작했다. 그러나 완전히 확신하지는 못했다. 우리는 꿈에 부풀어 그를 바라봤고, 그는 계속 말했다.

"그에게 조그만 배가 있는데 1903년에 만들었으니까 분명히 당신들 차보다 더 낡았을 거예요. 소형 컨테이너 4개를 겨우 실을 수 있지만 혹시 알아요, 당신들을 데려다 줄지."

"어디 가면 그를 만날 수 있을까요?"

"잘 모르겠어요. 트리니다드에 살고 있어요. 화물 있을 때만 배를 모는데, 혹시 모르니 호세라는 사람을 찾아가 보세요. 그의 배송대행업자예요."

시골 마을에서는 어떻게 도착하는지를 말해주지 않고 단지 "그 사람을 찾아가 보세요"라고 말해서 골목 모퉁이를 돌 때마다 물어보며 갔다. 그렇게 해서 호세를 찾으니 그는 우리에게 희소식을 알려주었다.

"지금 항구에 있습니다. 만나 보러 가시죠."

매우 화려한 어선들이 보였고 그 밖에 요트도 있었고 보트도 있었다. 조급한 마음으로 우리의 선장을 찾아다녔다. 배에 도착해 보니 몇 년 전에 수명을 다한 것처럼 낡았고, 매우 작고, 용접 땜질한 자국이 사방에 나 있고, 최근에 페인트칠한 부분도 있고, 소금물에 부식된 부분도 있고, 임시로 보수한 곳도 있고, 영원히 수리가 필요한 듯했다.

　호세가 선장을 불렀다. 그는 나이가 좀 들었고, 흰 턱수염을 길렀고, 옷과 배에는 신경을 안 썼지만 마음은 매우 젊었다. 우리보고 들어오라고 해서, 지금은 그의 배이지만 전에는 그의 집이었던 곳으로 들어갔다. 목재로 정교하게 꾸며진 선실에는 수납장이 잘 짜여 있었지만 정리는 하나도 안 되어 있었다. 오래된 해적선의 선장과 해적들에 대해 항상 상상했던 것들과 똑같은 해양차트, 나침반, 조정키, 책, 다른 항구 기념품들이 어지럽게 널려 있었다. 내부는 소금 냄새, 나무 냄새, 세월의 냄새가 배어 있었다. 해양 어선을 타보는 것이 처음이라 기분이 날아갈 것 같았다.

　"이번에는 힘들겠고 다음번에는 가능할 것 같은데 열흘 뒤에 다시 떠나게 될 겁니다. 화물이 가득 차지 않으면 가능할 텐데……."

　"가격은 얼마입니까?"

　"그것은 그때 가서 보지요."

　선장은 우리 여행이나 차에 별 관심을 보이지 않았지만 분명히 우리와 마찬가지로 여행과 꿈에 대해 이야기하면서 잠시나마 같이 시간을 보내기를 학수고대할 것이다. 에콰도르에서 하라미요 함장이 우리한테 했던 말이 뚜렷하게 기억났다.

　"바다 사람들은 모두 모험가들이고 당신들을 도우러 갈 겁니다."

　이런 생각을 하면서 트리니다드로 떠나는 선장을 바라봤다.

아이들 장난감

호세의 사무실에서 나오는데 이런 곳에서는 안 어울릴 정도로 잘 차려입은 신사 한 분이 우리 쪽으로 걸어왔다. 그의 엉터리 스페인어로 봐서 이곳 주민은 아니었고, 자기 이름을 밝힐 때 그가 아랍인이라는 것을 확인했다. 그에게 우리의 여행에 대해 이야기하고 구이리아에서 열흘에서 보름 정도 머물 거라고 했다.

"바닷가 근처에 당신들한테 아주 잘 어울리는 별장을 하나 가지고 있는데 나무도 많고 과실수도 있고 동물도 있고 관리인도 있어서 지내기 편하실 겁니다. 가서 보고 마음에 들면 거기서 지내시지요."

갑작스런 제의에 우리는 말할 수 없이 좋아서 가볼 필요도 없이 무조건 그렇게 하겠다고 대답했다.

별장은 이 지역 원주민들이 만든 집들과 똑같았다. 해먹뿐만 아니라 침대도 있었다. 짐을 풀자마자 우리는 그림 작업을 시작했다. 그림을 팔아서 배 운임하고 트리니다드에서 쓸 비용을 마련해야 했기에 그림을 많이 준비해야 했다.

아름다운 나무들 아래에서 집에서 나는 과일로 만든 주스를 마시며 그림을 그리고 액자를 만들기 시작했다. 조금 있으니까 현관문으로 아이들이 나타나서 이상한 차를 타고 여행하는 이 낯선 이들을 바라봤다. 들어와서 같이 놀자고 하니까 그들은 행복한 표정으로 칸데와 함께 그림을 그리고, 나뭇잎을 모아서 수많은 모양의 콜라주를 만들기 시작했다.

며칠이 지나자 더 많은 아이들이 모여들어서 별장은 예술학교로 바뀌었다. 너무 많은 아이들이 와서 시간대를 정해놓고 나누어서 오게 했다. 부모들도 우리와 친해지면서 집에서 만든 아레파를 갖다 주었는데, 정말 맛있어서 하루 세 끼마다 먹었다.

일주일 동안 저녁때만 되면 아이들하고 해변으로 가서 공놀이, 수영, 달리기를 하면서 재미있게 놀았다. 내가 준비하는 동안 아이들이 칸데한테 나에 대해 물어보는 것을 들었다.

"'아이들 장난감'은 어디 있어요?"

그 별명에 나는 감동받았다.

일주일 만에 우리는 그림을 충분히 준비했고, 그걸 팔러 해변에 갔다. 4시간 동안 있으면서 겨우 한 사람 정도가 멈춰 서서 볼 정도였다. 지나가는 사람이 거의 없었고, 지나가더라도 그림을 찾는 사람은 없었다. 오후가 돼서도 그림을 한 점도 팔지 못해 실망하며 철수했다.

풀이 죽어 별장으로 돌아가다가 아주 예쁜 집 앞을 지나게 되었다. 계속해서 예쁜 집들이 있었다. 나는 멈춰서 뒤로 돌아 다시 그 집들로 갔다. 칸데가 물었다.

"어떻게 하려고요?"

"나하고 같이 가서 사람들을 행복하게 해주자."

그녀에게 말하면서 나는 그림 같은 집 앞에 멈춰서 초인종을 눌렀다.

"누구세요?"

부인이 물어보면서 우리가 대답을 하기도 전에 문을 열었다.

"안녕하세요, 부인. 저희는 칸델라리아와 허먼이라고 하고 이 차로 지금 아르헨티나에서 알래스카까지 여행 중입니다."

부인이 의아한 듯이 우리를 쳐다봤다.

"여행경비를 마련하기 위해서 우리가 직접 그린 그림들을 팔고 있습니다. 혹시 보고 싶으시면……."

부인은 어안이 벙벙한지 잠시 아무 말도 하지 않았고, 나는 놀란 그 얼굴 가까이에 그림들을 갖다 댔다.

"네, 그러시군요. 들어오세요. 여보, 여기 젊은 사람들이…… 어디서 오셨다고 했죠?"

"아르헨티나에서 왔습니다."

"들어오시라고 해."

그들은 그림 두 점을 사주고 저녁까지 대접했다. 그리고는 친구들까지 불러서 더 많은 그림을 팔아주었고 그림을 사줄 만한 집들의 주소까지 가르쳐 주었다. 그래서 남은 기간 동안, 노바 쿠라 선박이 도착할 때까지 우리는 돌아다니며 그림을 팔았다. 은행까지 방문해서 지점장을 만나려고 하니까 여비서들이 의심의 눈초리로 살피며 우리를 들여보냈다. 우리를 소개하고 꿈을 이야기하고 자동차 사진을 보여줬다. 지점장은 도화지 색깔이 사무실 벽 색깔하고 어울리지 않는다고 하면서 그림을 사지 않으려고 하였다.

"파란색이라면……."

"문제없습니다."

그렇게 대답하고 우리는 다음 날 색깔을 바꿔서 다시 갔다. 지점장은 더 이상 거절하지 못하고 그림을 샀다.

판매할 때마다 우리를 그토록 애먹이던 부끄러움과 당황스러움에서 벗어난 것이 무척 기뻤다.

노바 쿠라

아이들 몇 명이 달려오더니 노바 쿠라가 도착했다고 알려줬다. 다행히 우리는 배 운임을 지불할 만큼의 충분한 돈을 준비해 두었다.

"내일 떠나니까 준비해요."

흰 수염의 선장이 말했다.

"뱃삯은 얼마입니까?"

"2백 달러입니다. 단 아무한티도 말하지 않는다는 조건으로요."

"왕복입니까?"

"네, 배에서 숙박하는 것도 포함해서요."

"좋습니다."

"화물 실을 기중기를 렌트할 거니까 가서 차 가져와요."

차를 빈 창고에 싣고 밤에 출발했다. 이 배는 오로지 우리 차와 우리를 위한 것이었다. 카리브와 대서양이 합쳐지면서 조류들이 전쟁을 일으키는 이곳에서 바다는 심하게 요동을 쳤고 바위와 암초들이 사방에서 튀어 올랐다. 선실에 있는 선장은 아주 침착하게 키를 이리저리 움직였다.

"2년 전만 하더라도 밤에는 항해할 생각조차 못했는데……. 배가 많이 침몰했거든요. 조류가 너무 세서 나침반이 가리키는 방향으로 배를 몰고 갈 수가 없었어요. 그러나 이제는 GPS 장치 덕분에 암초들이 어디에 있는지, 내 배가 어디에 있는지 정확하게 알 수가 있어요."

그는 배를 조정하면서 이야기했다. 그의 바다 모험담은 사람의 마음을 끄는 힘이 있었다. 대양 횡단, 폭풍, 항구 등에 대해 이야기했다. 굉장히 흥미로운 이야기들을 많이 해서 내가 작가라면 그중에서 12가지 이야기만 가지고도 훌륭한 소설을 쓸 수 있을 것 같았다.

몇 시간 뒤에 그 '장치'와 선장의 경험 덕분에 우리는 잔잔한 바다

로 나올 수 있었고, 나는 조그만 배 안을 돌아다녔다. 시끄러운 기계
실과 선미로 갔고 뱃머리에 앉아서 파도들이 부딪치는 것을 봤다. 카
리브의 따뜻한 바람이 조금씩 조금씩 우리 곁으로 다가오는 해변의 냄
새와 트리니다드의 음악을 가져왔다. 놀랍게도 돌고래 떼가 나타나서
헤엄을 치고 배 바로 앞에서 뛰어올랐다. 칸데를 크게 불렀는데 아무
런 대답이 없었다. 아마도 장모님을 생각하고 있는 모양이었다.

　'밤은 별들을 보여줬고, 별들을 통해서 나는 엄마와 하나가 되었다.
이번에는 그 별들에서 뭔가 다르고 특별한 뭔가가 느껴지고, 이야기
를 나누는 누군가가 더 있는데 오빠다. 바람은 그의 미소를 가져왔고
나는 그 바람을 나의 가장 깊은 곳까지 들이마셨다. 어릴 적에 그가 항
상 미소 짓던 모습이 기억났다. 나는 하늘에서 가장 가까운 곳에 있기
위해서, 그에게서 가장 가까운 곳에 있기 위해서 배에서 가장 높은 곳
으로 갔다. 거기에서 오빠한테 엄마를 치료하는 것보다도 엄마한테

힘을 주라고 부탁했고, 어떻게 하면 되는 것인지 설명했다. 나는 모든 것을 하나하나 상상하면서 그를 실제로 보는 것처럼 봤다. 그의 사랑과 순수한 충고를 느꼈다. 더 이상 그를 보지 못하게 됐을 때, 이 만남이 얼마나 가슴에 와 닿았는지에 대해 생각했다. 그가 죽은 이후로 한 번도 이렇게 생생하게 그를 느껴본 적이 없었다. 그는 나를 다른 사람으로 바꾸었다. 나는 엄마가 완쾌될 거라는 강한 믿음을 가지고 있었고, 좋은 소식이 도착할 거라는 희망을 아무 죄책감 없이 기다리기로 결심했다. 팔을 벌려 바람과 함께 엄마를 껴안았다. 엄마, 잘 자요.'

돌고래를 보여주려고 칸데를 찾다가 배의 작은 탑 위에 있는 그녀를 발견하고 거기로 갔다. 그녀는 별을 보며 자기 엄마와 이야기하고 있었다. 하늘에서 눈을 떼지 않고 나한테 이야기했다.

"사람은 각자 자기 별을 가지고 있어요. 당신 별은 어떤 거예요?"

그녀는 내가 별 하나를 가리키기를 기다렸다.

"내 별은 당신이야."

뒤에서 그녀를 껴안으면서 말했다.

트리니다드 섬

항구에 도착하자 선장은 배에 입국 수속을 해야 할 여행자들이 있다는 것을 알리기 위해 노란 깃발을 올렸다. 공항하고는 달리, 이 경우에는 이민국 직원들이 배에 와서 하선 허가를 해주었다.

그들이 서류를 검사하고 있는 동안 나는 배 난간에 걸터앉아 섬을 바라보면서 앞으로 얼마나 놀라운 일들이 벌어질까 생각했다. 배가 정박해 있는 부두에서 플랫폼 하나가 눈에 확 들어왔다. 한 남자가 바닥에 양탄자를 펼치더니 무릎을 꿇고 기도를 하는 것이었다. 그는 무릎을 꿇고 머리를 바닥에까지 숙였다. 기도하는 무술만은 처음 본 것 같았다. 그러나 진짜 무술만인지를 확인하기 위해서 그가 기도를 끝내는 대로 물어볼 참으로 기다렸다. 그는 자기는 무술만이며 이 의식을 매일 하루에 다섯 번씩 치른다고 했고, 나는 지금 여행 중이라 훨씬 더 많은 기도를 하며 매일 하루에 적어도 다섯 번은 신을 생각한다고 했다.

"그것도 기도의 한 방법이겠죠. 당신은 몇 명의 신에게 기도를 드립니까?"

그가 물었다.

"신은 여러 이름으로 불리긴 하지만 한 분밖에 안 계신다고 생각합니다."

종교 토론이 벌어지기 시작하면 서로 불쾌해질 수 있겠다고 생각하면서 내가 대답했다.

"당신은 지금까지 살아오면서 베푼 적이 있습니까?"

그의 질문에 나는 적잖이 당황했다.

"네, 그렇지만 충분히 하지는 않았습니다. 내가 줘야 할 만큼 주지는 않았습니다. 이 순간에도 내가 준 것보다 훨씬 더 많은 것을 받고 있다고 생각하고 있습니다."

"왜 그렇게 생각하세요?"

"나의 가장 큰 꿈인 인생의 여행을 실현하고 있는 중이고, 많은 사람들의 도움으로 그것을 이루어 가고 있기 때문입니다."

그는 더 이상 질문을 하지 않고 나를 물끄러미 바라보더니 아주 다

정한 사람으로 바뀌면서 말했다.

"당신은 꼭 무슬림 같네요. 우리는 유일신을 믿고, 자비를 실천하고, 하루에 다섯 번 기도하고, 살아생전에 모든 무슬림의 꿈인 메카로 여행을 가야 하거든요."

나한테는 생소한 세계에서 인종 차별당하지 않고 그들 속으로 들어갔다는 기쁨이 온몸에 퍼졌다.

"어디로 가세요?"

"알래스카로요."

"아, 그곳이 당신의 성지입니까?"

"아닙니다. 그냥 목적지입니다."

이민국 직원들은 세관 직원들이 당도하기 전까지는 배에서 차를 내리지 못하게 하였다. 하염없이 기다리다가 이틀 만에 세관 직원들이 나타나서는 그레이엄을 못 내린다고 했다.

"아니, 왜 안 됩니까?"

"우리는 관광차에 대한 규정이 없습니다."

그들은 트리니다드에 차를 가지고 관광 오는 경우는 처음이라고 하면서 아주 불친절하게 대답했다.

해결책을 찾기 위해서 아르헨티나 대사관을 방문했다. 직원들이 차를 하선시킬 방법을 찾기 위해 3일간 애를 썼다. 트리니다드 정부 관리들도 만났지만 세관 담당자는 결정을 번복하지 않았다. 다만 공식 항구에서 하차가 이루어지거나 차 가격의 30%를 보증금으로 맡기면 하차를 허락하겠다고 했다.

"차값이 얼만데요?"

아무도 대답을 하지 못했다. 설사 대답했다 하더라도 우리는 지불할 돈이 없었다. 거기다가 공식 항구에 정박하려면 비용이 엄청 많이 든다고 알려줬다.

차 문제는 일단 보류해 놓고 라틴아메리카와 아주 가깝게 있으면서도 아주 색다른 특색을 지니고 있는 트리니다드를 즐기려고 마음먹었다. 어디를 가든 음악이 흘러나왔고, 주민들은 거의가 흑인이나 인디오들로 자기들끼리만 알아들을 수 있는 영어를 사용했다. 그들의 복장과 헤어스타일은 아주 독특했다.

선장과 그의 부인이 섬의 해변들을 구경시켜 주겠다고 했지만 우리는 범선들이 가득 정박해 있는 다른 항구들로 갔다. 마이애미, 유럽, 파나마 그리고 호주로 가는 많은 요트들이 항해를 도와줄 선원들을 경험유무에 상관없이 구하고 있었다. 이런 경우들은 도착한 승무원들 중에서 일부가 비행기로 돌아갔거나 아니면 배를 바꿔 타고 다른 곳으로 갔기 때문에 일어났다. 구인 조건이 참 좋았다. 모든 것이 다 갖춰진 객실에서 지내며 환상적인 목적지로 여행할 수 있다는 점에 마음이 끌렸다. 그 유혹을 뿌리치기가 힘들었지만 다음 기회로 남겨 놓아야만 했다. 10일 간은 배에서 잠을 잤다. 우리는 선실, 부엌, 식당을 차지했고, 초대하지도 않은 수백 마리의 바퀴벌레들도 찾아왔다. 우리한테 믿음이 생겼는지 그것들은 밤이 돼도 숨지 않았다. 배 안은 바퀴벌레 천지였다. 쌀통 안에도, 양념통 안에도……. 어느 날 밤 칸데가 화들짝 놀라며 나를 깨웠다.

"내 다리에 뭐가 기어다니는 것 같아요."

최악의 경우를 생각하며 침낭을 열어 보니 큰 바퀴벌레가 있었다.

    노바 쿠라는 화물을 싣고 베네수엘라로 돌아가야 했다. 컨테이너들을 싣기 위해서 우리는 차를 항구의 한적한 곳에 내려놓았다. 화물을 점검하기 위해서 세관 직원들이 와서는 그레이엄이 없는 것을 확인하고는 소리를 질렀다.

    "자동차는 어디 있습니까?"

    우리가 자기들 말을 따르지 않았고, 또 이것 때문에 일자리를 잃을 수도 있다고 생각한 직원이 소리를 지르며 물었다.

    "아내가 쇼핑하러 시내에 타고 갔습니다."

    내가 대답하니 기가 막히는지 그가 입도 못 다물고 나를 바라봤다. 그 차를 당장 가져오라고 소리를 질러야 할지 부탁을 해야 할지 어쩔 줄을 몰라 했다.

    "뭐라고요?"

    그는 팔을 휘두르며 소리를 질렀다. 그러나 그 폭발이 끝나기도 전에 내가 그의 뒤에 있는 차를 손으로 가리켰다. 그는 입을 다물었고 내 농담 때문이 아니라 차가 항구에 있다는 것 때문에 만족한 표정을 지었다.

"도대체 누가 하차를 허락해 줬어요?"

"차가 컨테이너의 무게를 견디지 못해서 차를 컨테이너 위에 올려놓아야 했습니다."

이렇게 대답하니 직원은 아무 말도 하지 않고 가버렸다. 우리는 돌고래들의 호위를 받으며 육지로 돌아왔다.

우리 집처럼 편안하게

이유는 모르겠는데 나는 항상 카라카스에 가보고 싶었다. 카라카스에 들어가면서 수십 번 도로를 바꿔 탔지만 단 두 번만 길을 헤맸다. 여행자 헤라르도의 부모님께 전화를 해서 그를 브라질에서 만났고 우리는 지금 이 도시를 여행 왔다고 이야기했다. 헤라르도의 부모님은 우리가 작별인사할 시간도 주지 않고 자기들 집으로 초대했다. 가족 모두가 우리를 긴 여행에서 돌아온 자식처럼 맞아주었고, 헤라르도가 꿈을 이루기 위해 떠난 이후로 품고 있었던 애정을 우리한테 다 쏟았다. 가족들이 다 모여서 특별한 음식을 만들고, 우리 물건을 팔 수 있도록 수예품 시장도 열었다. 그리고 해변에 있는 자기들 집으로 데려가서는 "베네수엘라에만 있는 아레파!"라고 말하면서 우리에게 아레파를 대접했다. 우리는 그 말을 귀가 따가울 정도로 들었다.

카라카스의 교통 박물관에서도 소장자들과 자동차 애호가들의 따뜻한 응대를 받았다. 단상에 오르자마자 모두들 뜨거운 박수로 환영해 주어서 가슴이 뭉클했다. 남자들뿐만 아니라 여자들, 아이들까지 다 데리고 왔다. 모두들 자기들 차를 가지고 왔고 메달, 선물, 서비스제공, 그 외에도 많은 것을 가지고 우리를 기다렸다. 우리도 가지고 온 것이 있었다. 우리의 그림과 수예품들이었는데 페루 여자애가 이것들의 판매를 맡아서 참가자들 한 사람당 한 개씩 의무적으로 구매하도록 했다.

이런 모임에서는 어떤 차를 어떻게 소유하게 됐는지에 대해 말하는 것이 일반적인 대화 내용이다. 어떤 사람이 MG모델과 그 밖의 이런저런 차량을 소유하고 있다고 말하면 나는 "아, 그 차 정말 멋있죠!"라는 말밖에 할 수 없었다. 왜냐하면 나는 실제로 그게 어떤 차인지 몰랐기 때문이다. 모두들 내가 차와 기계에 대해 엄청난 지식을 갖고 있다고 생각하였다. 그러나 "만일 제가 기계에 대해 잘 알았더라면 아마 이런 차를 가지고 이런 여행을 떠나지 않았을지도 모릅니다"라고 사실대로 말하면 사람들은 실망하는 것이 아니라 도리어 더 감동을 받았다.

감사하다는 인사말을 하고 나니 그들은 그동안 여행한 것에 대해 간략히 이야기 좀 해달라고 부탁했다. 우리의 이야기가 끝나자 질문들이 시작됐다.

"이런 차로 출발한다는 것은 정신 나간 짓이라는 생각이 안 들었습니까? 저는 목적지에 도착하는 것이 거의 불가능하다는 생각이 드는데요……."

"저희 꿈을 실현할 가능성은 단지 1%일 뿐이고 그 반대가 99%입니다. 그래서 저는 그 1%를 믿고 갑니다."

"당신은 굉장한 낙관주의자군요."

"그렇지 않습니다. 저는 현실주의자입니다. 제가 단 한 번밖에 살지 못한다는 것이 사실이니까 안 하는 것보다는 시도라도 해보는 것이 훨씬 더 좋을 것 같았습니다."

다른 질문이 나올 때까지 모두들 조용했다.

"얼마나 소비합니까?"

"100킬로미터 당 4리터요."

"그것밖에 안 들어요?"

"네, 그러나 기름은⋯⋯."

사람들이 웃음을 터뜨렸다.

"그리고 얼마로 갑니까?"

"120이나 130⋯⋯."

"뭐라고요?"

모두들 믿지 못하겠다는 듯이 물었다.

"네, 엔진 온도가요. 사실 우리는 40 정도로 몰고 갑니다."

웃음이 더 크게 터져 나왔다. 오후 내내 사람들은 우리가 항상 이 클럽에 소속되어 있었다고 착각할 정도로 편안하게 대해 주었다. 차 정비를 제안받았으나 그럴 필요가 없을 것 같다고 말하고 그들과 헤어졌다.

집으로 돌아오는 길에 기어박스에서 기분 나쁜 소리가 들리면서 차가 나가지 않았다. 1단 기어를 넣고 겨우 움직일 수 있었다.

도착해서 클럽에 전화를 걸어 상황을 이야기했더니 한 시간 뒤에 세 대의 차가 와서 회원들 중 두 명이 가지고 있는 카센터에 우리를 데리고 갔다. 도시 전 지역에서 우리가 지나가는 곳마다 교통을 통제하면서 아주 천천히 우리 차를 에스코트하면서 갔다.

다음 날 그 카센터는 클럽의 본사가 되었다. 차와 우리가 걱정돼서 온 사람들과 그 지역의 전통 음식인 아레파를 다시 맛보여 주려고 우리를 데리러 온 사람들로 북새통을 이루었다. 그리고 그들은 우리를 카센터로 데려오고 다시 묵고 있는 집으로 데려다 주는 수고도 마다하지 않았다.

비록 베어링에 조그만 문제가 생긴 거지만 허브베어링을 교체해야 했기 때문에 차가 카센터 안에 있는 거의 일주일간 축제가 벌어졌다. 오후마다 나는 젊은 베네수엘라 친구 5명과 같이 있었는데 그들은 아르헨티나인들에 대한 유머를 이야기해 줬다.

"아들이 아빠한테 이야기했어요. '아빠, 아빠, 나는 어른이 되면 아빠처럼 되고 싶어요.' 아빠는 자랑스러운 표정으로 자신의 모든 장점들을 들을 수 있겠다, 기대하며 목소리에 힘을 주고 아들한테 물었어요. '왜?' '나 같은 아들을 가지려고요.'"

이처럼 베네수엘라에서는 아르헨티나인들이 심각한 대상이 아니라 농담의 테마였다. 아르헨티나인들의 자아와 양식에 대한 재미있는 이야기를 많이 해서 처음에는 재미있게 들었는데 시간이 흐르고 농담이 계속될수록 불편해지기 시작했다. 그래서 내가 말했다.

"아르헨티나인이 어떻게 만들어지는지 아세요? 아르헨티나인의 70%는 개의 설사고, 소의 배설물이고, 돼지 똥 그리고 당신이 누는 똥입니다."

즐거운 젊은 친구들은 아르헨티나인의 입에서 나오는 유머를 들었다.

"25%는 나르시시즘, 이기주의 그리고 또 다른 '이즘들'입니다."

젊은이들의 얼굴은 이미 웃을 준비가 되어 있었다.

"그리고 나머지 5%는 고양이 오줌 5방울뿐입니다."

두 명은 벌써 웃기 시작했다.

"오직 5방울뿐인데…… 한 방울은 당신한테 튀어서 당신은 전형적인 베네수엘라인이 된 겁니다!"

이 말을 듣자 몇몇은 웃음을 멈추었고, 다른 이들은 재미있다고 낄낄댔다. 나로서는 체면은 차렸다는 생각이 들었다.

클럽 회원들이 15대의 차를 끌고 와서 카라카스를 떠나는 우리를 100킬로미터 정도 에스코트해 주었다. 그 많은 오래된 차들 중에서 한 대 정도는 가다가 중간에 멈출 거라는 예상들을 했다. 그러나 우리 차가 그럴 거라고는 아무도 상상하지 못했다. 그레이엄은 가솔린이 다 떨어졌고 떠나기 전에 우리는 세계에서 가솔린이 가장 싼 나라의 주유소에서 모였다거나 가솔린도 사지 않으려는 구두쇠 같다는 둥 수많은 농담을 회원들로부터 들었다.

작별 지점에 도착하니 푸짐한 점심이 기다리고 있었다. 모든 종류의 아레파였다! 그것 말고도 우정 어린 작별의 인사말들과 길을 새로이 나설 때까지 절대로 못 열어보게 한 성금 봉투가 기다리고 있었다.

황당한 것을 꿈꾸는 사람은 불가능한 것을 이룬다

산으로 둘러싸인 메리다에 도착했다. 여기서는 알렉시스 몬티야를 찾아가라고 사람들이 추천했다. 그는 매우 큰 규모의 놀이공원을 세 개나 가지고 있었다. 그중의 한 곳에 차를 놔두고, 전차를 타고 30년대 베네수엘라로 들어갔다. 30년대 건물들, 가게들, 복장들과 자동차들로 마을을 새롭게 조성한 공원이었다. 또 다른 공원에서는 베네수엘라 모든 지역의 생활상과 음악과 전통 음식을 경험할 수 있었다. 매표소에 도착해서 그를 만나고 싶다고 하니까 젊은 여직원이 전화로 연락을 하니, 그는 우리가 누군지 들어보지도 않고 바로 오겠다고 했다. 조금 있다가 우리는 키가 작고, 50살이 좀 넘어 보이고, 간편한 복장을 한 남자가 밴에서 내리는 것을 봤다. 그는 히죽히죽 웃으며 우리한테 인사했다. 알렉시스 몬티야였다.

우리 소개를 하자 그는 자기가 어떻게 도와주면 되겠느냐고 물었다. 숙소가 필요하다고 말하자 그는 그 자리에서 바로 좋다고 하면서 더 필요한 게 없냐고 물었다. 우리는 그것만으로도 매우 감사하다고 인사를 했다.

직원의 안내로 공원을 구경했다. 그곳은 치밀한 계획 하에 조성된, 그야말로 즐거움의 천국이었다. 공원을 다 돌아보고 나서 알렉시스를 다시 만났다. 그는 사무실이나 책상이 없었다. 그가 있는 장소가 그의 사무실이었다.

그의 오른팔 격인 한 남자의 말로는 그는 산에서 태어났고 가족은 무척 가난해 한 방에서 모두 같이 살아서, 그는 어려서부터 어린아이와 어른들을 위한 놀이공원을 만들 꿈을 가졌지만 모두가 그를 어리석은 몽상가라고 생각했다는 것이다. 그는 산을 떠나 접시 닦는 일, 행상, 가르치는 일, 웨이터 등 가리지 않고 닥치는 대로 일을 해서 자기 소유의 레스토랑을 갖게 되었다. 그 다음에는 호텔을 그리고 그 다음에는……. 그리고 첫 번째 공원을 갖게 되었다. 이제 그는 꿈을 이루었고, 세 번째 공원 입구에 걸려 있는 동판에는 다음과 같은 글이 있었다.

"황당한 것을 꿈꾸는 사람은 불가능한 것을 이룬다."

우리는 알렉시스 옆에서 여행에 대한 질문들에 대답을 했다. 사실 우리가 듣고 있는 것들은 질문이라기보다는 불길한 예측들이었다. 우리한테 일어날 수 있는 모든 불길한 일들에 대해 물었다.

"만일 가다가 아프면 어떻게 하죠? 차가 고장이 나면요? 부품들은요? 도둑을 맞으면요?"

"그런 일들은 이분들한테는 안 일어날 겁니다."

알렉시스가 아주 침착하고 차분하게 그러면서도 확신을 가지고 말을 했다. 나는 그를 바라보면서 그의 말이 옳다는 것을 깨달았다. 우리한테는 나쁜 일이 일어나지 않았고, 앞으로도 일어나지 않을 것이다.

"다들 들으신 것처럼 나쁜 일이 생기지 않을 겁니다."

나는 다시 한 번 강조하고, 이런 질문들을 들으면 우리한테 해피엔딩은 없을 것 같다고 알렉시스에게 말했다.

"승리보다 실패를 예측하기가 훨씬 쉽기 때문에 항상 실패를 예언

하는 사람들만 있습니다. 경주에서 단 한 명의 승리보다는 나머지 선수들의 실패를 장담하기가 훨씬 더 쉽습니다. 이제는 그런 실패에 대한 말에 귀를 막고, 자신의 말에 귀 기울이십시오. 자신에 대한 믿음이 있는 사람들에게는 성공이 보장되어 있습니다.”

알렉시스는 그의 호텔들에는 빈방이 없어서 우리를 다른 호텔로 데리고 가서 지갑을 꺼내 방값을 지불하려고 했다. 우리가 해결할 테니까 그러지 말라고 만류하니 그는 우리가 자기의 행복을 빼앗았다고 말하며 어쩔 수 없이 지갑을 도로 넣었다.

꿈을 이룬 몽상가는 자신의 말이 필요한 몽상가들과 잠시 이야기를 나누었다.

“이보게 젊은이들, 내 말 잘 들어 봐요. 사람은 어려움을 겪으면서 성장하고, 문제들을 해결하면서 강해집니다. 두려움은 사람을 약하게 만들고, 의심은 사람을 정체시키고, 믿음은 힘을 주고, 희망은 앞으로 나아가게 합니다. 앞으로 전진하세요. 저기 공원에서 당신들은 이번 여행에서 가장 어려웠던 것이 시작하는 것이었다고 우리 직원한테 말했습니다. 당신들이 여행을 끝내기 전에, 아니면 끝날 때쯤 길에서 어려운 난관이 하나 더 생길 겁니다. 그것을 난관이 아니라 마지막 테스트라고 생각하세요. 마지막 순간까지 긴장의 끈을 늦춰서는 안 됩니다. 당신들의 꿈을 포기하지 마십시오. 그 테스트만 통과하면 이렇게 말할 수 있을 겁니다. ‘꿈은 이루어졌다.’”

“우리는 또 다른 꿈이 있어요.”

우리가 이루고 싶어 하는 또 다른 꿈을 칸데가 끄집어냈다.

“산에 조그만 과수원을 마련하고 거기에 오두막을 짓고 사람들을 초대해서…….”

"그럼 시작하세요."

그는 그 꿈을 이루기 위한 유일한 공식인 것처럼 말했다.

"그렇지만 우리가 어떻게 사람들이 올 수 있도록 하겠어요?"

"사람들이 좋아하는 장소를 당신들이 찾는다면 그들은 갈 겁니다. 그 점에 대해서는 걱정 마세요. 사람들은 갈 겁니다."

밀밭

우리 차를 알렉시스에게 맡겨 그의 차와 함께 공원에 전시하도록 해놓고서 로스네바도스로 갔다. 너무 높은 산에 위치하고 있어서 나무들조차도 자라지 않는 척박한 땅에 자리 잡은 산간 마을이었다. 4륜구동 지프차만 올라갈 수 있는 비포장길에, 오르막과 커브길이 심해서 사실 좀 겁이 났다. 4시간이나 걸려 마을에 도착하니 외부와 완전히 차단된 세계에 온 것 같았다. 길에는 차가 없고, 모퉁이에 묶인 말들만 있고, 가파른 길들은 돌로 포장되어 있고, 집들은 진흙과 돌과 벽돌로 지어졌고 기와지붕이었다. 거대하고 어두컴컴한 산들을 배경으로 자리 잡고 하얀 회칠을 한 교회가 두드러져 보였다.

다음 날 산길을 걸어 올라가면서 소들을 이용해 씨를 뿌리는 가파른 밀밭을 지나갔다. 추수와 탈곡은 손으로 다 했다. 마을 사람들이 지나가면서 우리한테 인사를 했다. 옷 모양이 달랐다. 그들은 이민자들의 후손들로 이곳 삶의 방식에 적응한 자들이었다. 가장 빠른 운송수단은 노새나 말이었다. 비슷비슷하게 생긴 집들이 띄엄띄엄 있었다. 학교 앞을 지나가는데 놀고 있던 아이들이 우리를 보려고 길가로 몰려들었다. 우리가 자기들과 다른 이상한 종족으로 보이는 모양이었다.

바로 조금 전까지만 해도 우리가 이곳과 이곳 주민들을 이렇게 바라 봤는데 참 역설적이다. 3시간을 걸어 탁 트인 산 정상에 올랐다.

돌아오는데 한 가족이 우리를 자기들 집으로 초대했다. 우리에게 물 한 잔을 대접하더니 배고픔을 달래주기 위해 맛있는 밀가루 빈대 떡을 준비했다. 그렇게 맛있는 빈대떡은 먹어 본 적이 없었다. 이 지역으로 온 자기들의 조상에 대해서 매우 다정다감하게 이야기해 주고 나서 집을 구경시켜 줬다. 집은 U자 모양이었다. 방 3개에 부엌이 하나였다. 방 한 개는 부부가, 또 한 개는 자식들이 쓰고, 나머지 한 개에는 도구들과 수확한 곡식들을 보관하고 또 촛불을 켜 놓은 재단이 있었다. 집안 살림은 매우 단출하였다. 가구들과 벽과 꾸민 재단밖에 없었다. 천장을 보려고 시선을 드는 순간 온몸이 얼어버렸다. 지붕 서까래 위에 빈 관이 있었다.

"저게 뭐죠?"

이상해서 물어봤다.

"한 사람을 위한 겁니다."

집 주인은 아주 중요한 무엇이라도 되는 것처럼 대답했다. 온몸에 전율이 느껴졌다. 나의 퇴장을 기다리는 것처럼 나의 집에다 관을 놔 둔다는 것은 상상도 못할 일이었다. 그러나 그들은 모든 것에서 멀리 떨어진 산에 살아서 나무를 구해 관을 짜는 데 시간이 걸리기 때문에 미리 준비해 두는 것이다. 그들은 죽음을 받아들이고 있었고, 언젠가 죽음이 올 거라는 것을 받아들이그 있었다. 관을 보니까 에콰도르에서 피넬의 죽음이 떠올랐고, 내가 아직 살아 있다는 사실과 내가 살아오면서 행한 일들이 생각났다.

마당에서 해가 사라질 때 여주인을 봤는데 그녀는 열린 대문으로 노새를 밀어 넣고 문을 닫고서 우리한테 말했다.

"내일 빵을 만들어서 마을에 가서 팔 겁니다. 보고 싶으면 와서 보세요."

"허락하신다면 내일 와서 즐거운 마음으로 도와 드리겠습니다."

칸데가 대답했다.

우리는 그 집에 일찍 도착하기 위해서 6시에 일어났다. 한 시간 정도 가볍게 걸어가니 맛있는 커피와 가루로 만들 많은 양의 밀이 우리를 기다리고 있었다. 그들은 8명이었는데 모두 일을 하고 있었다. 몇 사람은 아주 멀리서 가져온 나뭇가지들을 실은 노새를 몰고 왔고, 몇 사람은 그것들을 자르고, 우리는 다른 사람들이 키로 까분 밀을 가는 일을 맡았다. 그러는 동안 어머니는 반죽을 했고, 아버지는 땔감으로 오븐에 불을 지폈다.

밀가루를 뒤집어쓰고 웃고 즐기면서 하루가 지나가고 있었다. 점심 메뉴는 밀가루 빈대떡과 산에서 나는 작은 감자, 그리고 불로 구운 진흙 접시에서 볶은 후 갈아서 뽑아 낸 커피였다. 참 조촐한 음식이었지만 뜨거운 가족애로 둘러 모여 같이 나누어 먹으니 만찬 음식으로 바뀌었다. 이 지역은 해가 지고 나면 손이 얼 정도로 추웠다. 소와 당나귀와 닭들은 음식을 찾아 들어온 안마당에서 항상 쫓겨났다.

오븐에서 갓 구워낸, 마을로 가지고 갈 빵들을 노새들에 싣는 것을 도와주는 걸로 하루 일을 끝내고 우리의 새로운 가족과 헤어졌다. 산길을 따라 호텔로 돌아오면서 활기차게 보낸 하루를 즐겁게 떠올렸다.

여행을 시작하기 전에 우리의 세계는 존재하는 모든 것이고, 우리는 그 안에서 편안하게 지내고 있다고 생각했는데 여행을 하면서 우리가 얼마나 잘못 생각하고 있었는지를 깨달았다. 우리는 우리와 같은 수준, 교육, 종교, 문화의 사람들에만 둘러싸여 있었고 그 이외의 사람들과, 우리와 다른 사람들에게는 마음의 문을 닫고 있었다. 우리는 우리와 생각이 다른 사람들을 항상 멀리하고 심지어 우리와 다른 옷을 입은 사람을 놀리기까지 했다.

그러나 여행을 시작하면서 그때까지 우리가 얼마나 제대로 자라지 못했고, 앞으로 배울 게 얼마나 많은지를 깨달았다. 동일성은 바보로 만들고, 다양성은 문화인으로 만든다. 우리가 이 세계에서 모두 함께 있는 이유는 서로 관계를 맺고, 같이 나누고, 더불어 살고, 서로 도와주기 위해서지, 오로지 자기 삶, 자기 가족, 자기 이익, 자기 필요사항, 자기 감정 등 지겨울 정도로 '내 것들'에만 관심을 기울이기 위해서가 아니다. 만일 우리들이 '내 것들'을 훨씬 넘어선다면 우리 모두는 행복해질 것이며, 아무런 속박도 받지 않는 열린 마음으로 행복을 나눌 때 이것보다 더 큰 행복은 존재하지 않을 것이다. 다른 사람의 행복을 질투하지 않고 기뻐하는 것은 아름다운 일이다. 그리고 그 행복의 일부분이 되거나 적절한 조언을 하거나 아니면 시간을 내서 도움을 줄 때 사람은 더 큰 기쁨을 느낀다.

이전에는 우리한테 존재하지 않았던 수천 명의 사람들이 있고, 아직까지 이루지 못한 수천 가지의 꿈 그리고 다양한 문화, 두려움, 생각, 삶, 즐기는 방식들이 있다. 그런데도 사람들이 이런 다양성을 깨닫지 못하는 이유는 팽창하는 거대한 우주 안에 포함되어 있음에도 불구하고 자신의 작은 세계를 구축하기 위해서 나이가 들어감에 따라 작아지는 세계를 선택한 사람들에 둘러싸여 있기 때문이다.

　그래서 우리는 한 번도 같이 앉지 않았던 사람과 앉아서 그보다 우월하다거나 열등하다는 생각 없이 그저 이야기하고 즐기고 그에게 배우면서 행복해진다. 볼 것이 참 많은데 우리는 그동안 맹인으로 살아왔다! 오늘 우리는 더 가난한 사람, 더 많은 것을 가진 사람, 수예품 만드는 사람, 기술자 등 모두에게 배운다.

하라미요 부대장

오랫동안 머물렀던 로스네바도스를 떠났다. 4시간 동안 노새를 타고 세상에서 가장 높고 긴 케이블카가 있는 곳까지 아주 천천히 올라갔다가 메리다 시로 아주 빨리 내려왔다.

　카니발 퍼레이드에 참석하기 위해서 차를 찾았다. 우리가 지나갈 때 사람들이 "저기 꿈의 차가 지나간다"라고 환호를 했다.

　참석한 차마다 주변에 두세 쌍씩 모여서 스피커에서 크게 들려오는 음악에 맞춰 춤을 췄고, 다음 차에서는 또 다른 음악으로 춤을 췄고, 그 다음 차에서도……. 역시 베네수엘라 사람들답게 도시 전체가 축제의 열기로 뜨거웠다. 모든 것이 최고였다.

이틀간 차를 몰고 콜롬비아 국경 가까이에 도착했다. 날이 어두워져서 입국을 내일 아침으로 미루었다. 국경으로 다가가면서 밤을 보낼 곳을 찾았다. 그때 요새 같은 것이 눈에 띄었는데 '군사기지'라고 적힌 팻말이 붙어 있었다.

"우리는 각 나라를 떠날 때마다 항상 멋진 작별 의식을 치렀는데 여기서도 한번 해보는 게 어때요?"

칸데가 물었다.

보초를 서고 있는 군인들에게 그들 상사와 이야기하고 싶다고 부탁했다. 기다리고 있는데 많은 군인들이 차 주위로 몰려들었다. 모두들 위장 군복을 입고 어깨에 큰 총을 걸치고 있었지만 그들의 얼굴을 보니 보통 사람들이 자기 꿈을 이룰 때 짓는 표정들이었다. 그들은 움직이는 자유를 바라보고 있었다.

군인들이 전부 길을 비켜서는 것을 보니 누가 대장인지 알았다. 그만이 무기를 지니지 않고 있었다.

"부대장 하라미요, 명령받고 왔습니다."

그가 자기소개를 했다. 부대장이 내 명령에 따르리라고는 상상도 못했다.

"안녕하세요? 저희는 칸델라리아와 허먼이라고 합니다. 지금 베네수엘라를 떠나는 길인데, 이 군사기지에서 하룻밤 보낼 수 있게 허락을 받고 싶습니다."

말을 하자마자 내가 너무 큰 부탁을 하고 있다는 생각이 들었다. 우리는 지금 전운이 감도는 국경 수비대 안에서 마치 관광 캠프 온 것처럼 숙소를 요구하고 있었다.

부대장은 우리를 뚫어지게 쳐다본 다음 군인들에게 시선을 돌렸다. 모두들 그에게 허락해 달라는 표정이었다. 그는 미소를 짓더니 머리를 살짝 움직이며 좋다고 말했다.

"중사, 장교클럽에 이분들 잠자리 마련해 드리고 식당에서 음식 갖다 드려."

"네, 부대장님."

중사는 아름다운 명령을 따르면서 행복한 표정으로 대답했다.

"정말로 감사합니다. 세뇨르(스페인어로 남자에게 붙이는 경칭)."

칸데가 고맙다고 인사를 하면서 세뇨르라고 불러주니 기분이 유쾌해진 부대장이 말했다.

"엘 세뇨르(세뇨르를 대문자로 쓰면 신이라는 뜻)는 하늘에 계신 분이고 나는 단지 그의 하인입니다. 준비가 되는 대로 장교클럽에서 만납시다."

중사는 우리를 데리고 가서 숙소와 샤워장을 보여줬고, 군인 몇 명한테 침대 매트리스를 가져오라고 시켰고, 취사병한테는 제일 맛있는 아레파를 준비하라고 했다.

"아레파 드셔 보셨습니까?"

"네, 무척 좋아해요."

칸데가 공손히 대답했다. 그렇지만 나는 적어도 1년 동안은 아레파를 더 이상 먹고 싶지 않았다.

우리가 가 보았고, 군인들이 알고 있는 베네수엘라의 여러 지역에 대해 이야기하면서 아름다운 밤을 보냈다. 마침내 엄청난 질문들이 쏟아졌고 우리는 대답을 했다.

"그림을 팔아서 여행 경비로 충당했어요. 우리가 여행하면서 본 새들을 칸데가 그림으로 그렸고, 나는 액자를 만들었어요."

그러자 부대장이 그 그림들을 보여 달라고 했고 뜻하지도 않게 두 장을 사줬다. 숙식을 제공했을 뿐만 아니라 여행을 계속하라고 든든한 후원까지 해줬다.

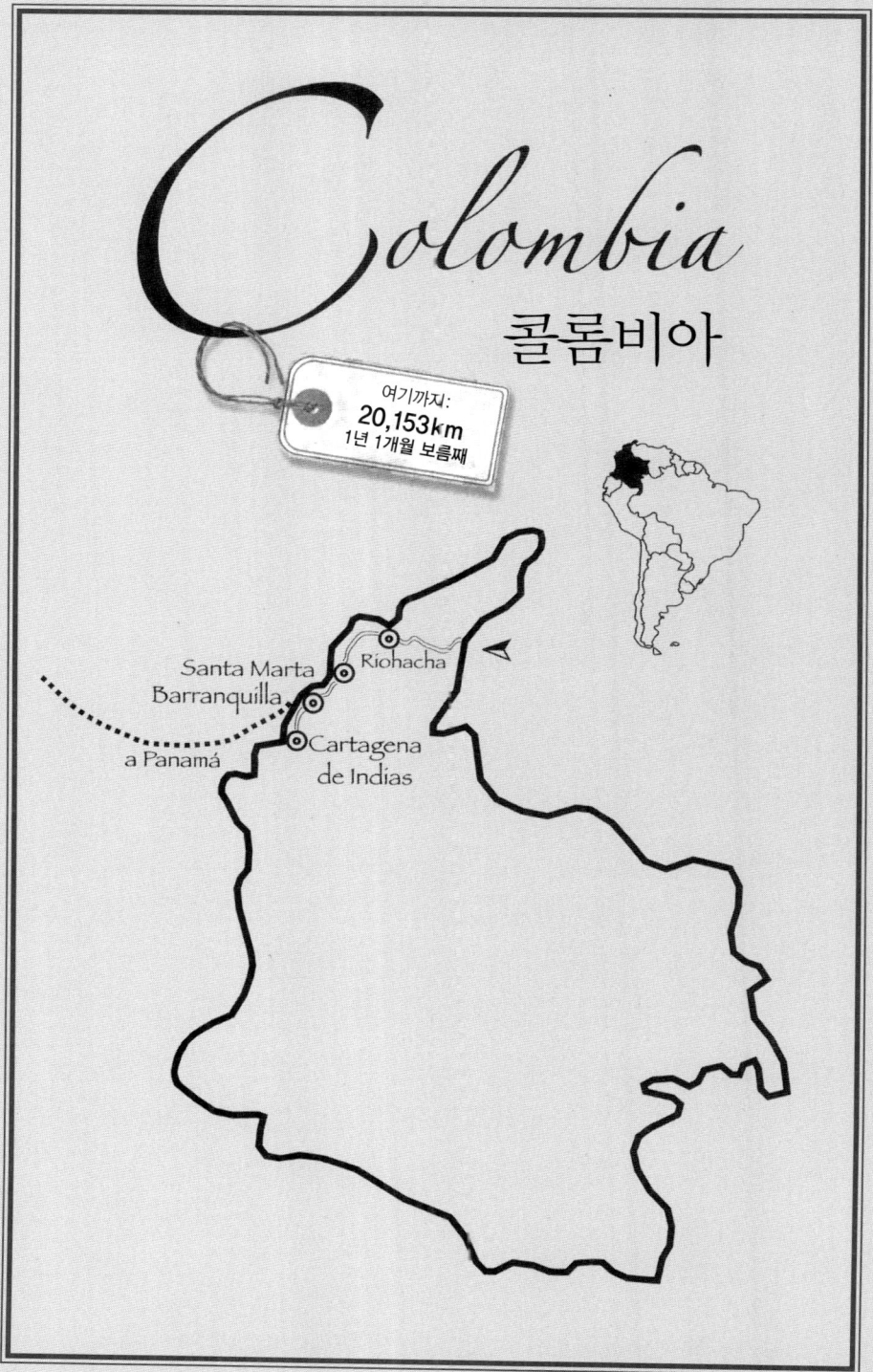

Colombia

콜롬비아

여기까지:
20,153km
1년 1개월 보름째

Santa Marta
Barranquilla
a Panamá
Riohacha
Cartagena
de Indias

또 다른 콜롬비아

두려움

국경에 도착했다. 지금까지 통과한 다른 국경들처럼 아주 지저분하고, 유쾌하지 않았다. 그러나 다른 것이 있었다. 콜롬비아에 대해 사람들한테 들은 말은 전부 두려움을 안겨다 주었다. 살인자, 게릴라, 마약상, 살인청부업자들만 사는 나라 같았다. 그 어느 때보다도 우리는 사람들 눈에 안 띄게 조용히 있다가 떠나고 싶었지만 우리 차를 가지고 가면서 그러기는 불가능하였다.

토요일 아침인데다 세관 직원들은 주말에 일을 하지 않아서 입국절차만 밟았다. 우리는 뭘 해야 할지 몰랐다. 베네수엘라에는 어느 정도 시간이 경과해야 차가 재입국이 가능하고, 콜롬비아에는 월요일까지 입국할 수 없으니……. 우리는 두 국경 사이에 있었다.

"내가 지금 제일 하기 싫은 게 여기 그냥 가만히 있는 거예요."

칸데가 조금 신경질적으로 말했다.

그녀의 말이 맞다. 우리는 지금 매우 덥고 무서운 지역에 있다. 이곳은 콜롬비아다. 이민국 직원과 다시 이야기를 했다. 우리가 어떻게 하면 좋을지 조언 좀 해달라고 했다.

"저라면 입국시켜 달라고 부탁을 하고, 서류는 세관이 있는 리오아차에서 월요일에 처리하겠다고 약속할 겁니다."

그의 조언에 따라서 부탁을 한 끝에 입국허가가 났다. 콜롬비아 땅으로 들어가서 조금 가다 보니 군인들이 완전무장을 하고 길을 통제하고 있었다. 우리한테는 멈추라는 신호를 하지 않아서 계속 갔다.

몇 미터 안 가서 냉각수와 길을 체크하려고 차를 세웠다. 긴장을 해서 떠나기 전에 해야 하는 것을 깜빡했다. 엔진을 점검하고 있는 동안 큰 소리가 들렸다. 놀라서 옆을 보니 나이 든 남자가 아들인지 손자인지의 손을 잡고, 등에다 큰 짐 보따리를 지고서 달리고 있었다. 군인들이 총으로 그를 겨냥하자, 장교가 총을 내려놓고 굼뜬 도망자를 추적하라고 명령했다. 그 사람은 짐을 내던졌지만 그의 나이와 어린아이 때문에 멀리 가지 못했다. 군인들이 그를 땅에 넘어뜨리고 무기를 가지고 있는지 검사했다. 아무런 무기도 찾지 못하자 부대로 끌고 갔다. 차 후드를 닫고 차문을 열고 들어가면서 칸데에게 말했다.

"콜롬비아에 오신 것을 환영합니다."

갖느냐 마느냐

마이카오는 국경도시로, 노점상들이 많이 있어서 주요 거리는 지나갈 수가 없을 정도였다. 우리 앞을 지나가던 고급 밴에서 한 부인이 내리더니 금팔찌들과 목걸이들을 과시하면서 우리 쪽으로 걸어왔다. 그녀는 이 거리가 두렵지 않은 모양이었다. 어쩌면 그녀가 이 지역을 공포로 몰아넣는 장본인일지도 모른다.

"제 밴하고 이 차하고 바꿔드릴게요. 제 밴은 풀 옵션이라 모든 게 다 갖춰져 있어요."

우리한테 너무 거리낌 없이 제의했다.

"감사하지만 안 바꾸겠습니다. 여행 도중에 우리 차를 버릴 수가 없습니다."

"어디 가시는데요?"

콜롬비아에 들어오기 전에 사람들이 우리한테 여행지를 밝히지 말하고 해서 말할까 말까 머뭇거렸으나 우리 차가 이미 다 말해버렸다.

"알래스카로 갑니다."

"아, 그러면 밴에다 돈도 드릴게요. 얼마면 되겠어요?"

그녀가 계속 제의했다.

"밴이 무척 예쁘고 우리는 돈도 없지만 우리가 정말로 사랑하는 차를 포기할 수는 없습니다."

"저는 사업을 하는데 얼마면 되겠어요?"

"당신은 비즈니스를 하기 위해서 차를 보고, 우리는 꿈을 이루기 위해서 차를 봅니다."

그녀는 내 말을 이해 못했는지, 아니면 너무 많이 이해했는지 우리를 빤히 쳐다봤다.

"당신들은 굴러 들어온 행운을 차버리네요."

그녀는 올 때처럼 금을 과시하면서 갔다.

마이카오를 떠났다. 숲이 우거져 길이 없는 나지막한 산들로 둘러싸인 매우 건조한 지역으로 차를 몰았다. 많은 사람들을 태운 차들이 우리 옆을 지나갔는데 국경에서 장사를 하는 사람들이었다. 지나가면서 어떤 사람들은 우리한테 인사를 하고 "환영합니다"라고 소리를 지르고, 또 어떤 사람들은 손을 흔들며 밝은 미소를 지으니 콜롬비아에 들어올 때부터 우리 마음을 덮고 있던 철 껍질이 조금씩 녹아내렸다.

마침내 리오아차에 도착했다. 이 도시에서는 매우 저렴한 가격으로 편안한 호텔에서 묵을 수 있었다. 전쟁과 다른 사건들 때문에 관광 사업이 피해를 보면서 가격파괴가 일어난 것이다. 옷을 갈아입고 해변으로 걸어갔다. 한 젊은이가 다가와서 인사를 하고 자기소개를 하고 우리 이름과 우리가 뭘 하고 있는지, 어디서 왔는지 등에 대해 물었다. 짧은 시간에 지나치게 많은 질문을 해서 우리는 그의 저의가 의심스러웠다. 우리가 말하는 억양에서 우리 출신을 알아차린 그는 자기도 아르헨티나 친구가 한 명 있는데 지금 해변에서 수예품을 팔고 있다면서 자기를 따라오라고 했다. 우리는 의심을 하면서 그를 따라갔다.

"여기 다른 '체'들 소개해 줄게."

수예품을 파는 히피 분위기가 나는 친구에게 말했다.

나는 이런 상황이 겁이 났다. 그 친구가 마약을 가지고 있을 수도 있고, 이 동포가 마약을 구하러 콜롬비아까지 온 것일 수도 있고…….만일 경찰에 걸리면 여기 있었던 우리까지 같이 조사할까? 우리를 다 같이 잡아넣을 수 있으니 빨리 이 자리를 뜨는 것이 좋겠다고 생각했다.

"마테차 드실래요?"

우리에게 물었다.

"네, 좋아요."

칸데가 대답했다.

"물 가지고 올 테니까 천 좀 잘 지켜주세요."

질 좋은 수예품들이 가득 쌓여 있는 것을 보니 믿음이 좀 갔지만 그래도 나는 아직까지 이 많은 봉투 중에 마약이 들어 있고 바로 이때 경찰이 들이닥치면 어떻게 될까 생각하고 있었다. 통닭처럼 묶여서…….

"예쁜 게 정말 많아요!"

칸데가 말했다. 그녀는 아침보다 훨씬 안정되어 있었다.

"불안해요?"

내 눈이 사방팔방을 다 살펴보는 것을 눈치챈 그녀가 물었다.

"응, 자꾸 불길한 생각만 하니까 머리가 터지기 일보직전이야."

"신경 쓰지 말아요. 길에서 만난 사람들이 했던 말들을 오늘 생각해봤어요. 우리한테는 나쁜 일이 안 일어날 거고 믿음을 가지라고."

"응, 그렇지만 여기는 콜롬비아잖아."

"다른 나라에 있다고 해서 믿음을 잃으면 안 되죠. 믿음을 갖느냐 마느냐죠."

이런 말로 칸데는 자기 믿음을 나에게 옮겨 주고 내 마음을 편안하게 해주었다.

수예품 파는 친구는 자기한테 마지막으로 남은 마테차를 기꺼이 우리와 같이 나누어 마셨다. 많은 사람들이 우리가 마시는 것이 뭔지 신기한 듯이 가까이 와서 봤고, 나는 또 다시 우리가 마약을 복용하고 있다고 누군가가 추측하고는 경찰에 신고하지 않을까 상상하기 시작했다. 그런 내 자신에게 타일렀다.

"침착해, 나쁜 일은 안 일어날 거야."

위험한 길들

월요일이라 세관으로 갔다. 국경에서 세관 수속도 밟지 않고 우리를 입국시켜 줬다는 사실에 매우 놀란 여직원이 우리 서류를 처리했다.

수속을 다 끝내고 산타마르타로 차를 몰았는데, 위험한 길로 가다 보니 중간 중간에 검문소가 많았다. 길은 산으로 나 있고, 산에는 게 릴라가 있다. 길을 가다가 우리 앞에 달리던 몇 대의 차가 속도를 줄 여서 가슴이 두근거렸다. 가까이 가서 보니 길가에 차들을 겨누는 기 관총이 있었다. 전투복장을 한 남자들이 아주 초조한 눈빛으로 바라 보고 있으니 우리까지 불안해졌다. 누군가가 우리를 총으로 겨누고 있다니 정말 끔찍했다. 그들이 군인인지 아니면 게릴라들인지 알 수 가 없었다.

그들이 우리 앞에 가는 트럭을 세워서 우리도 멈췄다. 운전사에게 트렁크를 열라고 지시하고 운전사가 뒤로 가는 동안 그들은 우리를 보 았다. 우리한테서 눈을 떼지 않더니 그들 중에 몇 명이서 아르헨티나 차 번호판을 가리키면서 자기들끼리 무슨 말을 했다. 그들은 미소를 짓더니 고개를 끄덕이며 우리에게 인사를 했다. 우리는 안도의 한숨 을 내쉬며 길을 계속 갔다.

검문소 두 개를 더 거친 후에 산타마르타에 도착했다. 한 군데에서 만 우리를 멈추게 하고는 우리가 하는 일이 뭔지 물어보았다.

일단 도시에 들어가니 박물관 하나가 눈에 띄었다. 놀랍게도 '아메 리카의 영웅' 시몬 볼리바르가 죽은 곳이었다. 그의 시신은 석고로 탁 본해 놓았는데, 마르고 수척하고 약한 모습은 역사책이나 광장의 기 념탑에 있는 영웅을 전혀 닮지 않았다. 그는 말년에 결핵, 매독, 조로 증, 말라리아, 고환염, 영양실조, 신장결석 등 많은 병을 앓았다. 놀라운 점은 그가 자신의 꿈을 이루기 위해 그 어느 때보다도 건강해야 했던 인생의 전성기 때 그 병들을 앓았다는 사실이다.

한참 있다가 어느 바닷가에 도착했는데 그 바다는 거대한 수영장이었고, 건물들은 모두 여름 휴양지였다. 로다데로였다. 도착하자마자 젊은 애들과 그렇게 젊지 않은 사람들이 모퉁이에서 우리 길을 막아섰다. 그들은 놀란 우리한테 아파트를 렌트하라며 가격을 제시했고, 우리가 아무런 대답도 하지 않자 가격을 내리기 시작했다.

좀 긴장되긴 했지만 한 군데 보여 달라고 부탁했다. 첫 번째로 데리고 간 아파트는 마음에 들었다. 분위기가 좋았고 완전히 새 것이고 화장실, 부엌, 실내주차장, 경비가 있었고 특히 가격이 매우 쌌다. 우리는 임대료를 지불하기 위해 그림을 그릴 계획을 세웠다. 사실은 몇 달 동안 그렇게 돌아다니고 최근 며칠간 스트레스를 심하게 받아서 휴식이 필요했다.

해변에서 바예나토스 음악(콜롬비아의 카리브 해안에서 자생한 음악 장르)을 들으면서 휴식을 취했다. 대여섯 명으로 이루어진 음악 그룹들이 일광욕을 하는 사람들에게 악기를 연주하고 노래를 들려줬다. 그 장면은 자정을 훨씬 넘어서까지 계속되었다. 무척 따뜻하고 잔잔한 물이 허리까지 올라오는 바다에서 사람들은 술잔을 기울이며 이야기를 나누었다.

모든 것이 조용했고, 사람들은 무척 친절했다. 어디를 가든지 음악과 웃음과 가족이 있었다. 우리가 사람들에게 들은 콜롬비아는 그 어디에도 없었다. 우리는 한층 더 편안해져서 사람들하고 이야기도 했는데 그들이 말하는 억양은 참 부드러웠다. 그들은 매우 교양 있고 점잖고 옷도 복고적으로 입고 표현도 쿠드러운 사람들이라 만나면 편안

해졌다. 여인들은 매우 아름답고 여성스러웠고, 남자들은 전부 다 신사였다.

사랑하는 엄마

우리는 항상 해변에서 일을 했다. 칸데는 그림을 그리고 나는 액자를 만들었는데, 그녀는 이번에는 자기 엄마한테 편지를 썼다.

사랑하는 엄마 보세요.

엄마는 지금 저한테서 아주 멀리 떨어져 있지만 저는 엄마를 가까이에서 느껴요. 엄마는 항상 거기서 내 길을 인도해 주시고 심지어 꿈에서 엄마를 자주 만나요. 오늘은 특별한 날이니 제가 엄마를 뜨겁게 포옹하고 제 얼굴을 엄마 얼굴에 갖다 대는 것을 느껴보세요. 제 말 잘 들어 보세요. 엄마, 생신 축하드려요. 복 많이 받으시고 건강하게 오래 사시길 진심으로 기원할게요. 엄마는 얼굴도 마음씨도 다 곱고, 저의 가장 친한 친구이자 제가 가장 존경하는 사람이라서 최고의 선물을 해드리고 싶었는데, 그러지 못해서 죄송해요. 제가 엄마한테서 많이 배우고, 또 엄마가 많이 가르쳐 주셔서 요즘에 그 덕을 톡톡히 보고 있어요. 엄마는 항상 인생에서 가치 있는 것들의 순서를 정확하게 표시해 주셨고 그 가치들에 대해 가르쳐 주셨어요. 그러나 그 모든 것 중에서 가장 아름다운 것은 오늘이에요. 엄마 생신날 아직까지 저는 배우고 있고, 아직까지 엄마는 많은 것들을 가르쳐 주고 계세요. 엄마가 계속해서 제 인생의 본보기가 되고 있다고 말하는 것이 저한테 얼마나 큰 기쁨인지 모르실 거예요. 제가 조금이라도 엄마 같은 사람이 될 수 있다면 얼마나 좋을까요? 엄마는 역경이 닥칠 때마다 당당히 맞서 싸우셨어요. 엄마가 있어서 저는 행복해요. 특히 '엄마를 무척 사랑해요'라고 말할 수 있어서 행복해요. 저희가 이렇게 오래 떨어져 있을 거라고는 한 번도 생각해 본 적이 없어요. 저는 매일 밤 별을 보며, 그 별을 통해서 엄마한테 힘을 보내드리고 엄마가 그것을 받으시는 것을 봐요. 엄마가 정말 보고 싶어요. 그러나 엄마가 가까이 있다고 생각하면 마음이 놓여요. 제가 여행에서 얻은 모든 것을 엄마하고 나누면 좋겠다고 항상 생각해요. 엄마 아빠도 이것저것 보신다면 정신이 하나도 없으실 거예요. 그래서 제 소망 중의 하나는 엄마를 보고, 이 모험의 조금이라도 엄마 아빠 두 분과 같이 나누는 거예요. 그러니까 엄마, 모든 일이 다 잘되면 두 분이서 좋아하시는 그 어떤 곳에서 드 분을 기다리고 있을게요. 신께서 허락을 하셨으니 이제 계획만 잘 세운다면 모든 게 다 잘될 거예요.

엄마, 생신을 맞이해서 세상에서 가장 좋은 선물을 받으시길 바라며 즐겁게 잘 보내세요. 모든 것이 잘 해결될 거라는 믿음을 가지세요.

엄마, 사랑해요. 엄마를 꼭 껴안고 싶어요.

엄마의 사랑하는 딸,

칸데 올림

시에라스 네바다스의 타이로나 길

아름다운 타이로나 국립공원에서 타이로나 문화의 중심지였던 잃어버린 도시에 대한 이야기를 들었다. 이 도시의 유적지는 시에라스 네바다스 산자락의 1,100미터 고지 열대우림 속에 있다. 신전, 주택, 경작지, 하수도 그리고 돌로 된 계단과 길들이 1,500년 전에 이루어졌지만, 1975년에 이르러서야 발견되었다고 했다. 또한 일주일에 한 그룹의 관광객들만 올라갈 수 있고, 그래서 6일 동안 순전히 밀림 길만 걷고 다리도 없는 강을 건너야 한다는 설명을 들었다. 우리는 주저하지 않고 다음 여행지로 그 모험을 택했다.

3대의 낡은 지프차에 짐을 너무 많이 실어서 우리는 차 지붕에 타고 산타마르타를 떠나 시에라스 네바다스로 향했다. 길은 조그마한 마을에 있는 가게 겸 바 앞에서 끝났다. 벽도 없는 그 바에 있는 당구대 주변으로 많은 남자들이 있었는데 거의 대부분이 큰 총들을 가지고 있었다.

나는 여기까지는 여행길을 촬영했고, 지금은 지프차에서 짐을 내려 우리와 동행할 노새에 싣는 장면을 찍었다. 우리가 갈 길도 찍고 있는데 민병대원이 나타나서 화를 내며 내게 소리를 질렀다. 가이드는 내가 관광객이라고 설명하면서 그를 진정시켰고, 나보고 찍은 사진을 지우라고 했다. 그러자 그 민병대원은 나를 증오의 눈길로 쳐다보면서 돌아갔다. 우리는 유적지로 가는 길에 게릴라들의 활동이 있다는 것을 이미 알고 있었지만 듣는 것하고, 그렇게 많은 무장민병대원들이 게릴라들과 대치 상태에 있는 것을 보는 것하고는 큰 차이가 있었다.

12명의 관광객으로 이루어진 팀(독일인 1명, 벨기에인 1명, 영국 여자 1명, 프랑스인 2명, 이스라엘인 5명, 그리고 우리 두 사람)과 콜롬비아인 짐꾼 5명, 그리고 가이드는 노새에 짐을 싣고, 매우 가파르고 정글이 빽빽하게 우거진 아름다운 산으로 출발했다. 유적지까지 갔다가 돌아오려면 일주일 동안 조그만 길을 걸어가야 하는데, 그 길은 아직도 그 지역에 살고 있는 타이로나 인디언들이 사용하고 있다.

가이드는 정부가 이 유적지의 무덤들을 보호하기 전까지 도굴꾼으로 일해서 이 지역을 아주 샅샅이 알고 있었다. 올라가다 보니 습기와 식물이 많아졌고, 무릎까지 진흙에 빠지는 곳도 있었고, 강을 건널 때는 허리까지 물이 찼고, 산에서 가축을 키웠던 빈 외양간에도 때때로 들어갔다. 게릴라들과 민병대 때문에 이제 산에서 농사짓고 사는 가족들은 별로 남지 않았다고 가이드가 설명했다. 민병대는 그들의 자식들을 대원으로 모집했고 거절하면 죽였다.

첫날밤은 야자나무 잎으로 지붕을 만들고 벽도 없는 집에서 강물 소리를 들으며 잤다. 우리는 땅바닥에 우글거리는 벌레들을 피해서 해먹에서 잤다. 그러나 아침에 칸데의 귀 부근에서 뭔가를 발견했다.

"칸데, 귀 옆에…… 진드기가 붙어 있어……."

우리는 힘든 길을 계속 걸어갔고, 오르막이었지만 여행객들끼리 이야기하기 시작했다.

"파나마는 어떻게 건너가실 거예요?"

벨기에인이 우리에게 물었다.

"그게 큰 문제입니다. 아직 구체적인 계획은 없지만 어떻게 해서라도 갈 겁니다. 배로 건너가야 한다는 것을 알고 있지만 차를 배에 실을 돈이 없으니 두고 봐야죠."

"지금까지 다니면서 가장 마음에 들었던 곳이 어디에요?"

벨기에인이 계속 물었다.

"우리가 방문한 모든 나라들이 형제국가들이라 형제들끼리는 비교하지 않습니다. 각 나라에서 뭐가 가장 좋았느냐고 물어본다면 그건 대답할 수 있어요. 어떤 나라라도 다 좋고 특별한 것을 가지고 있거든요. 그리고 대부분 경우에 그 지역의 아름다움 때문이 아니라 거기서 살고 있는 사람들 때문에 그곳을 사랑하게 됐습니다. 당신을 환영해 주지 않는다면 그곳은 아무리 아름다워도 아무런 의미가 없습니다."

나는 대답을 하면서 질문을 했다.

"당신은 5성급 호텔에서 혼자 자는 것하고 친구들이랑 캠핑하는 것 중에서 어떤 게 좋아요?"

"그거야 당연히 친구들이랑 자는 거죠."

"베네수엘라에서 템블라도르라고 하는 마을에 들렀는데, 아주 평평하고, 강도 없고, 산도 없고, 해변도 없고, 특별하게 볼 것도 하나 없는 그런 마을이었어요. 그러나 그곳 주민들이 얼마나 따뜻하게 대해 주던지 우리는 그곳을 다시 방문하고 싶어요. 한 지역의 매력은 거기에 사는 사람들과 그들의 애정과 환대에 있어요. 실제로 어떤 곳에 도착해서 그곳 주민들이 '우리나라에 오신 것을 환영합니다' '즐거운 여행이 되세요'라는 말을 해주면 정말 행복해요. 그들이 자기들 땅을 사랑하면 할수록 당신에게 더 잘 대해 줍니다. 그건 당신이 자기 나라에 대해 좋은 인상을 가지고 가기를 바라기 때문이죠. 방문한 장소들에 대한 기억은 머리에 담아두지만 그곳 사람들에 대한 기억은 가슴에 담습니다."

코기 원주민 마을을 지날 때 야자나무 잎으로 엮은 둥근 형태의 집들이 보였다. 여자들과 남자들과 아이들은 다들 똑같은 원색의 옷을 입고 있었는데, 상의가 무릎까지 내려왔고 남자들은 전부 같은 천으로 만든 바지를 입고 있었다. 맨발로 다녔고 우리와 거의 말을 하지 않았다. 칸데는 이번 여행을 위해서 페루에서 가져온 구슬로 머리를 땋아 묶었다. 원주민 여인들이 칸데 머리에서 눈을 떼지 못하더니 마침내 용기를 내어 구슬을 달라고 부탁하였다. 이 기회를 이용해서 원주민들과 대화를 나눌 수 있었다.

셋째 날, 우리는 가이드의 안내 덕분에 강의 건너편 뒤쪽 밀림 깊숙한 곳에 있는 돌계단에 도착했다. 1,100개의 계단을 올라 한때 찬란했던 도시의 중심에 도착했다.

"당신들은 마추픽추에 가 보셨으니 거기하고 잃어버린 도시하고 어디가 더 인상적이세요?"

영국 여자가 물었다.

"솔직한 답을 듣고 싶으세요?"

"네."

"사실은 비교하지 말고 여행하라고 배웠고, 어떤 곳에 도착하면 차이점을 찾지 말고 뭐가 나쁜지 뭐가 좋은지 따지지 말고 있는 그대로 느끼고 받아들이라고 배웠어요. 모든 장소는 각각 자기만의 모습이 있고, 나는 그것을 즐기는 겁니다. 모든 것은 각각 다 다릅니다. 뭐가 더 좋고 뭐가 더 나쁜 게 아니라 내 관심을 끄는 정도가 다른 것입니다. 비교를 했을 때는 나는 그곳에 빠져들지 못하고, 두세 지역을 다니면서도 어느 한 곳도 제대로 즐기지 못했어요. 이제 나는 어떤 지역에 도착하면 그곳 기후와 음식 그리고 풍습에 적응하고 그곳을 즐깁

니다."

마추픽추는 마추픽추고, 잃어버린 도시는 잃어버린 도시다. 비교는 안 좋은 것과 실수만을 찾는다. 나는 짧은 시간 동안 여행 온 거라 비교하는 데 시간을 허비하고 싶지 않고 그 아름다움을 만끽하고 싶다. 차이점을 찾는 사람은 거리를 두려고 하고, 유사성을 찾는 사람은 가까이 다가가려고 한다. 비록 유적지를 샅샅이 다 돌아다니지는 못했지만 며칠 동안 우리가 이곳에서 한 것은 바로 이것이었다. 우리 주변의 모든 것이 엄청나게 아름답고 소중했다. 아울러 원숭이가 내는 소리가 들렸고, 밤이 되면 그곳의 에너지를 우리의 피곤한 몸에 채우기 위해 잠자리에 들었다.

길 테스트

돌아와서 우리 차와 재회를 하고, 파나마로 가는 배편을 알아보러 카르타헤나로 갔다. 여기서는 아는 사람이 없어서 어떻게 해야 할지 막막했다. 중앙아메리카로 건너간다는 것은 우리 여행에서 크고 어려운 단계였다.

내가 운전을 하는 동안 칸데는 소형 여행가이드 책을 읽다가 우리가 가는 길에 있는 바란키야라는 도시에 작은 항구가 있다는 것을 알았다. 작은 항구라는 점이 마음에 들어서 거기로 갔다.

"뭐가 필요하다고요?"

창구에서 하는 말을 알아듣기가 어려웠다. 벌써 오후 여섯 시라 화물트럭들이 이쪽저쪽으로 이동하였고, 입항허락을 기다리는 트럭들이 쭉 늘어서 있었다.

"항구책임자를 만나뵙고 싶습니다. 저희는 이 차로 여행 중입니다."

그에게 우리 차를 가리켰다.

"아르헨티나에서 알래스카까지 여행하면서 우리의 꿈을 실현하고 있는데 이제 파나마로 건너가야 합니다."

창구 여직원은 그레이엄 쪽으로는 고개도 돌리지 않고 아주 무관심한 태도로 우리를 바라봤다.

"배송대행업체로 가셔야 합니다."

"항구 직원하고 이야기 좀 하고 싶습니다. 저희는 도움이 필요하고, 또 분명히 저희를 도와주실 수 있을 겁니다."

"저희는 도와드릴 수가 없습니다. 다시 말씀드리지만 배송대행업체에 가서 알아보십시오."

그녀는 말하면서 우리를 쫓아내고 우리 뒤에 있는 고객을 맞이하기 위한 제스처를 했다.

남아메리카와 중앙아메리카 사이에는 왜 길이 존재하지 않는가? 배 한번 타기 위해서 선박회사와 세관을 들르고 항만과 컨테이너 비용, 세금 비용, 시간 그리고 무엇보다도 다른 항구에 도착하면 이와 같은 일련의 과정을 또다시 거쳐야 되니 많은 사람들이 여행을 포기하는 것이다. 이렇게 되니 겨우 몇 킬로미터 안 되는 거리가 여행에서 가장 비싼 여정이 되었다. 차 있는 곳으로 걸어가는 동안 칸데는 아무

말 없이 생각에 잠겨 있었다.

'마음 같아서는 땅 끝까지라도 달려가고 싶지만 여행을 계속하고 싶다면 여기 남아 있어야 돼. 이건 어려움이 아니라 테스트야. 마음 약해지면 안 돼. 여기에 있는 것은 우리한테는 도전이고, 이 여행에서 중요한 과정이야. 그 여직원은 꿈이 뭔지를 이해 못하고 자기 앞에 있는 꿈조차도 보려고 하지 않았어. 자기 세계 속에 갇혀 있는 사람 같았고, 빨리 집에 가려고 2, 3분마다 한 번씩 시계를 보는 걸 보니까 자기 일에도 관심이 없었어. 우리 여행이 자신의 틀에 박힌 일상을 일깨웠고, 그래서 우리의 입항을 강하게 거부했던 거야. 이제 어떻게 해야 하지? 물론 배송대행업자를 찾아가야 된다는 것은 알고 있지만 컨테이너 비용은 말할 것도 없고 대행료 줄 돈도 없으니 우리는 이 항구로 들어가야 돼.'

팀의 일원

월요일에 항만관리소에 있는 선장실에 들렀다. 선장은 새로운 소식이 들어오는 대로 연락을 주겠다고 약속했다. 나가는데 한 남자가 우리 차가 신기한지 보려고 가까이 다가와서 그에게 우리가 도움이 필요하다는 말을 했다. 그는 항구에서 일하는 어떤 직원의 연락처를 알려줬다. 그에게 전화했더니 자기 담당이 아니니 이런 것을 다루는 선박대리인을 찾아가보라고 했다. 그래서 결국 대리인을 만나러 갔다. 그에게 도움을 청하니, 우리 예상과는 정반대로 돈은 따지지도 않고 인간적으로 다가와서 우리의 꿈을 이해하였다.

"수아레스라는 사람이 당신들을 도와줄 수 있을 겁니다. 항구에 가서 그를 찾아보세요.”

“항구에 가서 그 사람을 만나 이야기해 보죠. 그래도 안 되면 카르타헤나 항구로 가요.”

칸데가 그 도시에서 마지막 히든카드로 승부를 걸 생각으로 나한테 제안했다. 그녀는 에콰도르에서 알론소가 우리한테 가르쳐 준 대로 도움을 청하는 데 집중하고 있었다.

‘지금까지 살면서 얼마나 많은 도움을 부탁했는지 생각해 보니 겨우 다섯 번 조금 넘는다. 왜 도움 청하는 것을 어려워하고 부끄러워했을까? 그것은 나 혼자 할 수 있는 것은 도움을 청하지 말고 하고, 그렇지 못한 것은 하지 말라고 배웠기 때문이야. 물론 지금까지 살아오면서 다양한 도움을 받은 것은 사실이지만 부탁한 적은 거의 없었어. 허먼은? 차분하게 차를 몰고 가는 그를 나는 잘 알아. 그도 나와 똑같은 생각을 하고 있다는 것을 느낄 수 있어. 우리 머릿속에서 그가 했던 말들을 반복해서 외치면 그가 나타나. 그가 이름 붙인 대로 마술적인 말들. 진짜 마술적일까?’

“네, 뭐가 필요하다고요?”

항구 여직원이 다시 물었다.

“수아레스 씨 좀 만나러 왔습니다.”

“수아레스? 마우리시오 수아레스?”

“네, 그 사람이요.”

우리는 우리가 무슨 말을 하는지도 모르고 대답했다.

“약속하셨어요?”

“네.”

거짓말이었다.

"잠깐 기다리세요."

그녀는 우리가 여기 있다는 것을 그에게 알리려고 거의 자동적으로 수화기를 들었다. 우리 거짓말이 들통 나고 다시 쫓겨날까봐 순간 긴장했다. 저쪽에서는 응답이 없고, 입항하려는 사람들이 계속 들어와서 우리 뒤에 줄을 섰다. 여직원이 다시 전화를 거니 줄 서 있는 사람들이 빨리 끝내라고 재촉했다.

"좋아요, 들어가세요. 이 길 끝까지 가서, 거기서 왼쪽으로 부두까지 가면 노란 건물이 보일 겁니다. 거기에 수아레스 씨가 계십니다."

아직 확실한 결과는 못 거두었지만 큰 승리감을 만끽하며 들어갔다. 가르쳐 준 사무실로 걸어가다 보니 뜨거운 태양 아래 한참 되는 길이었다. 포장도로와 주변의 컨테이너에서 반사되는 뜨거운 열기를 느낄 수 있었다. 마침내 도착하니 문 앞에 '영업부'라고 적힌 팻말이 하나 붙어 있었다. 들어가기 전에 최고의 결과를 기대하며 서로의 손을 꽉 잡았다.

유리창 벽으로 나뉘어져 있는 사무실로 들어갔다. 왼편으로 일에 몰두하고 있는 사람들이 보였다. 오른편에는 원탁 테이블이 놓여 있는 아주 예쁜 사무실이 있었는데, 멋진 양복을 입은 직원 네 명이 커피를 마시면서 업무 이야기를 하고 있었다. 아마 그들 중에 한 명이 수아레스가 아닐까라는 생각이 들었다.

비서한테 우리를 소개하니 그녀는 전화를 들어 내선번호를 눌렀다. 우리를 맞이한 사람은 마흔 조금 넘은 나이에, 진한 밤색 머리에 키가 크고 멋있게 옷을 차려입고 있었는데 우리를 보자마자 전화를 끊고는 일어나서 우리한테 왔다.

"마우리시오 수아레스입니다. 뭘 도와드릴까요?"

그는 자신을 소개하더니 우리에게 악수를 청했다.

우리에게 뭘 도와줄까라고 물었다! 우리끼리는 해결할 수 없는 일, 1,500달러가 드는 일이다. 그런데 우리한테는 겨우 200달러가 남아 있다. 좀 창피했지만 그의 호의에 용기를 내어 마술적인 말들을 사용해서 이야기했다.

"저희는 칸델라리아와 허먼입니다. 저희는 지금 꿈을 이루기 위해 아르헨티나에서 알래스카까지 여행 중인데 도움이 필요합니다. 좀 도와주시겠습니까?"

우리가 부탁하고 있는 동안에 그 남자는 우리 눈을 계속 바라보고 있다가 아주 자연스럽게 대답했다.

"물론이죠. 제가 뭘 어떻게 도와드리면 될까요?"

"저희는 이 차를 타고 여행 중인데……."

내가 설명하는 동안 칸데가 사진을 보여주었다.

"파나마로 건너가야 합니다."

"이 일에 아주 적당한 사람이 생각났습니다."

수아레스는 다소 흥분해서 소리쳤다.

"분명히 당신들 팀의 일원이 되는 것을 좋아할 겁니다. 오르텐시아 불러요."

여비서를 가리켰다.

"이 차는 바란키야 항에서 출발해야 합니다!"

마치 자신이 여행 팀의 일원이 된 것처럼 소리 질렀다. 바로 그때 오십 살쯤 된 붉은 머리의 여인이 문 앞에 나타나자 수아레스가 무척 기쁜 얼굴로 그녀에게 말하기 시작했다.

"오르테, 배 한 척 구해야 될 겁니다. 이 젊은 친구들이 상상도 못할 일을 하고 있는데 우리가 전적으로 지원해 줘야 됩니다. 바란키야 항구는 남아메리카의 출발항이 되어야 합니다."

여인은 입을 벌린 채 그를 바라봤다.

"저기…… 팀장님?"

여비서가 그를 부르면서 사무실에서 기다리고 있는 직원들을 머리로 가리켰다.

"아, 맞다, 미팅! 깜빡했네요."

놀란 표정을 지으며 우리한테 말했다.

"오르테, 당신이 맡아서 해줘요. 필요한 것이 있으면 나한테 말해요. 이 차는 바란키야 항에서 출발해야 합니다!"

우리가 듣고 있는 말을 믿을 수가 없었고 어안이 벙벙했다.

"저렇게 흥분하는 건 처음 보네요. 제가 당신들한테 뭘 구해드려야 하죠?"

오르텐시아가 아직 무슨 영문인지도 모른 채 물었다.

그녀에게 자세하게 다 이야기했다. 이제 우리의 운명이 엄청나게 긍정적인 에너지를 가진 한 사람의 손에 달렸다는 기분이 들었다. 그녀는 다른 말은 하지 않고 배를 구하기 위해 항구를 샅샅이 다 뒤지겠다는 말만 했다.

"어디서 묵고 계세요?"

그녀가 물었다.

"호텔에서 지내고 있는데……."

그녀가 더 이상 말을 못하게 잘랐다.

"숙소 문제도 제가 해결해 볼게요. 저희 집에서 지내시면 좋겠는데, 제 남편 프란시스코가 집에서 작업을 하니까 한번 물어볼게요. 남편은 화가인데 집에서 그림 작업을 해요."

"너무 신경 쓰시지 마세요."

우리는 진짜 감사한 마음으로 대답했다.

그녀는 우리를 사무실 직원들과 같이 있게 했다. 모두들 우리 꿈 이야기를 들으며 좋아하고 행복해하며, 언젠가는 자기들도 그런 꿈을 이루고 싶어 했다. 자기들끼리 가능한 회사와 배 이름을 말하기 시작했다. 한편 오르텐시아는 자기 남편과 이야기하면서 동시에 우리를 파나마까지 데려다 줄지도 모를 사람들의 이름을 큰 소리로 나열했다. 전화를 끊고 와서 이야기했다.

"저희 집으로 초대할게요. 당신들과 같이 있자고 하니까 우리 남편이 무척 좋아하네요. 그이도 아르헨티나 사람이에요."

도움을 받을 수 있을까 알아보러 여기까지 왔는데 확실하게 도움을 얻었고, 더군다나 배를 구할 동안 숙박까지 해결됐으니 우리는 정말 놀랐다. 도움을 청하기까지가 정말 힘들었는데 이렇게도 열정적으로 우리를 도와주니 놀라움이 더 컸다. 도움을 청하는 것은 나쁜 것이 아니다. 그것은 나누는 것이고, 상대방을 팀의 일원으로 초대하는 것이다.

우리는 사무실에 있었다. 여기는 상사와 직원의 관계가 없었고 팀의 연대감밖에 없었다. 그래서 모두들 같이 배를 구할 전략을 짰다. 수아레스는 미팅이 끝나자마자 일이 어떻게 되어가는지 궁금해 하면서 들어왔다.

"준비 잘 되고 있어요?"

"제가 알래스카까지 같이 갈 겁니다!"

오르텐시아가 이렇게 대답하면서 사무실 직원들의 의견을 종합해서 전했다.

열려 있는 둥지

하루 일과가 다 끝나고, 오르텐시아를 따라 그녀의 집으로 갔다. 지금까지도 친절하게 대해 줬고, 앞으로도 파나마로 건너갈 수 있게 많이 도와줄 텐데, 수속하고 배를 구하는 데 얼마나 시간이 걸릴지도 모르는데 무작정 이렇게 따라와서 폐를 끼치는 것이 아닌지 심히 우려되었다.

"안녕, 여보. 여기는 당신한테 말했던 그 젊은 친구들, 칸델라리아와 허먼이에요."

우리가 유화 냄새로 가득 찬 방으로 들어가는데 오르텐시아가 우리를 자기 남편에게 소개했다. 그의 작업실은 반짝이며 영감을 불러일으키는 바다로 나 있었다. 이젤과 벽에 모든 크기의 캔버스가 놓여 있었고 수많은 형태의 붓들과 그림물감 병들이 여기저기 널려 있었다.

"안녕하세요, 여행자들."

콧수염과 턱수염을 기르고 어두운 회색 머리의 남자가 물감이 묻은 손을 내밀었다. 무릎까지 올라오는 스타킹을 신고 반바지에 민소매를 입은 모습이 굉장히 개성이 강하다는 느낌을 주었다. 곧바로 오르텐시아가 우리가 잘 곳으로 안내해 주었다. 그림들과 벽화들로 둘러싸여 있었는데, 대부분이 오브레곤이라고 하는 전 주인이자 화가가 그린 작품들이었다. 이 집은 절벽 위에 테라스 정원이 있었다. 우리는 푸에르토 콜롬비아라고 부르는 지역에 있었는데, 출렁이는 바다가 보이는 뛰어난 절경을 가진 이 장소에서는 절벽에 부딪히는 파도 소리가 끊임없이 들렸다. 모든 것이 예술의 혼을 불사르고 있었고, 바다에서 만들어져서 바람이 여기까지 실어 나르는 긍정적인 이온으로 끊임없이 재생되는 강력한 에너지가 느껴졌다. 그는 우리한테 일어나고 있는 일과 우리가 살고 있는 삶을 믿을 수 없다는 표정으로 우리를 바라보았다. 기쁨이 넘쳐흐르는 포옹을 하며 우리는 카리브 해를 바라보았다. 그들 부부는 소리도 안 내고 몰래 다가와서는 자기들 세계에 온 것을 환영한다고 말했다. 아주 차가운 레몬을 곁들인 흑설탕 케이크 두 조각을 대접받았다. 우리를 집으로 초대해 줘서 다시 한 번 고맙다고 인사하자 프란시스코가 말했다.

"우리 집은 열려 있는 둥지입니다. 모든 곳에서 날아오던 새들이 쉬어 가면서 나한테 여러 가지 노래와 이야기들을 가져다주고 자기들 깃털로 나에게 무한한 색상을 남겨줍니다."

다음 날, 오르텐시아와 그의 항구 팀은 우리한테 기자회견을 준비해 주었다. 하루아침에 우리는 12개의 언론매체와 인터뷰를 했다. 우리가 유명해지니까 오르텐시아는 언론사에 우리가 누군지 설명하고 필요한 지원을 부탁하는 일을 쉽게 할 수 있었다. 다른 언론사 기자들이 오후에 집 근처로 왔고 밤에도 몇몇 기자들을 만나야 했다. 지금까지 여행하면서 이렇게까지 스트레스받은 일정은 없었다.

하루하루가 지나가기 시작했고 어떻게 일이 진행되어 가는지 정확히 모른 채 시간만 흘러갔지만 새로운 것들의 세계가 눈앞에 펼쳐지는 이 집에서 기다리는 것은 어려운 일이 아니었다. 우리가 입국하기 전에 콜롬비아에 대해 가졌던 이미지는 지금의 콜롬비아하고는 거리가 멀었다.

오르텐시아는 매일 우리 일로 바빴고 항상 꾸준한 끈기로 바다와 육지를 돌아다녔다. 우리를 만난 지 일주일 만에 드디어 첫 번째 소식을 가지고 집에 도착했다.

"드디어 당신들을 데려다 줄 회사를 구했어요. 그 회사의 배들은 카리브에 있는 산안드레스 섬으로 가는데, 거기서 코스타리카로 돌아가는 빈 배가 있대요. 이제 남은 일은 코스타리카로 가는 배 주인하고 이야기하는 거예요."

꿈을 붙잡아라

이 집에서 지냈던 일주일 동안 돈을 마련하기 위해 생각하고 있던 일을 실천에 옮겼다. 로다데로에서 우리가 묵었던 집 주인이 수예품 만드는 기술을 가르쳐 줬다. 그때 우리는 뭔가 다른 일거리를 찾고 있었는데 그들은 자기들 일의 비밀을 지키는 대신에 우리한테 그것을 가르쳐 준 것이다. 한 사람은 모양을 만들기 위해 반죽하는 방법을, 다른 사람은 자석을 사용해서 수예품을 만드는 방법을 가르쳐 줬다. 많은 사람들이 도와주려고 우리한테 뭘 사주려는 마음은 먹고 있었지만 그림 사는 것은 부담스러워해서 그림보다 훨씬 더 싼 것을 만들 생각을 하고 있었다. 우리 숙소 주인이었던 그 수예품업자는 우리들의 로고가 새겨진 청동 열쇠고리를 만드는 것이 그리 어렵지 않을 것 같으니 한번 해보라고 제안했다. 그래서 지금 푸에르토 콜롬비아에서 청동판, 그림, 염산과 틀을 샀다. 작업에 들어갔지만 완전 실패였다. 나는 네 번째 시도 끝에 포기했다. 너무 섬세하고 어려운 작업이었다. 그리고 그것을 만들어 깨끗하게 다듬는 데 시간이 너무 많이 걸렸다. 반면에 칸데는 엄청나게 많은 시간을 투자하고, 또 믿을 수 없을 정도의 끈기로 계속 그 작업을 하면서 내가 포기한 것에 화를 냈다.

그때 프란시스코의 친구인 마리오 타루드가 방문해서 칸데가 염산을 가지고 애쓰고 있는 모습을 보고는 나한테 여행에 관한 가장 일반적인 질문을 했다.

"여행 경비는 어떻게 마련했습니까?"

"지금까지는 칸데가 그림을 그리고 제가 액자를 만들어 팔았습니다만 이제는 여행과 관련을 지어서 사람들의 관심을 더 끌 만한 것을 찾고 있습니다."

"음……. 저한테 사진 몇 장 주십시오. 뭐가 좋을지 한번 생각해 보겠습니다."

다음 날 마리오는 그림엽서 판을 하나 만들어서 가져왔는데 앞면에는 우리 사진이, 뒷면에는 우리가 지금까지 여행한 지도와 로고와 여행 이름이 소개되어 있었다. 이것 말고도 그는 조그만 책자도 보여줬는데 앞표지에는 우리 사진이, 뒤표지에는 지도와 우리 꿈에 대해 그가 적은 매우 예쁜 글이 있었다. 책자 제목은 『세상 밖으로 배낭을 꾸려라』였다. 그는 사람들이 이 책의 빈 페이지에다가 자신들의 꿈을 적게 하면 어떻겠냐고 제안했다. 그는 엽서 1,000장과 책자 800권을 인쇄해 주었고, 우리가 인쇄비를 지불하려고 했지만 그와 집주인 부부가 허락하지를 않았다.

성주간이 되었다. 엽서와 책자의 시험 판매를 위한 가장 좋은 장소

가 카르타헤나라서 프란시스코와 오르텐시아, 마리오와 그의 애인과 함께 모두 그 도시로 가서 오르텐시아 친구의 멋진 집에서 지내기로 했다. 성곽도시 카르타헤나 데 인디아스에 승리자의 기분으로 들어갔다. 1700년대의 모습을 아직도 간직하고 있는 그 도시는 시선을 어디에 둬도 무척이나 아름다웠다. 카리브가 앞에 펼쳐져 있고 해적과 유령의 역사로 가득 차 있는 성들로 둘러싸여 있었다. 해변의 날씨는…… 아름다운 해변들!

주말에는 오후 일찍부터 밤이 시작될 때까지 사람들이 많이 다니는 산토도밍고 광장에 그레이엄을 주차시켜 놓았다. 인도에 있는 카페 탁자에 앉아서 저녁의 시원한 공기를 즐기고 있던 많은 사람들이 즉흥적인 볼거리에 관심을 보였다. 우리는 수예품 말고도 차, 엽서, 책자 덕분에 더 많은 돈을 벌 수 있었다.

특히 엽서는 대박이었다. 모두들 어떻게 해서라도 우리 여행에 동참하고 싶어 했고, 자기들이 엽서를 한 장 사주면 우리가 가솔린 1리터를 살 수 있다는 것을 알고는 무척 좋아했다. 책자는…… 팔렸지만 여행에 관한 글을 읽고 우리가 꿈을 어떻게 붙잡는지 읽고 싶었던 사람들은 안이 빈 종이로 되어 있는 것을 보고는 실망했다.

"왜 안 돼?"
다음 날 칸데를 깨웠다.

"뭐가 왜 안 되냐는 거예요?"

"잠 깨고 내 말 들어봐. 왜 책을 쓰려면 여행이 다 끝날 때까지 기다려야 되는 거야? 여기까지, 지금까지 우리가 본 것을 쓰면 어떨까?"

책을 쓰자는 생각은 꿈의 실행을 결정한 마지막 순간에 떠올랐고, 책자는 그 생각을 구체화시키는 시발점이 되었다.

영감

푸에르토 콜롬비아 집으로 돌아가서 책을 쓰기 시작했다.

칸데는 열쇠고리 만드는 일을 포기하지 않고 며칠 동안 염산과 타르와 씨름을 했고, 나는 쓴 글을 그녀에게 읽어보라고 줬다. 그러자 그녀도 관심을 보이며 읽고 수정하기 시작하더니 마침내 열쇠고리를 잊어버렸다.

한편 오르텐시아는 계속해서 선박회사들과 연락을 취했다. 산안드레스에서 코스타리카로 가는 선박은 찾을 수 없었지만 상관없었다. 두 가지 선택길이 더 생긴 것이다.

하나는 파나마를 거쳐 콜롬비아의 많은 섬과 태평양 연안을 비정기적으로 운행하는 선박회사를 통하는 것이었다. 그 주인은 우리 소식을 듣고 기뻐하였지만 얼마 지나지 않아 배가 카리브 어느 섬에서 사고가 나서 언제 돌아올지 모른다는 연락을 해왔다.

또 다른 가능성은 대만의 대형 선박회사인 에버그린으로 이 배는 일주일에 한 번씩 정기적으로 파나마로 운행을 하였다. 그래서 이제 우리는 어떻게 해야 차와 우리가 아무 문제 없이 갈 수 있는지를 알아봐야 했다.

여기서 머문 지도 벌써 한 달 반이 지났다. 프란시스코와 칸데는 그림을 그렸고 나는 글을 썼다. 우리는 이곳이 주는 영감에다가 각자가 갖고 있는 영감을 더 합쳐서 서로 주고받았다. 프란시스코는 우리와 지내면서 무척 즐거워했다. 무엇보다도 우리가 무척 그리워하는 아르헨티나 전통 음식을 만들어 주고, 칸데가 그림을 그리고 있으면 그와 나는 카드놀이를 하면서 즐겼다. 오르텐시아와 프란시스코와의 우정은 갈수록 진해졌다. 거의 매일 밤마다 모여서 늦게까지 놀았고 어떤 때는 왕개미요리를 맛보기도 했다.

두꺼비는 자기가 좋아하는 우물에 있다

발코니에서 바다를 바라보며 마테차를 마시고 있었다.

"프란시스코, 언제부터 그림을 그리기 시작했어요?"

"음, 오래전이에요. 나는 그림을 그리기 시작한 것이 아니라 그림을 좋아했어요. 어머니는 혼낼 때마다 벌로 정원에 가서 나무나 꽃 화분을 그리라고 시키셨어요. 나는 색깔을 섞고 상상한 것에 생명을 불어넣는 것이 좋았어요."

그는 잠시 말을 멈추고 어린 시절로 돌아가서 뛰어놀던 땅을 그리워하는 것처럼 허공을 바라봤다.

"조금 커서 미술학교에 등록하려고 했지만 아직 너무 어리고, 빈자리도 없다고 했어요. 그래도 끝까지 고집을 부려서 결국 시험을 봤지만 결과는 불합격이었어요. 내가 그림을 그릴 줄 모른다는 게 그 이유라고 말해서 내가 대답했어요. '바로 그 이유 때문에 온 거니까 그림 그리는 거 가르쳐 주세요.' 그해 정원보다 학생 한 명이 더 입학을 했

고, 나는 그림을 공부하기 시작했어요."

프란시스코는 물감이 잔뜩 묻은 손으로 마테잔을 쓰다듬었다.

"금방 두각을 나타내면서 나는 콩쿠르에도 참가했어요. 우승으로
내가 꿈꾸던 부에노스아이레스에 가서 공부할 수 있는 장학금을 받았
어요. 그때부터 지금까지 한 번도 붓을 놓은 적이 없어요. 그림은 내
삶의 동력이고, 내가 좋아하는 거고, 내가 사랑하는 거라서 계속 그리
고 있는 겁니다."

"항상 그림 그리는 것만으로 잘살 수 있었습니까?"

"아니요, 항상은 아닙니다. 대부분 상황이 안 좋았어요. 그림도 잘
안 팔렸지만 그래도 그림 그리는 것을 포기한 적은 없었어요. 단계적
으로 벽화, 프레스코 등을 그리면서 입에 풀칠하고 있었어요. 거의 바
닥을 찍었을 때 멕시코, 쿠바, 스페인에서 전시회를 열 가능성이 생겼
어요. 그래서 다시 시작한 거죠. 나는 인생의 나락으로 여러 번 떨어
졌지만, 단지 살기 위해서 좋아하지도 않는 일을 했다면 그보다 더 힘
들었을 겁니다. 그래서 나는 그림을 포기하지 않은 겁니다. 그림은 나
의 인생이죠."

"만일 실패했더라면 어떻게 하셨을 겁니까?"

"나는 다른 사람들 앞에서는 많이 실패했지만, 그러나 내 눈앞에서 실패한 적은 거의 없어요. 살면서 필요하지도 않고 꿈꾼 것도 아닌 것을 많이 가지게 됐다는 것은 인생을 잘못 살았다는 뜻이지요. 우리가 죽을 때 살아생전에 획득한 것 중에서 가져가는 것은 하나도 없어요. 모든 물질은 다 놔두고 갑니다. 실패했다고 느끼는 것은 이제 곧 죽을 것이고, 우리가 인생을 제대로 살지 못했다는 것을 깨닫는 겁니다. 우리는 사회에서 찬양받고 존경받고 존중받는 사람이 되려고 하다 보니 우리가 원하고 바라는 것은 옆으로 제쳐놓고 사회가 요구하는 것만 가지려고 노력합니다. 사회는 실패한 사람들을 거부합니다. 그러나 사회가 성공했다고 치켜세우는 사람들 중엔 실패한 사람들이 무척 많이 있습니다."

"교육과 당신을 둘러싸고 있는 환경도 당신의 성공과 실패에 많은 영향을 끼칩니다."

"당신 부모님들의 교육과 당신에 대한 그분들의 애정 그리고 당신의 학교와 당신이 성장하는 사회도 무척 중요합니다. 그러나 당신 삶의 방식과 실패를 그것들의 책임으로 돌릴 수는 없습니다. 당신은 필요한 것을 변화시키고, 되고 싶은 사람이 될 수 있을 만큼 현명합니다. 만일 당신이라는 사람이 당신을 에워싸고 있는 세상의 틀에 맞지 않는다면, 만일 당신이 좋아하는 것을 하면서도 불편함을 느낀다면, 모두들 당신을 다른 연못에서 온 두꺼비처럼 본다면 그건 당신이 당신 자리에 있지 않기 때문입니다. 그러나 당신을 바꾸지 말고, 다른 연못을 찾고 당신의 자리를 찾으십시오. 당신만이 당신 자신에 대한 책임이 있습니다. 다른 사람들 핑계를 대지 마십시오."

예술가이자 세계인인 프란시스코의 말이었다.

나는 계속해서 그와 대화를 나누었지만, 칸데는 우리와 같이 있으면서도 생각에 잠겨 있었다.

'정말로 내가 좋아했던 일들을 제쳐놓지 않고 했더라면 얼마나 멋있는 인생이 됐을까? 나는 시스템 앞에서 왜 그렇게 약했고 약할까? 왜 나는 자동적으로 내 자신에게 강요할까? 좋아하는 일을 한다는 것은 참 멋있게 들린다. 결정의 순간에 왜 내가 선택한 것은 원했던 것이 아니라 필요하다고 생각했던 것일까? 항상 나는 다른 것에 우선권을 두었다. 여행을 떠나기 전에 나는 경험 많은 의사인 아버지와 같이 일했다. 나는 두 명의 여동생들과 마찬가지로 사무실의 한 파트를 담당했다. 아버지는 통이 크고 능력이 뛰어난 분이고, 나는 가족들과 같이 일하는 것이 즐거웠다. 그러나 일 그 자체에 대해 말한다면 내가 좋아했던 일은 아니었다. 나는 대학에서 6년간 수의학을 공부했다. 수도 한복판에 있는 사무실에서 문제 있는 환자들과 약삭빠른 변호사들의 이야기를 들어야만 했다. 그 일은 나한테 안 맞는다는 것을 분명히 알고 있었지만 나는 거기에 있었다. 나는 그 병원이 가족기업이라고 생각했기 때문에 고집스럽게 일을 했다. 일도 많이 배웠고, 여동생들과 아버지와 같이 있으니까 마음이 편했고, 원하는 날 하루 휴가를 낼 수도 있었다. 그러나 그 편안함이 무기의 양날이었다. 내 경우에는 내 일을 찾으러 나가는 것보다 아버지와 같이 일하는 것이 편했다. 물론 내 일을 찾지 않은 것은 아니지만 지금 생각해 보면 충분하지 않았다. 두려움이 앞섰고 용기가 나지 않았다. 위험을 피하기 위해 보다 간단하고 확실한 길을 선택했다. 나는 전형적인 구절에 나 자신을 맡겼다. '나는 일이 필요하다.' '지금은 여기서 일하지만 미래에는 내 자신의 일에 충실할 것이다.' 그것은 사실이었다. 나는 살아야 했고, 돈이 필요했고, 집을 짓고 있었고, 그래서 나의 시간과 정열을 바쳤다. 그러나 미래가 있을지 누가 알까?'

칸데는 바다의 끝없는 수평선을 바라보고, 오후의 따뜻한 바람에서 짭짤함을 느꼈다. 다음 날도 우리를 많은 생각에 잠기게 하면서 지나갔다.

미소 짓는 삽화가

바란키야 시를 돌아다닐 때면 사람들이 인사를 했다. 거의 모든 사람들이 우리 여행에 대해 알고 있었다. 우리가 여행의 목적지와 반대 방향으로 가면 "그쪽은 알래스카 가는 방향이 아니에요!"라고 소리 지르거나, 아니면 "저기 엘 콘센티도 간다"라고 우리 차를 언급하였다. 길을 가면서 우리 차는 많은 별명을 얻었다. 베네수엘라에서는 '꿈의 차'와 '여행하는 고물차', 페루에서는 '미소 짓는 삽화가', 칠레에서는 '환상의 당나귀'. 그러나 우리는 아직도 우리 차에 이름을 붙이지 않았다. 어떤 별명이 잘 어울리는지 몰라서 '그레이엄 할아버지'라고 불렀다.

'엘 콘센티도'는 바란키야에서 카센터에 세 번 갔다 왔다. 가는 곳마다 도움을 주고 싶어 했다. 한 곳에서는 크롬 도금을 했고, 또 한 곳에서는 기둥에 박혀서 찌그러진 부분을 복원시켜 줬고, 세 번째에서는 정밀검사를 해줬다. 심지어 카센터가 없는 사람들도 뭔가 도움을 주기 위해 우리를 찾아왔다.

이렇게 돌아다니는 동안 우리 셋 중에서 그레이엄만이 매번 자신의 우아함과 스타일을 간직할 줄 알았다. 자갈, 먼지, 진흙, 밀림, 산, 그리고 강을 지나왔지만 아직도 흠 하나 없는 푸른 연미복을 입고 날씬하고 강력하고, 그리고 수백 킬로미터를 정신없이 달려오면서도 자신의 얇은 바퀴들을 잃지 않았다.

그레이엄은 시속 40킬로미터로 달리면서 극도의 검약정신을 보여주며, 우리에게 경치와 시간을 그리고 우리 자신을 느낄 수 있게 해주었다. 그리고 천천히 달려서 동물들이나 곤충들에게 피할 시간을 주었기 때문에 그 스스로 완전히 생태학적인 차가 되었다.

어떤 것도 그의 뛰어난 주행과 그의 보헤미안적이고 자유분방한 성격을 제어하지 못했다. 밸브와 실린더가 반복적으로 만들어 내는 음악은 우리 대화 속으로 들어왔고. 우리는 그 음악을 들으면서 차가 우리의 꿈을 알고 있다는 믿음을 갖게 되었다.

'엘 콘센티도'의 축제

바란키야의 올드카 클럽과 새로 사귄 친구 알렉스가 조직한 시가행진에 끼어서 항구로 출발했다. 거기서는 같이 가지 않고 그레이엄만 파나마로 떠나는 것을 아쉬워하면서 파티가 벌어졌다. 사이렌과 확성기가 달린 견인차가 우리 앞에 가면서 우리의 여행을 알렸고, 엄청나게 많은 차가 우리 뒤를 따랐다. 우리가 여기 머무르면서 사귄 친구들이 많이 왔고, 모르는 사람들도 '엘 콘센티도' 주변에 몰려들었다.

항구에서 오르텐시아는 쇼를 준비해 놓고 바란키야 전체를 가져왔다. 심지어 아길라 맥주 회사도 후원사로 참여해서 맥주를 누구에게나 공짜로 주었다. 많은 사람들이 왔는데, 그중에서 언론인들에게는 지원과 애정에 다시 한 번 감사하다는 인사를 했다.

그러나 이것이 별것 아닌 양, 오르텐시아는 더 큰 놀라움을 준비했다.

"자, 이제 젊은 친구들은 이 말 들으면 넘어갈지도 모르니까 자리에 앉아요. 코레마르 주인이 자기 배로 당신들을 데리고 갈 수 없었기 때문에 파나마까지 비행기 티켓을 끊어주시겠답니다!"

"정말이에요? 믿을 수가 없어요!"

칸데와 나는 동시에 소리쳤다.

축제는 밤까지 계속되었다. 우리 차를 보세 창고로 데리고 갈 때 우리도 같이 갔다. 잠시 뒤에 우리끼리만 남았다. 우리는 이 순간을 좋아했다. 항구에 도착한 첫째 날을 떠올렸다.

"칸데, 기억나? 항구에 들어가지 못하게 됐을 때 우리는 물에 젖은 병아리 같았는데, 들어가게 됐을 때 도움을 청하니 모두가 도와줬고 우리가 요구한 것보다 훨씬 더 많이 줬어. 가까이 다가가니까 사람들은 우리를 받아들였고, 그들에게 꿈 이야기를 하니 사람들이 모여들었지."

"그것뿐만이 아니라 얼마나 좋아들 했어요! 그들이 사랑스러워 나는 떠나기 싫어요. 그들이 정말 그리울 거예요."

칸데의 눈에서 눈물이 반짝거렸다.

"앞으로도 그런 만남이 다시 이루어지지 않는다면 우리는 그만큼 많은 것을 잃을 거예요."

"한 번이고 몇 번이고 시도해 봐야지. 이 문 저 문을 두드리면 문을 열어주는 사람은 항상 있을 거야."

한 사람이 바뀌면 세상이 바뀐다

파티는 다음 날 밤까지 계속 이어졌다. 항구 내 운행회사 부장인 하비에르 레돈도가 우리를 3차까지 데리고 다녀서 메렝게를 추면서 즐거운 시간을 보냈다. 다음 날은 칸데의 생일을 축하하기 위해 스쿠버다이빙을 하러 갔다.

다이빙 보트를 타고 산호초 있는 곳으로 가면서 그가 콜롬비아와 콜롬비아인들이 어떤지 물었다.

"아르헨티나를 떠날 때 여기 올 생각은 안 했습니다. 그리고 여행을 하면서도 우리 생각은 바뀌지 않았습니다. 그러나 베네수엘라에서 여기로 오기로 마음먹었어요, 물론 겁은 많이 났지만요."

"왜 생각이 바뀌었습니까?"

"우리는 사람들이 위험하다고 가지 말라고 한 많은 도시들을 이미 방문했습니다. 그 도시들은 전부 우리가 들은 것하고는 반대였고, 우리가 가서 후회한 곳은 하나도 없었습니다. 게다가 우리 자신에 대한 믿음과 우리를 돌보아 주고 있는 그 누군가에 대한 믿음이 커졌기 때문입니다. 우리가 꿈을 이루고 있을 때는 우리한테 나쁜 일이 일어나지 않을 거라는 것을 배웠습니다."

"콜롬비아는 어떠셨어요?"

"오기 전에는 온갖 나쁜 것은 다 상상했는데, 와서 보니 모든 것이 좋은 것 같습니다. 우리가 도움과 환대를 많이 받아서 그렇게 생각하는지는 모르겠지만 정말 마음에 들어요. 다른 전쟁도 마찬가지겠지만 어느 누구도 승자가 아닌 이 전쟁을 보는 것이 너무 가슴 아프네요."

"폭력을 사용하는 사람은 지혜를 사용하지 않아요."

칸데가 덧붙였다.

"당신이라면 콜롬비아를 어떻게 바꾸시겠습니까?"

"그 질문은 마치 내가 세상을 어떻게 바꿀 거냐고 묻는 질문과 같네요."

나는 어떻게 할 건지 잠시 생각했다. 어떻게? 생각하다 보니 내 영혼과 얼굴이 빛났다. 그 답은 항상 우리 앞에 있었는데 이제야 그것이 보였다.

"세상은 완벽하기 때문에 바꿀 필요가 없습니다. 나는 이 바다를 보고 저 산들과, 항상 우리를 도와주고 환대해 주고 우리에게 음식을 준 사람들을 기억합니다. 모든 것은 완벽해서 바꿀 것이 없습니다."

"그러면 전쟁은요? 압제정치는요?"

"세상이 완벽하다는 내 말은 옳습니다. 올바르게 바뀌어야 하는 것은 사람입니다. 사람이 바뀌어야 하고 선을 요구해야 하고, 우리에게 두려움과 자만심과 증오심을 강요하는 사람들에게 조종되어서는 안 됩니다. 우리는 할 말을 해야 하고, 요구해야 할 것을 요구해야 하고, 줘야 할 것 이상을 줘야 합니다. 우리는 세상을 바꾸려고 하지 말고 우리 자신을 바꾸어야 합니다. 바뀌어야 할 것은 우리들입니다. 한 사람이 바뀌면 세상이 바뀝니다."

밤까지 이런 생각에 잠겨 있던 나는 글을 쓰고 싶었다.

우리 가정에서 나는 무기를 원치 않는다.
그것은 죽이려고 만들어졌기 때문이다.
우리 가정에서 나는 고함을 원치 않는다.
고함치는 사람은 듣지 않기 때문이다.
우리 가정에서는 모두가 소리를 낸다.
모두들 그럴 권리가 있기 때문이다.
우리 가정에서 나는 굶주린 사람이 없기를 바란다.
여기서는 모든 사람들이 먹을 음식이 있기 때문이다.
나는 우리 가정이 평화와 조화 속에 있기를 바란다.

우리 가정과 같은 곳은 없다.

모든 사람들의 꿈

눈물을 흘리며 프란시스코와 오르텐시아와 작별인사를 했다. 그동안 우리는 한가족이 되었고, 언제 다시 만나게 될지 기약이 없었다. 콜롬비아와도 이별이다. 여기에 도착하기가 무척 힘들었다. 오지 말아야 할 이유가 수천 가지나 있었지만 막상 떠나자니 더 힘들었다. 여기 오기 전에 사람들이 조심하라고 말했던 바로 그러한 것들과 콜롬비아 사람들한테 정이 들었다. 우리가 느꼈던 두려움은 콜롬비아 사람들 덕분에 조금씩 사라졌다. 그들은 연대감이 강했고 마음씨가 착하고 아주 친절했다. 언론에서 이러한 모습들을 보여주지 않아 여기 와서야 이러한 모습들을 발견했다는 것이 안타깝다!

이별의 아쉬움을 가슴에 남겨둔 채로 카르타헤나 공항에 도착해서 파나마행 비행기를 기다렸다. 가장 아쉬운 것은 우리가 토요일 오전에 도착하기 때문에 차를 월요일 오전까지 찾지 못한다는 거였다. 파나마 시티에서 이틀 밤을 호텔에서 자야 하나? 우리는 어디서 자야 할지 몰랐다. 그러나 '선물 받은 말은 이빨을 자세히 보지 않는다'라는 말이 있듯이 우리는 더 이상의 걱정은 두고 비행기에 올랐다.

좌석에 앉아 안전벨트를 매고 이륙을 기다렸다.

"대단히 죄송하지만 본 비행기는 기관 고장으로 인해 출발이 지연되었으니 다시 내려주시기 바랍니다. 기체를 점검하는 동안 공항 레스토랑에서 승객 여러분께 점심을 제공하겠습니다. 불편을 끼쳐드려 죄송합니다."

출발 지연에 화가 난 승객들은 툴툴거리며 욕을 했고, 파나마에 가서 비행기를 갈아타야 하는 일부 승객은 발만 동동 굴렀다. 그러나 우리는 행복했고 서로가 지금 무슨 생각을 하는지 알아맞힐 수 있었다. 점심이 공짜다!

점심을 먹으면서 우리는 부부 한 쌍과 마르틴과 인사를 했는데 모두 아르헨티나인들이었다. 마르틴은 여행가였는데 이 땅에서 마지막 1센트까지 다 쓰고 이제 바짓주머니에는 부에노스아이레스에 있는 집에까지 갈 비행기 티켓하고 버스표 살 돈밖에 남아 있지 않았다. 그는 또 다른 우리였기에 공짜 점심에 무척 흡족해했다. 우리 세 사람은 우리의 전리품에 무척 만족스러워했다.

"어떻게 이런 용기를 내셨어요? 나라면 할 수 없었을 거예요, 위험한 것이 너무 많아서요."

아르헨티나 여인은 우리가 수천 번도 더 들은 질문을 또 했다.

"우리는 용기를 내야 합니다. 우리는 배와 같아서 태어나면서부터 깊은 바다로 나갈 준비를 하고, 바람과 폭풍 앞에서 우리가 무엇을 해야 할 건지 알 수 있도록 우리를 만들어 갑니다. 우리는 7대양 6대주 바깥에 거대한 세상이 있다는 것을 배웁니다. 어릴 때는 떠날 준비를 합니다. 그러나 선체와 돛이 그 어느 때보다도 강해져서 출항 준비가 다 됐을 때는 닻을 올리지 않습니다. 우리는 뭔가 부족하고 아직 준비가 덜 됐다고 생각합니다. 왜냐하면 폭풍이 불고……. 우리는 안전한 항구에 있는 배들입니다. 그러나 우리는 이렇게 있으려고 만들어진 배들이 아닙니다."

대화의 달콤함은 스피커에서 모든 승객들을 부르는 소리 때문에 중단되었다.

"고장이 심각해서 파나마에서 교체할 부품이 올 때까지 기다려야 합니다. 따라서 문제가 해결될 때까지 특급호텔에서 저녁 식사와 숙박을 하실 수 있도록 해드리겠습니다."

승객들은 회사를 욕했고, 우리는 기뻐서 펄쩍 뛰었다. 카르타헤나에서, 그것도 호텔에서 하룻밤을 더 보낸다고 생각하니 날아갈 것 같았다. 버스를 타고 특급호텔로 향했다. 다른 승객들과 함께 한 번 더 공짜다. 그런데 마르틴이 안절부절못하고 있는 모습이 눈에 띄었다.

"콜롬비아에서 인쇄한 엽서 좀 줘 봐요."

왜 그러는지 이유도 모른 채 한 손에 잡히는 만큼 주었다. 그러자 그가 그것을 가지고 버스 앞에 나가 섰다.

"신사 숙녀 여러분."

그가 사람들의 관심을 끌었다.

"여러분께 아주 신기한 엽서를 보여 드리겠습니다."

그는 엽서들을 높이 쳐들었다. 저기 끝에 앉아 있던 그 부부부터 버스 안에 있던 모든 사람들이 우리를 보려고 몸을 돌렸다. 우리는 쥐구멍이라도 들어가고 싶은 심정이었다. 그가 그런 일을 벌이리라고는 상상도 못했다.

"저분들은 우리 모두가 한 번쯤은 꿈꾸는 그런 일을 하고 있는 중입니다. 저는 저분들을 돕고 싶은데, 제가 할 수 있는 것은 여러분께 도움을 청하는 것입니다. 저분들은 지금 여행 중입니다……."

그들에게 우리의 여행에 대해 이야기하면서 얼굴 두꺼운 마르틴은 마치 능숙한 행상인처럼 엽서를 나누어 주고는 조그만 상자에다가 승객들 모두에게 기부금을 걷었다. 결과는 좋았다.

다 끝내고 그는 우리 옆에 앉았다.

"마르틴, 뭘 한 거예요?"

칸데가 물었다.

"나도 모르겠어요. 그러나 나를 바라보고 있는 그 눈동자들을 보니까 속에서 부끄러움이 확 달아오르면서 내가 지금 뭘 하고 있는 건지를 스스로에게 물어봤어요."

그는 한숨을 길게 내쉬더니 행복한 표정으로 다시 말을 이어갔다.

"당신들을 위해서 뭔가를 하고 싶었는데 그렇게 하고 나니까 무척 기분이 좋아요."

그는 엽서를 보여주면서 말했다.

"모든 승객들은 당신들을 통해서 자신들의 꿈을 구체적으로 봤습니다. 모험, 여행, 사랑 그리고 자유의 꿈. 우리 모두가 평생을 살면서 실어야 할 것들을 당신들이 버스에 실었습니다. 당신들을 존경하고, 비록 당신들을 만난 지 얼마 안 됐지만 당신들을 정말 사랑합니다."

호텔은 환상적이었다. 창으로 카리브 해변이 쫙 펼쳐지고, 우리 말고도 다른 부부가 자러 오는 것처럼 방 두 개에, 침대가 두 개 있었다. 각종 크기의 수건들과 미니 비누, 미니 향수, 미니 샴푸, 미니 팸플릿, 그 외에도 엄청나게 많은 '미니'들이 비치되어 있어서 5성급 호텔 요금을 지불한 사람에게 걸맞은 기분을 느끼게 해주었다.

멋진 저녁 식사를 끝내고 카르타헤나의 밤을 마지막으로 본 다음에 아주 뽀송뽀송한 침대시트 사이에 들어가서 포근하게 잠이 들었다.

"따르릉, 따르릉!"

"제기랄!"

5성급 호텔 방에는 전화가 있었다. 전화가 없었더라면 얼마나 좋았을까! 리셉션 직원이었다.

"대단히 죄송하지만 비행기 수리가 다 끝나서 20분 이내로 버스가 태우러 올 겁니다."

꿈에서 깨어나지 못한 나는 겨우 시간만 물어봤다.

"새벽 두 시입니다, 손님."

방금 놀이동산에 들어갔다가 부모님들 사정 때문에 거기를 떠나야 하는 아이들처럼 우리는 일어났다. 떠날 준비를 하면서 아직도 우리를 유혹하는 베개, 아직도 볼 영화가 많이 남아 있는 TV, 뜨거운 물이 나오는 욕실과 그 모든 것을 망가뜨린 전화기를 봤다.

거의 새벽 4시에 드디어 파나마에 도착했다. 다른 항공편으로 갈아타려고 했다가 비행기를 놓친 승객들한테는 공항에서 매우 가까운 호텔 방이 제공되었다.

이쪽저쪽을 살펴봐도 칸데가 보이지 않았다. 좀 더 샅샅이 찾아보니 전혀 생각지도 않은 곳에 있었다. 호텔 방을 배정받는 사람들 줄에 서 있었다. "뭐하고 있는 거야?"라는 의미를 담은 표정으로 그녀를 바라보니 그녀는 "나도 몰라요, 두고 봐야죠"라는 의미의 제스처로 대답했다.

줄의 마지막에 서 있던 그녀 차례가 됐다. 나는 들키지 않으려고 등을 돌린 채 가까이 다가가서 그녀가 하는 말을 들었다. 항공사 직원은 그녀에게 티켓을 요구하고서 이해가 안 된다는 표정으로 그것을 살펴봤다.

"아가씨 티켓은 파나마행인데, 여기는 파나마입니다."

"네, 그러나 지금 제가 뭘 하겠어요? 새벽 4시인데 어떻게 도시에 도착할 수 있는지, 어떻게 호텔에 갈 수 있는지 저는 전혀 몰라요. 저희는 어제 정오에 세상이 환하게 밝았을 때 도착했어야 했는데…….이 시간에 제가 호텔 찾으러 돌아다니게 하실 작정이세요?"

"네, 무슨 말씀인지 알겠습니다. 손님 말씀이 옳습니다. 조식이 포함된 방 티켓을 드리겠습니다. 거기까지 타고 가시는 택시비도 저희가 지불하겠습니다."

야! 작은 여자가 진짜 당차다! 결국 방 하나를 얻어냈다.